亲历者邀您一同阅读口述史
聆听深圳足音……

深圳口述史·法治篇

AN ORAL HISTORY OF SHENZHEN

深圳市政协文化文史委员会 编

深圳出版社

图书在版编目（CIP）数据

深圳口述史 . 法治篇 / 深圳市政协文化文史委员会编 . -- 深圳：深圳出版社 , 2023.4

ISBN 978-7-5507-3773-0

Ⅰ . ①深… Ⅱ . ①深… Ⅲ . ①深圳－地方史②社会主义法制－法制史－深圳 Ⅳ . ① K296.53

中国国家版本馆 CIP 数据核字 (2023) 第 035928 号

深圳口述史·法治篇
SHENZHEN KOUSHUSHI·FAZHIPIAN

出 品 人　聂雄前

责任编辑　靳红慧

责任校对　万妮霞

责任技编　郑　欢

监　　制　叶晓滨

装帧设计　林国壮　黄影婷　袁耿璋

出版发行　深圳出版社

地　　址　深圳市彩田南路海天综合大厦（518033）

网　　址　www.htph.com.cn

订购电话　0755-83460239（邮购、团购）

印　　刷　深圳市汇亿丰印刷科技有限公司

开　　本　787mm×1092mm　1/16

印　　张　25.75

字　　数　413 千

版　　次　2023 年 4 月第 1 版

印　　次　2023 年 4 月第 1 次

定　　价　56.00 元

《深圳口述史（科技篇及法治篇）》
编委会

序言

栉风沐雨谱写法治深圳新篇章

2022年是党的二十大胜利召开之年，是进入全面建设社会主义现代化国家、向第二个百年奋斗目标进军新征程的重要一年。在这样的大背景下，在这样的时间点上，《深圳口述史·法治篇》征编工作完美收官，生动展示了改革开放40多年来特别是新时代10年深圳法治建设的实践、经验和成果，汇聚起建设中国特色社会主义法治先行示范城市的磅礴力量。

作为中国改革开放的"窗口"和"试验田"，深圳历来重视法治建设，在法治建设方面实现了多个"全国率先、业内首次"原生创举，为中国法治建设作出了应有的贡献。40多年来，深圳法治建设始终与经济社会发展相伴同行、相辅相成、相得益彰。深圳以"当惊世界殊"的速度从边陲小镇崛起为一座充满魅力、动力、活力、创新力的国际化创新型城市，正是坚持让法治建设与改革开放同频共振，以法治为基石，冲破思想桎梏，护航创新"探路"的结果。如今，依法治市已深深融入城市血脉，内化为城市之魂。

习近平总书记在深圳经济特区建立40周年庆祝大会上指出，"必须坚持科学立法、严格执法、公正司法、全民守法，使法治成为经济特区发展的重要保障"，这是经济特区40年改革开放、创新发展积累的宝贵经验之一，对新时代经济特区建设具有重要指导意义，必须倍加珍惜、长期坚持，在实践中不断丰富和发展。

《深圳口述史·法治篇》把握深圳法治建设的一系列重大事件、重要改革、宝贵成果，秉承"亲历、亲见、亲闻"原则，邀请39位口述者讲述个人在这片土地上成长成才、追梦圆梦的故事，反映深圳法治建设的巨大成就和特区建设的日新月异。"亲历深圳践行法治的众多改革与试验""与深港法治合作融合并肩同行""人民律师应该成为深圳法治建设的推动者"，口述者的故事或许不尽相同，但务实尚法是每个人故事中共同闪耀的精神元素。他们将青春和法律专业特长投入这块生机勃勃的热土上，为深圳的法治建设出一分力、发一分光，用行动对深圳法治表白，与深圳法治共同成长、共同进步。正是他们披荆斩棘、一往无前的奋斗，绘就了法治深圳的壮丽画卷。

对一个个口述者故事的记录与展示，不仅真实地展示了特区创业者的精彩人生，还定格了深圳法治建设的经典瞬间、难忘场景，复盘了深圳恢弘壮阔的法治实践，是对"深圳奇迹"背后法治密码的生动探寻，是对法治先行示范城市的深情展望。

南海之滨，风劲潮涌；法治先行，深圳示范。

党的二十大报告指出："必须更好发挥法治固根本、稳预期、利长远的保障作用，在法治轨道上全面建设社会主义现代化国家。"迈上新征程，深圳要坚持全面依法治市，深入推进科学立法、民主立法、依法立法，扎实推进依法行政，严格公正司法，创建模范法治社会，建设中国特色社会主义法治先行示范城市。法治领跑护航"先行示范"，法治成为深圳在新起点上踔厉奋发、勇毅前行、再创新局的重要支撑。深圳将以坐不住、等不起、慢不得的责任感紧迫感，坚持党的全面领导，坚定扛起建设法治先行示范城市的政治责任、主体责任，努力打造中国特色社会主义法治的"窗口"和"名片"，把深圳建设成为习近平法治思想的生动实践地和精彩演绎地，为在法治轨道上全面建设社会主义现代化国家贡献深圳力量。

谨以此书致敬那些与深圳共成长、投身深圳法治事业并为法治先行示范城市建设添砖加瓦的开拓者、创新者、奋斗者！

编者

2022 年 12 月

目录

口述者　　　　# 方苞

Fang Bao

1931 年出生于广东省东莞市。中学时代参加新民主
主义青年团，1950 年 12 月参军，1953 年加入中国
共产党。曾任东莞县公安局预审员、侦查员、副股
长、股长、副局长、局长；后任中共东莞县委副书
记，宝安县委代理书记。1971 年 11 月任惠阳地区
保卫组五办主任、副组长，公安处副处长，1973 年
至 1983 年先后任中共惠阳地委副书记兼宝安县委
书记，中共深圳市委副书记、书记（时设第一书记）。
1984 年 1 月至 1987 年 1 月任中共珠海市委书记。
1986 年 5 月至 1993 年 3 月，任中共广东省委常委，
兼任省委秘书长、省委政法委书记、省教育领导小
组组长等职。1993 年至 1998 年，任广东省人大常
委会副主任、党组副书记，全国人民代表大会香港
特别行政区筹备委员会委员。2000 年至 2008 年，
任广东省关心下一代工作委员会第一副主任、主任。

口述时间
2022 年 1 月 11 日

口述地点
深圳市福田区荔湖新村

深圳经济特区建立四十多年奇迹般的巨变，既有"天时""地利"的客观因素，也有历届领导班子和人民群众敢闯敢试、务实创新精神结合等主观因素。深圳精神不仅造就了过去深圳的辉煌，也是未来深圳经济特区持续快速发展的保障。我相信，今后一代又一代深圳人将会继承和发展它，它将继续指引我们完成党和国家今后赋予深圳的更重要历史使命。

方苞：
深圳的发展奇迹是敢闯敢试、
真抓实干出来的

壹　改革开放推进深圳农业生产规模化、专业化、商品化、集约化，农民率先致富，"偷渡"这个老大难问题得到妥善解决。

调查摸准群众偷渡屡禁不止的根本原因

深圳建市之前叫宝安县，属惠阳地区，是以种植水稻为主的农业边境县。中华人民共和国成立后，宝安农民非法偷渡潮时起时伏，1957年、1962年和1979年一度成风，影响全省，偷渡到香港的人数超10万，与留家劳动力大致相等。1974年，我到宝安县任职时，惠阳地委书记叮嘱，要尽快把生产搞上去，把偷渡降下来。我过去从事公安工作，经历过1957年和1962年群众性偷渡潮，深感责任重大。

1974年至1978年，我们县委一班人每年都带领机关干部到农村社队蹲点，连续三年开展基本路线教育、农业学大寨运动，以粮为纲，多种经营。虽然粮食产量、农民收入有些提高，但进步不大，偷渡潮仍有起伏。

为摸清真实原因，我们还对深圳河两岸农户经济收入进行专题调查，发现"文革"十年香港新界农户年均收入增长80%，而宝安的农民集体分配年均增长仅2%。事实让我们认识到，群众偷渡屡禁不止的根本原因是两地经济发展和群众生活水平的差距。适逢国家开始实行改革开放政策，要扭转这一局面必须进行改革，必须对外开放，学习借鉴先进的农业科学种养和管理经验，加快经济发展步伐，提高农民收入。

学习引进新界科学种养经验

粉碎"四人帮"后，党的工作重心转移到经济建设上来。1978年4

月，国家计委、外贸部和省政府联合工作组到宝安县规划建设供应香港鲜活农产品的出口生产基地。当时出口活鸡创汇多，也有利于农民增加收入，而我们传统养鸡方法能养上百只鸡的农户很少，但香港新界不少农户年养鸡规模达5万到10万只。在思想解放的推动下，我们在莲塘村对面的我方耕地上办了一个年产5万只规模的养鸡场，开始学习引进香港科学种养经验。

1978年7月，时任广东省委主要领导到宝安开展为期三天的调研。省领导高度重视解决农民偷渡香港问题，要求我们进一步解放思想，充分利用毗邻香港的优势，搞好过境种养和农产品出口基地建设，同意我们调整粮食征购和上调的任务，用以发展鲜活农产品供应香港市场。省里还支持我们引进港资发展农村工业，改革计划经济体制和外贸管理体制。对此，省政府批准我们与香港五丰行合作，在香港新界的我方插花地上办起第一个年产10万只活鸡的示范鸡场，并以此作为宝安农村社队新办养鸡场人员的培训实习基地。同时，宝安县畜牧局增设养鸡公司，加强对社队鸡场的产销指导服务，新建规模达5万只以上的养鸡场27个。活鸡出口香港量从1978年前的4万只左右增长到1981年的114万只，到1984年600万只，再到1989年达1800万只，约占香港市场的1/3。

此外，我们还在养鸡场附近开垦丘陵山坡种荔枝、引资挖鱼塘养鱼、租地给港商种菜，并用鸡粪来养鱼和肥果树，减少污染的同时实现良性循环和生态平衡。深圳农业生产规模化、专业化、商品化、集约化程度通过科学种养迅速提高，并率先有步骤地、有控制地放开农产品购销价格，利用市场经济体制和价值规律进一步促进农村种养业快速发展，农民年均收入大幅度增长。1980年底以后再没有出现群众性偷渡潮了，20多年未能解决好的老大难问题，在两三年内获得完美解决。

贰 发挥经济特区政策的辐射作用，市委市政府三年连续发了3个文件，加快深圳农村工业化、城镇化的步伐。

推进了深圳农村工业化、城镇化进程

为加快经济特区外农村经济发展，实现农民早日脱贫致富，市委十

分重视发挥特区政策的辐射作用，促进深圳农村工业化、城镇化和宝安农民脱贫致富的进程。

深圳市成立后，三年连续发了 3 个文件，分别是 1979 年《关于发展边防经济的若干规定》（3 号文）、1980 年《深圳市农村实行特殊政策、灵活措施若干规定》（321 号文）、1981 年《关于恢复宝安县建制几项政策措施》（11 号文）。内容有：深圳农村"社队兴办的农工商联合企业免征所得税三年"，"鼓励特区与县、社联合办厂（场）办企业"，经济特区政府"引进外资、'三来一补'企业尽量放在宝安县去办"，"特区内的企业也尽量采取发外加工，设立分厂，委托承包等形式，将部分加工生产任务交给县、社企业经营"，宝安农村上述企业可"享受特区企业同等待遇"以及"县成立进出口服务公司，直接办理本县地方外汇进口业务"，外资"三来一补"项目由县审批，等等。这些政策措施，有力地推进了农村工业化、城镇化和宝安农民脱贫致富的进程。

从"三来一补"到"外引内联"快速发展

以"三来一补"形式引进外资办工厂，大都是劳动密集型的，当时曾引起不少非议，说是"夕阳工业""挤占了我们的配额""帮助外商占领市场""让外商赚钱太多""'三来一补'层次低，不如合资、独资、自办工业好"等等。

在市委的重视和支持下，我们顶住了种种非议和责难。当时我们的指导思想是，只要对发展城乡经济和改善城乡人民生活有利的就大胆去干。我们这样做既适应当时境外正在调整产业结构进行产业转移的要求，也有利于逐步提高各级干部的管理外资企业水平，如果当时我们要求太高，资本少、技术含量低的"三来一补"的一些港资企业不让进，我们就会丧失来之不易的起步机遇。

实践证明，由于"三来一补"企业盈利不断增多，投资者信心也不断增强，港资企业不断增资扩产、升级换代，工厂从小到大，从少到多，引进技术从手工操作、劳动密集型向自动化和高新技术转变。部分"三来一补"企业向合资、独资发展。在这种形势影响下，电子工业部、轻工业部、纺织工业部，以及西南、西北、东北的省市工业部门也在深圳设立办事处，招商引资办厂，既为全国实现"四化"做出积极的贡献，也有利于加快深圳农村工业化进程。

在上述政策指引下，深圳农村于 1978 年开始引进"三来一补"企业，到 1979 年企业 170 多家，利用外资 1500 万美元，工业缴费达 1000 万元人民币。1981 年恢复建制的宝安县与国内 20 多个省市联合办工业，80 年代初企业达 100 家，至 1990 年已达 302 家，总投资 9 亿多元人民币，年均递增 62.27%。到了 20 世纪 80 年代中后期，部分深圳农村的农民达到了香港一般居民的生活水平。

叁 深圳经济特区四十多年的巨变是解放思想、群众路线、求实创新和民主科学决策的结果。

多次调研确定特区面积、管理等重大决策

1980 年 8 月 26 日，第五届全国人大常委会第十五次会议决定：同意在广东省深圳、珠海、汕头和福建省厦门设置经济特区。当时全世界已建立了不少出口加工区，当时国外这些出口加工区普遍的特点：一是面积小，大多数是十几或几十平方公里；二是全封闭管理，工人在铁丝网或围墙内居住，或者早入晚出；三是只限于引进外资企业。

那么，深圳经济特区该怎么划定范围？如何管理？中央多次征询地方、基层、干群的意见，分管此项工作的中央领导同志多次到广州和深圳与省市领导班子讨论，还个别听取意见，广东省政府也派出工作组到深圳调研勘察。

当时，深圳市不少基层干部群众希望把宝安全部划为特区，理由是有利于加快经济发展和城市规划建设。部分领导则考虑到当时深圳的经济发展和群众生活水平与香港差距太大，而政府这方面又缺乏管理经验，需要有一个逐步适应的过程。如果面积太大，万一管理跟不上，将会影响全局。

正确决策为特区快速发展提供良好保障

深圳市委权衡多个方案的利弊，确立了既要学习又不能照搬外国出口加工区的经验，还要从本国国情实际出发，重视吸纳群众合理建议，充分利用地势的原则。经多次研究，最后上报方案的范围是：背靠梧桐山脉和羊台山脉，面向大鹏湾和深圳湾，东起盐田与葵涌交界的揹仔角

隘口，西至南头、新安两镇交界处，总面积为 327.5 平方公里。省委派工作组实地调研同意上报中央，最后此方案获得批准。

四十多年的实践经验证明，当时确定的方案符合实际，有利于增强外商投资信心和决心，为内联发展经济提供必要的土地用量，为特区四十多年的快速发展提供良好保障。在引进外资的同时，市委大力推进"内联"，主动与中央经济部门和西南、西北、东北国防工业部门商洽，制定有关政策吸引他们在深圳办公司、建工厂，经营有关进出口业务，外引内联相结合，深圳经济特区发展的速度和效益因此远超外国出口加工区。

> **肆** 敢闯与务实创新结合、民主与法治结合、领导与基层群众结合是深圳经济特区初创时期能快速稳步、健康发展的重要经验。

良好的法治环境保障深圳健康发展

1980 年初，沿边沿海少数地区出现走私等经济犯罪及其他腐败现象。对此，深圳市委、市政府坚决落实中央、省委指示，坚决打击违法犯罪活动，依法惩处犯罪分子，把问题解决在萌芽状态，在省内、国内都获得充分肯定和好评。也为刚刚建市的深圳创建了良好的法治环境，初步形成清正廉明、勤政服务、干事创业的良好政风。

1980 年 8 月 26 日，全国人大常委会通过了《广东省经济特区条例》，中央在提出试办特区的同时，就十分重视发挥法律的规范保障作用，多次组织全国最有影响力的专家进行研讨。后来，中央提出依法治国基本方略时，广东省委以深圳为依法治省的先行点，多次派工作组到深圳总结经验、指导调研。省委并以深圳为试点组织人大代表对基层执法单位开展民主评议，对涉嫌冤假错案开展"个案监督"，发挥深圳"特区立法试验田"的作用，指导帮助特区制定法规一百多项。自此，深圳初步做到有法可依，保障了外商在特区投资的合法权益，规范并促进市场经济的健康发展，为经济健康发展提供法律保障。

敢闯敢试和务实创新的"深圳精神"

深圳经济特区建立四十多年奇迹般的巨变，既有"天时""地利"的客观因素，也有历届领导班子和人民群众敢闯敢试、务实创新精神结合等主观因素。小平同志曾说过深圳要"杀出一条血路来""摸着石头过河""深圳的重要经验就是敢闯"。

我理解，"杀出一条血路来"是敢闯精神。勇于改革，敢于开放，这种精神激励着我们冲破长期"左"的思想禁锢和僵化的计划经济体制的束缚，冲破一个又一个思想禁区，改革一个又一个僵化体制，使生产力获得大解放、大提高，不断开创经济特区建设的新局面。

"摸着石头过河"是务实创新的科学精神。科学的方法让我们在工作过程中形成了"五个结合"的工作思路，既借鉴外国经验又重视与本地实际相结合、对外开放与对内开放相结合、外引内联相结合、领导与群众相结合、国家利益与百姓利益相结合。在此精神和思路下，深圳作出关系经济特区前途命运的多个重大决策，在实践中又不断发展和提高。

深圳精神不仅造就了过去深圳的辉煌，也是未来深圳经济特区持续快速发展的保障。我相信，今后一代又一代深圳人将会继承和发展深圳精神，它将继续指引我们完成党和国家今后赋予深圳的更重要历史使命。

口述者　　**王璞**

Wang Pu

1957 年出生于山东省龙口市，曾任深圳市三届人大
常委会委员，人大法制委员会主任，深圳市政府法
制办公室（市政府法律顾问室）主任、党组书记，
市政府办公厅副主任、党组成员，深圳市政协副主
席等职务。

口述时间
2022 年 6 月 9 日

口述地点
深圳市政协文史馆

1989 年 7 月我来到深圳这片热土，到如今已经整整 33 年。作为一个学法律的人，我有幸参与深圳市筹备人大、争取立法权到取得立法权、先行先试积极用好立法权的整个过程，后来我转到政府法制部门推动依法行政，力争做好合格参谋、得力助手、优秀的法律顾问。见证深圳法治建设迅速发展的时期，并为其贡献自己的一份力量，这是我最大的荣幸。

王璞：
无悔初心 以法治创新书写深圳奇迹

上篇：我在人大激情燃烧的岁月

壹 那时我面临两个选择，一个是接母亲的班参加工作，还有一个就是考大学。

曲折求学，偶然机会奔赴深圳

我的求学经历比较曲折。1969 年，受"文化大革命"影响，尚在小学的我跟随父母亲下放，后到农村大队上小学。当时农村没有电灯，我跟其他孩子一样上山捡柴，养猪牧马，也感受到了农民生活的艰辛。

1973 年，我随家里人从农村回到长春市重读初一。1978 年，我中学毕业，恰逢国家宣布恢复高考制度不久。那时我面临两个选择，一个是接母亲的班参加工作，还有一个就是考大学。

眼见大家都去考大学，我也积极加入高考大军。不过遗憾的是，我因中小学基础薄弱，第一次高考差几分，与大学失之交臂。但我没有放弃，又苦读了一年，春夏秋冬悄然从我笔尖上滑过。终于在第二年，我考上了北京政法学院（现为"中国政法大学"）。那时大学招的人少，且大学毕业后包分配，出来就是公务员。所以谁家孩子考上大学了，都会在我们院子里引起一阵轰动。

我是 1979 年入学的，年龄已经 22 岁，但仍有许多同学年龄比我大，其中有工人，还有当兵后赶上末班车重新回来考的。当时社会上称"文化大革命"爆发时前三届的学生为"老三届"，恢复高考后的为"新三届"。我们这"新三届"大多都在社会上工作过，吃过苦头，所以进入学校后格外珍惜来之不易的学习机会。1982年，我加入了中国共产党，成为一名党员。

1983年，大学毕业后我被分配到吉林省高级人民法院刑事审判庭工作，那年正值"严打"，严厉打击犯罪活动，我几乎每天加班加点，在工作中充满激情，这也成为一段宝贵的经验。

10月份，我被分配到吉林省人大常委会，开始参与地方立法工作。我对立法工作很感兴趣，能利用自己所学对社会进行规范，这让我有着莫大的成就感。在吉林省人大常委会财经委员会的那段时间，我们出台了环保、土地等各个方面的地方性法规。

1988年，深圳来我们这里招人，过去我常在媒体上看到深圳经济特区的有关报道，加上亲戚每逢春节从深圳回家，都同家里人聊起深圳的各种好，不由得令我心生向往。我和同学一起前去见到了深圳市政府法制局的领导，他介绍深圳经济特区准备开展特区立法，需要有立法工作经验的法律干部，于是我们报名参加了招录考试。经过一番考察，我们都幸运地被录取。

贰　中央领导语重心长地嘱咐道："深圳的立法权来之不易，你们要珍惜和用好立法权。"这句话我记了几十年，这是中央对深圳的期望和要求。

加入人大筹备工作，为深圳争取立法权

1989年7月，我来到深圳市政府法制局，在经济法规处从事经济立法工作。

当年深圳招我们来的目的，主要是筹备开展立法工作。在深圳市人大取得立法权之前，深圳先后在工商企业、金融财会、劳动工资、房地产管理等方面改革并经省政府报省人大制定了一批法规，这些法规对保障和促进经济特区改革开放起着重要作用。但随着特区改革开放不断深入，特区法制建设远远跟不上经济发展的需求。有些工作虽然有了基本的法规，但是缺乏配套的规章和细则，还有些有了特殊的法规规范，但由于情况发生了变化，法律得不到及时修改。改革开放吸引了许多海外

商人，他们来的时候一定还带着两种人：一种是会计师，另一种就是律师。会计师算账，律师则关注法律保护。当年很多港企准备进驻保税区，当了解到保税区还没有法规时，都会在最后签订的意向书上明确写着：待保税条例生效后，本合同生效。

事实上，深圳的法治队伍建设比较早。1981年，深圳在市委政研室内设立立法工作组，就特区制定法规性文件进行研究和探讨。1985年，深圳率先成立独立建制的正局级政府法制机构——深圳市法制局，法治队伍逐渐壮大。但比起香港，深圳的法治覆盖面还有很大进步空间。当时香港在经济类的主条例就有250多项，细则有500多个，而深圳只有20多项。为了缩小两地法律之间的差距，加快在深圳建立起一套符合国际惯例的法规体系，深圳学习借鉴香港的经验和做法，积极探索地方立法。

1989年初，国务院正式向全国人大提出授予深圳立法权的议案。在第七届全国人大常委会上，一些人大代表、学者提出不同的意见，于是全国人大决定在深圳市人大成立之后再讨论。深圳市人大的筹备工作加快了脚步，进入实质性阶段。

1990年4月，市委从各个部门抽调一批工作人员到人大筹备组，我被抽去了人大筹备组的选举组。我们选举组起草了第一个人大选举的方案。深圳在这方面是一张白纸，我们到广州等地去调研，跟深圳各个区共同研究选举工作。

南山区是第一个成立区人大的，后各区相继成立区人大。1990年12月，深圳市第一届人民代表大会第一次会议召开，我转任市人大法制工作委员会办公室副主任。市人大成立后首要任务就是向全国人大申请立法权。

1991年3月和8月，我们分别两次通过省人大常委会向全国人大常委会递交报告，希望全国人大常委会能够审议这个议案，授予深圳经济特区立法权。报告送上去后，引起了全国人大常委会领导的重视，他们带队来深圳调研。同年11月13日晚，全国人大常委会领导、广东省人大常委会领导抵深后，与深圳市人大常委会领导、深圳市政府法制局领导等开了一场座谈会。

当时整个气氛比较严肃凝重，谈话中，深圳充分解释了为什么要争取特区立法权。全国人大常委会领导表示还有一些同志存在不同意见，一是立法权范围，比如有些人主张只授予经济管理方面的立法权；二是深圳立法权级别问题，是属于省一级的立法权还是要报省里批的立法权。授权省级权力太大，法律规定两级立法权，如果深圳有立法权就变成三级立法权。为了解决这个问题，全国人大常委会和国家有关部门多次召开会议研究。全国人大常委会领导说，深圳要立法权可以进行探索和实验，但采取什么办法立法有不同的看法与建议，主要两种意见：一是自己定，二是报省里批。

那晚开完会，我连夜把会议记录整理出来，交给市领导。后来深圳打算开一个会，邀请全国人大常委会部分委员、社会各界专家人士等来，加强对深圳立法权的了解和支持，同时争取他们的支持，但并未如期召开，采取分别汇报的方式进行。

1992年春天，邓小平视察深圳，改革开放的春风再一次鼓荡在深圳这片热土上，深圳市领导再次表达了争取经济特区立法权的想法。也正是小平同志的这一次南方视察，在全国掀起新一轮改革开放的热潮，人们的思想再次获得了突破与解放。

1992年7月1日第七届全国人大常委会第二十六次会议通过《全国人民代表大会常务委员会关于授权深圳市人民代表大会及其常务委员会和深圳市人民政府分别制定法规和规章在深圳经济特区实施的决定》，授予深圳立法权。时任深圳市人大常委会主任厉有为特邀列席了这次常委会，他十分关注会议期间讨论等动态，及时向全国人大常委会领导反映情况，寻求他们的理解与支持，不断壮大支持改革推进法治的力量，最后这次全国人大常委会会议顺利通过了相关立法授权。

全国人大常委会会议结束后，市领导回到深圳，我随同几个同事到深圳机场去迎接。他在机场休息室跟我们聊到会议情况，特别是中央领导特意找到他，语重心长地嘱咐道："深圳的立法权来之不易，你们要珍惜和用好立法权。"这句话我记了几十年，这是中央对深圳的期望和要求。

 叁　为了用好这来之不易的立法权，深圳在被授予立法权后采取了多项措施，例如广招人才、加强法制机构建设等。

招徕人才制定政策，力求用好立法权

为了用好这来之不易的立法权，深圳在被授予立法权后迅速做了两项重要的决定。同时，市人大常委会和市政府也采取了相应措施加大力量。

第一是广招法治人才。1992 年 8 月，市委市政府向全国公开招聘 100 名法律专业干部，以加强立法工作，我参与了招聘条件、方案及报告的拟写。当时招聘要求在那个年代还是挺高的，本科生要有 8 年法律工作经验，研究生则需 5 年法律工作经验。当时《深圳特区报》公布信息后，引起很大的反响。全国有四个招聘点：武汉、长春、上海以及北京，共有 1700 多人报名，经过审查以后，实际招进来 80 多人。这 80 多名法律干部来到深圳以后，对深圳开展立法工作、提高立法质量、提高法治建设水平起了重要的作用，被人戏称为特区法治"黄埔军"。这批同志后来大多成为各个部门的骨干，成为深圳建设法治城市的主力军。

第二就是深圳市委作出《关于加强深圳经济特区立法工作的决定》。这个决定由市人大常委会参与起草，从指导思想、目标任务、组织保障、人才队伍等各个方面提出了明确的要求，为更好开展经济特区的立法工作提供了坚强的保障。

当然，这两件大事仅仅是个开头，在推进立法工作方面，深圳还做了大量工作。

利用毗邻香港的优势，深圳市人大常委会和政府法制机构在原来政府建立法律顾问制度基础上，聘请了一批香港著名律师作为政府的法律顾问，进一步加强与香港律政司、香港律师协会的交流和合作。那时我们去香港考察立法工作，时任香港律政司领导曾专门抽出时间会见我们，并安排同事为我们介绍情况，还组织与政府其他部门的座谈会。香港法律界的朋友也很关心深圳的法治发展，每次我们去开座谈会时，他们都动员骨干来参加。对于我们事先提供的草案，他们一条一条帮我们提供修改意见。这对深圳取得立法权初期的法制建设起到了一个很重要的推动作用。

根据市人大常委会工作的需要，我建议以市人大法制工作委员会的名义，与北京大学、中国政法大学、华东政法学院等国内著名法学院建立工作联系，并有序与各大高校签合作协议，请学校派教授、研究生来参与经济特区的立法工作，同时我们也为他们教学调研实践提供帮助。

华东政法学院的顾耕耘教授、孙朝教授多次应邀来深圳，参与有关立法协商论证，在理论上提供了很大的帮助。在我们制定《深圳农村股份合作公司条例》时，中国政法大学教授江平派他的博士来参与起草工作，条例草案出来后，深圳市人大常委会特别申请拨款 20 万元，请了国家有关部门领导及广东、浙江等省主管农业的领导和全国著名农村工作专家等来深圳开座谈会，座谈会开了整整两天。深圳请了这么一批有实践经验的领导同志、法学专家来帮助共同制定法规，可见深圳市政府对法治建设非常用心，办法也很有效。

市人大常委会、市法制局分批派干部赴港实习培训。1994 年到 1995 年，为使深圳市从事立法的干部深入了解香港的法治，体验他们的法治环境，深圳分批派出干部到香港有关法律机构实习工作，为期半年。我在 1995 年去参加轮训，在香港实习工作了半年，深入了解香港法律环境，以及其法规制定实施等实际运作情况。这一举动不仅加强了深圳法制干部与香港法律界的广泛联系，还为进一步学习借鉴香港的法治创造了有利的条件。

> **肆** 深圳坚持以立法促改革、促创新，先行先试制定一批以经济为主的法规和规章，发挥了排头兵的作用。

探索经济立法，创造良好营商环境

有人说在当时，经济特区立法权是深圳进一步改革开放的"尚方宝剑"。全国人大常委会领导也鼓励我们发挥立法试验田的作用，大胆实践。深圳人期盼已久的立法权拿到了，继老一代特区拓荒牛之后，我们这些从事立法工作的人，经历了一段激情燃烧的岁月，开足马力开启了特区立法征程。

从 1992 年获得立法权到 2002 年，深圳经济特区共制定了 189 项法规，到 90 年代中后期，每年立法计划 20 多项。这 10 年是深圳经济特区立法黄金时期，也是我们激情燃烧的岁月。那时不仅立法数量多，而且立法内容新，多数立法填补了国家的空白。在为经济特区改革开放创新提供法律保障的同时，也发挥了立法试验田的作用，为国家和内地立法提供了经验借鉴。

当时，每一个立法项目，我们会先看一看香港地区以及其他发达国家和地区是怎么规定的。比如保税区的立法，我们参考借鉴了亚洲、欧洲发达地区保税区的管理机制。那时的立法工作，每天都有许多新东西要学习与接受。

在改革开放之初，社会主义市场经济发展中难免遇到许多问题，深圳奋勇探索，重点围绕市场体系和要素市场积极开展了立法工作。

一是规范了市场主体，有关市场经济主体的立法是重中之重。从1993年起，深圳市先后出台了《深圳经济特区有限责任公司条例》《深圳经济特区股份合作公司条例》《深圳经济特区国有独资有限公司条例》《深圳经济特区企业清算条例》等十几项条例。

二是完善房地产市场管理。在房地产市场领域，深圳市制定了《深圳经济特区土地使用权出让条例》《深圳经济特区房地产登记条例》《深圳经济特区房屋租赁条例》等十几项条例。

三是建立并完善了劳动力市场。针对当时300多万劳务工，深圳市制定了《深圳经济特区劳动合同条例》《深圳经济特区工伤保险条例》《深圳经济特区企业欠薪保障条例》等十几项法规。

四是对建筑市场进行规范管理。深圳市制定了《深圳经济特区建设工程施工招标投标条例》《深圳经济特区建设工程监理条例》等重要法规。

五是对商品市场的立法。深圳市先后制定了《深圳经济特区严厉打击生产、销售假冒、伪劣商品违法行为条例》《深圳经济特区商品市场条例》等法规。

六是对技术市场的立法。深圳很早就开始注重高科技产业的发展和对技术的保护，先后制定了《深圳经济特区企业技术秘密保护条例》《中共深圳市委、深圳市人民政府关于推动科学技术进步的决定》等条例。

七是推动市场中介服务机构的改革。深圳市出台了《深圳经济特区注册会计师管理条例》《深圳经济特区财产拍卖条例》等十几项法规，为市场多层次多功能的社会服务提供了法律保障。

其中《深圳经济特区律师条例》是我国第一个地方立法引入律师提前介入制度的法规。在此之前，没有进入起诉程序，律师不能介入。深圳先行先试为国家立法探路，1996年3月，《中华人民共和国刑事诉讼法》有了重大修改，大大提前律师参与刑事诉讼的时间，扩大了律师在刑事诉讼中的权利。

八是推动国有企业改革，使特区内多种所有制成分公平竞争，共同发展。深圳在国有企业改革、国有资产管理、多种所有制经济等方面共制定了八项法规，形成了独具特色的深圳管理模式。

九是加强城市管理。针对当时存在违法建筑、外来人口较多的情况，深圳市先后出台了《深圳市人民代表大会常务委员会关于坚决查处违法建筑的决定》《深圳经济特区暂住人员户口管理条例》《深圳经济特区市容和环境卫生管理条例》等多项法规。

这其中许多法规为国家和内地的立法发挥了试验田的作用，提供了有益的经验。比如《深圳经济特区有限责任公司条例》《深圳经济特区股份合作公司条例》，当时国家没有公司法，所以这两个公司条例对深圳来说非常重要，关系到市场经济主体即现代企业制度的确立。在立法审议过程中，由于法规比较重要，我们建议由深圳市人民代表大会来通过这两项法规，市法制局领导和市人大法工委的领导担任法规审议组的组长。

我们花了很多时间修改公司条例，这两项法规加起来一共有近280条，起草论证期间，市人大常委会领导带着我们多次去香港，通过香港律政司和香港法律界的朋友帮我们组织召开讨论座谈会，向我们介绍香港的公司法制度。因此我们这两项法规大胆地借鉴了香港以及国外先进的法律制度，引入现代企业制度，对设立公司的条件、成立公司的申请程序、公司股东责任义务、董事会权利义务等做了很具体的规定。比如在公司的设立方面，我们从审批制改为核准制，注册资本由过去实缴制改为认缴制。对有限责任公司更加简明，依法明确了设立公司法定的条件，简化了核准登记的流程，符合法定条件的申请人依据条件可以直接到登记机关进行核准登记。同时，我们规定了登记的时限，以及不登记应当予以说明，当事人不服的可以复议，等等。

条例不仅规范了新设立的公司，还对已有的公司作出规定。因为过去很多公司名称主体都不规范，有些公司挂着国际、环球等字样，随便起名称，导致我们根本分不清公司的真实性质。因此，不符合条件、滥用公司名称的都要依法进行处罚。

这两项条例公布后，半年左右规范了1800多家公司，同时有三四万家新的有限责任公司雨后春笋般地大量涌现，极大地促进了市场健康发展。全国人大常委会法制工作委员会的同志对深圳公司条例的制定以及有关立法给予了很高的评价，后来在国家制定相关法律时，还时常来深圳考察，总结深圳的经验和做法。

2007年，在庆祝授予深圳经济特区立法权15周年时，全国人大常委会领导、省里专家学者对特区这15年的立法工作给予了充分的肯定。

深圳经济特区的这15年立法工作有两个显著的特点：一是紧紧围绕市场经济体制立法，勇于探索。二是敢于走创新之路。深圳坚持以立法促改革、促创新，先行先试制定一批以经济为主的法规和规章，发挥了排头兵的作用。实践证明，全国人大常委会授权深圳经济特区立法权的决定是正确的，深圳不负众望，不辱使命，没有辜负中央对深圳的期望。

当然，在回顾过去深圳在立法方面的成就的同时，我们还要牢记那句话——"珍惜和用好特区立法权"，未来，深圳立法权仍然有很大的发展空间。

下篇：我从市人大转到市政府工作

伍　什么是法治政府？如何才算实现法治政府建设？最初大家都比较模糊，没有具体的路径和推进办法。

设立考核体系，探索法治政府建设

2005年，我从市人大常委会转到市政府，担任市政府法制办公室主任。当时的法制办加挂了市政府行政复议办公室和市政府法律顾问室的牌子，所以我实际上身兼三职。从2005年到2015年，我在这个位置干了整整十年，经历了深圳法治全面提升、创新发展的一个重要阶段。

2004年3月22日，国务院印发了《全面推进依法行政实施纲要》，第一次明确提出法治政府建设目标。为了贯彻落实国务院的纲要，深圳市政府率先提出建设法治政府，我们法制办要负责牵头落实市政府这一目标。

但什么是法治政府？如何才算实现法治政府建设？最初大家都比较模糊，没有具体的路径和推进办法。于是在2006年，我给市法制研究所出了这个课题，请他们研究。我想能不能设个标准，开始大家意见不一致，后来经过讨论，包括听取一些专家意见，认为我们从实际出发，为加快法治政府建设，有一个指标体系比没有要好。因此，我们学习借鉴新加坡、我国香港等先进地区的经验，并召开专家论坛探讨，最终制定了《深圳市法治政府建设指标体系》。

指标体系出来后，《人民日报》对这个进行了专题报道，国务院法制办专门发出简报，向全国推荐深圳法治政府建设指标体系。同时，国务院法制办还与深圳市政府签订了《关于推进深圳市加快建设法治政府的合作协议》，共同研究制定法治政府建设指标体系。深圳是第一个和国务院法制办签订协议的城市，协议里提出希望深圳在建设法治政府方面先行先试，为全国建设法治政府提供经验，这也有力地推动了深圳建设法治政府。

光有指标体系，没有硬考核也不行。2009 年 1 月，深圳市政府发布年度"一号文件"——《关于加快法治政府建设的若干意见》，正式建立了以指标体系为核心的法治政府建设考评工作机制，并将其纳入深圳市政府绩效考核。政府绩效考核 100 分，法治建设就占了 8 分，这直接推动各行政部门做好法治化工作。后来指标体系被其他城市广泛借鉴，外地法制办、绩效考核部门的同志来深圳学习考察。他们一致感到深圳绩效考核法治建设占 8% 的比重，充分证明了深圳市对法治行政的高度重视。

陆   **政府推动立法的形式对多领域进行制度改革和体制创新。**

以立法形式促进制度改革和体制创新

通过深圳经济特区立法，我们在全国率先推行了多方面改革，比如城市的综合执法改革、从暂住证变成居住证、前海合作区体制机制创新、商事登记制度改革，还有南方科技大学办学体制机制创新、深圳国际仲裁院体制创新等，这些都是走在全国前头，以立法形式实施的制度改革和体制创新。

其中城市的综合执法改革值得一提。过去各个部门都有执法权，但由于编制有限，各个执法队伍的力量比较薄弱单一，没有形成合力。2006 年，市领导提出来实行街道综合执法，执法重心下移，以此加强基层执法建设。这个重任交给了我们法制办和市委政研室牵头来进行，我们经过大量的调研，起草了政府的综合执法试点规定。2006 年 5 月，我们先选择 6 个街道进行试点，在各个街道成立执法队，配备了副处级的架构。虽然编制很紧张，但为了支持这项改革，我们成立了专门的执法机构。2006 年 12 月，《深圳市人民政府关于全面推进街道综合执法工作的决定》在全市实施，实践证明非常好。

这个改革简单来说，就是"一顶贝雷帽代替了八九个大盖帽"，不仅形成了街道综合执法的合力，还通过立法明确了职责和任务，解决了过去多个执法队伍上路人手不足，产生看得到管不着、管得着看不到的问题。现在执法人员在巡查过程中发现了各个方面的问题，只要在综合执法范围内的，他们都可以管。这项改革刚开始也有一定的风险，所幸从市委市政府到人大常委会，以及到各个部门，大家思想解放，通过试点形成共识。先由政府立法试行，成熟后由人大立法，以特区法规的形式赋予了更充分的法律效力，也得到了国家有关部门的认可。

　　关于居住证制度的立法改革，当年也是轰轰烈烈。深圳是一个特殊的城市，没有哪一座城市，像深圳这样有大量的流动人口。在深圳经济特区建立之初，为了加强管理，深圳实行暂住证制度。暂住证比较简单，是一个临时的证。

　　2007年，市里提出利用现代化信息手段对流动人口进行服务管理，要在外来人员服务管理方面走出一条新路子，改变暂住的概念。一时间居住证改革成为舆论的热点。但我们在实际推行中遇到了一些困难，首先没有上位法作为依据，特别涉及户籍管理方面比较敏感。同时社会上一些舆论认为，从暂住证到居住证，换汤不换药，政府的目的就是收费。针对这些问题，市委市政府认为居住证的改革有利于对深圳外来人口服务和管理，也是深圳科学化、人性化服务管理的需要。

　　我们在推行居住证立法改革的工作中，特别注重增加居住证的服务功能，让持证者能够依法享受到相应的待遇。与原来的暂住证相比，居住证有几个新的理念。第一是淡化了户籍，居住证强化了居民的意识，让大家有归属感。第二是居住证不仅有基础信息如姓名、性别等，还通过卡芯片储存了其他数据，包括社会保险、婚姻状况、居住地、诚信记录等。通过居住证，我们获得人口信息，更好地促进我们对人口服务和管理。第三是持证者享有许多市民的待遇，比如办车牌、办保险，子女入学、转户口等方面。第四是改变过去办理暂住证需要在30日内的规定，我们给了充分的时间办理居住证。

　　由于对居住证改革认识不太一致，2007年，我们在盐田区颁布规章，试运行一段时间。盐田区甚至通过送洗衣粉、纸巾等物品方式来吸引大家办居住证。2008年，经过试验后，居住证在全市范围内铺开。当时国务院法制办的领导对深圳居住证制度表示了肯定，希望深圳经济特区发挥先行先试的作用，把这个制度尽早推广开来。有了上级部门的支持，我们就更加有信心了。

2010年，国家发展改革委在《关于2010年深化经济体制改革重点工作的意见》里面，提出来在全国推行居住证制度，肯定了深圳的一些做法。这也证明了在探索户籍制度改革方面，深圳经济特区发挥了先行先试的作用。

前海深港现代服务业合作区立法建立法定机构也曾是我们工作中的重点。2010年，在深圳经济特区建立30周年之际，国务院正式批复《前海深港现代服务业合作区总体发展规划》。批复提出进一步健全法治，充分利用特区立法权为前海深港现代服务业发展创造优良的法治环境。

市委市政府高度重视，让我们法制办牵头设计规划前海深港现代服务业合作区的体制机制。当时市领导提出要解放思想，要有当初建立特区法治框架的思维，站在新的高度来策划和制定前海的框架、运作模式以及法定职权等，以全新的模式推出。"不怕做不到，就怕想不到。"这是领导对我们的期望，也是我们努力的方向。

我们先拟前海"基本法"的草案，明确前海管理局的职能。前海管理局是一个法定机构，不是行政机关也不是一般的事业单位，既要赋予前海管理局相应的政府职能，也要给他们更大的权限，让他们发挥试验作用。

在市人大常委会二审后，在即将表决前，市领导利用早餐时间听取我们汇报，并亲自审改条文。在汇报过程中，为了减少已有的法规对前海管理局的束缚，我建议采取全国人大授权深圳的模式，让市人大常委会通过立法授权政府，在不违反经济特区法规原则基础上制定前海的法规，只要有利于前海的改革和创新发展便可。

当时市领导听到这个很兴奋，让我们先跟市人大常委会沟通，取得对方的理解和支持，没想到市人大常委会领导欣然支持。所以后来在2011年的《深圳经济特区前海深港现代服务业合作区条例》里就写了这么一条："市政府为落实《前海规划》、促进前海合作区现代服务业发展，在不与本市经济特区法规基本原则相违背的前提下，可以制定有关规章、决定和命令在前海合作区施行，并报市人大常委会备案。"

该条例给前海合作区很大的自主权，对前海的管理运作、设立机构和香港的合作等都提供了强有力的支撑，也在深圳法治建设探索上留下厚重的一笔。

在立法推动改革工作方面，还有一项就是经济特区商事登记制度改革，它取消了事先审批制度，加强事后监管。这项改革是市场经济现代管理体制发展的需要，是优化营商环境的一项重要的举措，为国家商事制度改革提供了经验。

南方科技大学体制机制创新，建立法定机构。作为深圳第一所"双一流"高校，南方科技大学从筹备之时，就被寄予了改革的厚望。当时市委市政府提出打破传统观念，通过立法建立全新的学校体制。

我们吸收了我国香港、新加坡等地办学先进经验，对学校的管理资金、教师的聘请待遇以及理事会组成及权利义务等都进行创新性规定，使南方科技大学做到依法设立、依法管理。南方科技大学还成立了以市长为理事长的理事会，聘请香港以及国外的一些著名的科学家、教育家为理事会成员，共同商议制定南方科技大学的办学思路，为南方科技大学高层次高起点的起步提供了法律保障。

深圳国际仲裁院也创新性通过立法改革。深圳国际仲裁院创设于1983年，是中国改革开放之后各省市设立的第一家仲裁机构，也是粤港澳地区第一家仲裁机构。在发展过程中，深圳国际仲裁院几经改革，2007年前后，借鉴新加坡、我国香港特别行政区的经验，深圳市开始探索事业单位法定机构改革以及法人治理机制改革。2010年，深圳市政府决定为中国国际经济贸易仲裁委员会华南分会加挂"深圳国际仲裁院"牌子，并进行法定机构改革。

到了2012年前后，我们对深圳国际仲裁院进行改革，让其议事规则、资金和各个方面的管理等通过立法的形式来规定。这个改革在社会各个方面都有不同的认识，我们首先统一大家思想，发扬敢闯敢试、敢为天下先的精神。当年11月，《深圳国际仲裁院管理规定（试行）》发布，成为国内第一个以仲裁机构为立法对象的规定。

该规定最鲜明的特点就是以特区政府规章的形式确立了以理事会为核心的法人治理结构，而且理事会成员一定要有1/3境外人士。这意味着仲裁院更加开放，不仅提高了公信力，而且对进一步提高国际化水平也起到很好的作用。最高法院领导、国家相关领导等都给予了充分的肯定。目前，深圳国际仲裁院已经成为前海走向国际化、法治化的名片之一。

通过这项立法改革后，我们在制度上消除了当事人对"地方保护、行政部门干预、内部人控制"的顾虑，深圳国际仲裁院的办案质量和国际影响也因此大幅提高。许多城市法制机构的领导专程来深圳调研、考察，他们都羡慕深圳有这样一个面貌全新的仲裁机构。最后，他们都说了同样的话，表示内地无法做到。这个规定的制定也凸显了深圳市委市政府勇于创新、勇于突破、勇于担当的决心。

> **柒** 扩大经济特区范围，是拓展试验田空间，充分发挥经济特区先行先试和示范带头作用的需要。

扩大经济特区范围，解决"一市两法"问题

"一市两法"问题是深圳发展史上的一个特殊的历史产物。"一市两法"是指经济特区内实行经济特区的法规，而经济特区外只能适用国家或广东省的以及较大市的立法。

在取得立法权初期，这个问题还没有显现出来，到2000年前后，问题越来越突出。大量的外商外资企业和特区内的企业延伸到特区外发展，在实行法律给予的特殊政策或者是保护方面，他们就遇到了能不能使用特许法规的问题。当时市人大常委会曾向全国人大常委会请示过这个问题，而全国人大常委会法工委给市人大常委会回复，称在深圳特区内、外，如果没有国家和省里的法规，可以使用特区内的法规；如果有国家和省里的法规，则不能使用特区内的法规。虽然后期广东省和国家出台了许多法律法规，基本上解决了无法可依的问题，但暴露出来的"一市两法"问题越发突出。

2008年，国家发展和改革委员会发布《珠江三角洲地区改革发展规划纲要（2008—2020年）》，深圳市委市政府顺势而为，积极向中央上报了《深圳市综合改革配套总体方案》。这个方案落实了国家发改委纲要的要求，提出深圳综合改革试验的思路目标和任务，其中就包括扩大特区范围，解决"一市两法"问题。

这里还有一个插曲，当时深圳市动员了各部门集思广益研究《深圳市综合改革配套总体方案》。各部门根据国务院纲要和深圳发展的实际情况，提出了很多建议，包括扩大特区范围，都被采纳进去了。刚开始，国家有关部门说主要讲综合改革配套，扩大特区范围不宜写入。但市领导说不能直接写，可以写积极研究探索扩大特区范围。国家发展改革委在往国务院报的时候，国务院办公厅认为这个报告没有征求国务院法制办的意见，又涉及扩大特区范围，解决深圳"一市两法"的问题，所以要求我们征求国务院法制办的意见后再报。

当时我正好在北京出差，接到了市委政研室主任电话，要求我到国务院法制办去汇报，并寻求取得他们支持。我接到任务后，赶忙去国务院法制办汇报。时任国务院法制办领导一如既往地表态："凡有利深圳经济特区的事情，我们都支持。"很快，国务院法制办就对报告做出批复：无意见。

然而，国务院在批复《深圳市综合改革配套总体方案》中保留了扩大特区范围的内容，让我们另行报告。于是市领导让我们法制办负责牵头起草申请扩大特区范围的报告，我们在报告中表明，扩大经济特区范围，是拓展试验田空间，充分发挥经济特区先行先试和示范带头作用的需要；是服务深港合作，提高深圳整体城市化现代化国际化水平、促进珠江三角洲一体化发展的需要。2010 年，国务院终于批准深圳经济特区范围扩大到深圳全市。

市委市政府乘胜追击，要求尽快解决特区内外一体化问题。为此，我们法制办牵头进行了全市法规、规章大清理工作，按照立法程序对这些法规、规章进行修改或废止。整个过程持续了大半年的时间，为特区法制一体化彻底扫清障碍，从法规、规章的实施方面包括规范性文件实现了深圳经济特区内外一体化。

> **捌** 在摸爬滚打中，我们法律顾问工作从被动到主动，从防范法律风险到敢于承担责任，为市委市政府分忧。

担任法律顾问，为市政府出谋划策

市政府的法律顾问职责规定，市政府法律顾问室主任也是市长的首席法律顾问，这个制度是学习香港的经验。多年来市委市政府高度重视依法行政工作，市委市政府研究有关改革等事项，都要求法律顾问室参加相关会议并出具意见，我们的责任就是防范法律风险。

这其中涉及政府及相关部门发出的所有文件和法律事务，比如房地产权处理解决历史遗留问题、国有资产的保护、政府重大项目合同的审查把关、地铁 4 号线深港合作、深圳湾口岸建设等。我过往没有政府工作经验，为了更好地防范法律风险，防止给市委市政府带来负面的影响，我要求我们的同事出具意见要严格控制，对一些可能造成舆论热点，特别是引起争议的问题，要"敢于说不，善于说行"。为此，市法制办派出的同志去参加市领导或其他单位部门会议讨论事项时，对一些事项在法律依据不明确，或者与当时形势、改革发展要求的规定不太一致时，常常说"不"。

因为他们的意见代表市政府法制办，市法制办不同意或者有意见可能会影响所议事项的决策。后来一位领导当众批评了我，他说："这也不行那也不行，那谁敢决策？"这位领导的批评引起了我的反思。

还有一次，我到市领导办公室去汇报工作，我刚进办公室，领导就问我，为什么深圳的法治工作特别重要？我稍微思索了一下回答说，跟深圳改革开放的程度和经济发展的水平相适应，同时深圳外向型经济对法治工作要求比较高，政府的责任也更加大。市领导表示认可，过了一段时间，这位领导跟我说，法治是非常重要，但法治建设是一个循序渐进的过程。希望法制办从深圳改革创新的实际出发，发扬经济特区精神，对一些改革创新中具体的措施，只要不与国家法律直接冲突，不是为了我们个人谋取私利，而是深圳创新发展需要，就应当支持或者提出积极的建议。

领导的一席话对我触动很深，我们决定调整思路，从"敢于说不，善于说行"，转变为"敢于说行，善于说不"。我们不仅是这么说的，也是这么做的。我要求法制办的同志参加各项会议，就按照这个原则去表态，如果真是有绕不过去的法律障碍，我们会后再专门向市委市政府汇报。

这不仅是一个字的变化，而且是一种理念，一种责任，一种担当。

2011 年底，在市政府的务虚会议上，我跟各部门主要负责同志汇报，我说法制部门是为政府、为各个部门服务的，过去我们怕担责任，也怕自己把关不严给深圳造成不良影响。经过几年实践和有关领导的启发，今后市委市政府及各部门在推动改革创新发展中遇到一些具体的法律问题，我们要"敢于说行，善于说不"。我们法制办还会发挥所长，防范法律风险的同时，提出建设性的意见，保障改革决策的顺利推行，我们愿意为政府和各个部门的决策事项承担风险。发言后，市领导也肯定了我们这种勇于担当的精神。

在摸爬滚打中，我们法律顾问工作从被动到主动，从推责任、保护自己到敢于承担责任，为市委市政府分忧。

> **玖** 没有立法权，没有历届市委市政府高度重视法治建设，就没有深圳今天的辉煌。

没有法治就没有今天的深圳

将时间拉回 1989 年的夏天，那时的我兜里揣着一张调令，第一次坐上飞机抵达广州。闷热的天气下，拎着大包小包的我，换了好几辆巴士才来到深圳。刚来深圳，一切都要从头做起，我睡在十几人同住的房间里，每天加班加点工作，连远在千里外的孩子出生也没来得及赶回去，但我从来没有后悔过南下深圳。

1989 年 7 月我来深圳这片热土，到如今已经整整 33 年。作为一个学法律的人，我有幸参与深圳市筹备人大、争取立法权到取得立法权、先行先试积极用好立法权的整个过程，后来我转到政府法制部门推动依法行政，力争做好合格参谋、得力助手、优秀的法律顾问。见证深圳法治建设迅速发展的时期，并为其贡献自己的一份力量，这是我最大的荣幸。

看经济特区 40 多年来所取得的巨大成就，让我更加深刻地感受到，历代深圳人那种敢闯敢试，敢为天下先的特区精神，是取得这些成就的不竭动力。而历届市委市政府高度重视立法工作，重视法治政府、法治城市建设，为经济特区迅猛发展提供了重要的法治保障。没有经济特区立法权，没有法治的加强，就没有深圳今天的辉煌。

口述者　　**管林根**

Guan　Lingen

1951 年出生于江西省上饶市，中共党员，武汉大学经济学博士。1969 年入伍原广州军区，从战士干到代师长。1999 年年底转业至深圳市，任龙岗区委副书记；2001 年任深圳市公安局党委副书记、常务副局长、二级警监；2004 年任深圳市劳动和社会保障局党组书记、局长；2009 年任深圳市人力资源和社会保障局党组书记；2010 年后任市人大常委会副秘书长，政协深圳市第四、五届委员。

口述时间
2021 年 12 月 16 日

口述地点
深圳市政协贵宾厅

———

时光荏苒，我从军三十载，比过武打过仗、抗过洪抢过险，保家卫国献身国防事业。中年时我转业到深圳，从龙岗区委到市公安局，再到市劳动和社会保障局，有幸为特区的长治久安、法治政府建设献计出力。深圳是我第二次创业的热土，与此同时我也见证着她的腾飞。年过古稀，退而不休。我愿意继续为深圳的发展发挥余热。

管指挥部、政治部、纪委、刑侦、技侦工作。飞速发展的深圳，流动人口规模持续增长，且与香港一河之隔，社会治安综合治理难度大。我任职公安局期间也曾遇到过多起惊心动魄的案件。

2002年11月30日早9时许，香港有个富商在香港中环的陆羽茶室惨遭埋伏杀害。香港警方初步查明，犯罪嫌疑人可能潜入内地。接到广东省公安厅的命令后，深圳警方迅速成立以我为组长、时任刑警支队支队长钱伟为副组长的专案组，我们制定了一套"深港警方密切配合，诸警种协同作战，以调查出入境人员为重点"的侦破方案。

通过刑侦、技侦等多种手段综合运用，民警对当天入境的200多名可疑对象进行严格筛查，迅速锁定两名犯罪嫌疑人的真实身份。我们立即兵分两路赴湖南开展抓捕行动。经过数月奋战，办案民警终于在张家界将罪犯生擒。

"11·30"专案是一起典型的跨境犯罪作案，案件审理具有特殊性，因案发地在香港，第一现场的取证在香港警方，而侦破此案的专案组为深圳警方，由于两地司法管理要求不同，深圳警方不能调看香港警方的取证材料。但没有第一手的办案资料，我们就难以将罪犯绳之以法。

在案件一度难以推进的时候，市委政法委召开了一次案件分析会议。于是，我们在会上提出"按照国际刑警协作办案惯例，深圳警方有权调看世界各地有关侦破重大刑案的所有材料"。随即，案件中涉及的司法管辖、证据移交、证据效力等问题迎刃而解。

经与香港警方及深圳检、法两院反复探讨和磋商，最终为此案顺利完成起诉、审判程序奠定了基础，也开创了香港与内地警方联合打击跨境犯罪的先河，探索了一种行之有效的合作模式。

> **叁** 2010年8月，《中华人民共和国刑法》进行了一次全面的修订，"恶意欠薪罪"首次入刑，深圳的创新尝试为推动相关立法做出了贡献。

创新举措推动"恶意欠薪罪"入刑

2004年4月，原市劳动局和市社保局合并为市劳动和社会保障局，我被任命为该局党组书记、局长。随着深圳社会主义市场经济体制的不断探索与城市建设突飞猛进，人口规模和人才需求迅速扩大，外来务工群体愈发庞大。

但由于相关的法律法规尚不完善，劳动关系紧张等问题日益凸显，其中恶意欠薪造成的社会负面影响较为突出。当时市劳动和社会保障局的信访内容大部分是反映欠薪问题，劳动监察任务很重。

我们找来市公安局的同志一起研究如何治理恶意欠薪的老板，我们着手筛查了30个欠薪"跑路"的老板，其中有8人因涉嫌经济诈骗等问题，依法达到量刑标准。

在市领导的支持下，我们启动行政司法联动机制，迅速抓捕欠薪逃匿老板。2006年1月12日，深圳市召开打击恶意逃薪维护员工合法权益公开处理大会，8名欠薪逃匿的单位法定代表人被宣布刑拘，30家欠薪逃匿的用人单位被公开曝光。

因恶意欠薪而被追究刑事责任，这是深圳乃至全国在处理劳动关系方面的一个创举。相关新闻一发出，立刻在社会上引起巨大轰动，有力地打击了恶意欠薪老板的气焰。欠薪上访的人数也马上减少了一半以上，劳动和社会保障部也将深圳的经验通报全国。

2010年8月，《中华人民共和国刑法》进行了一次全面的修订，"恶意欠薪罪"首次入刑，深圳的创新尝试为推动相关立法做出了贡献。

推动深圳成为首个全民医保的城市

21世纪初，深圳的外来务工人员达800多万，他们是深圳的劳动主体，但当时的医保体系尚不完善，只有综合医保和住院医保两种，参保人数仅为200多万，主要是政府公务员、事业单位职工、国企员工、民企高管等参保。广大的外来务工人员没有参保，面临看病难等各类问题。

时任市人大常委会领导建议我推动建立外来务工人员的医疗保险制度。当时的龙岗区布吉镇曾开展过一次内部尝试，来深务工者只要一人交5元，即可享受一定范围内的医保待遇。此事与市卫生局协商后一拍即合，我与时任市卫生局局长共同组成联合调研组，各带领一批业务骨干，在布吉镇埋头搞了三天专项调研。

而后，我们花费不到一周的时间拿出三个方案，并向市主要领导汇报。他认为这是一项全国首创的、能解决数百万来深建设者后顾之忧的改革举措，将该项议题立刻安排上市政府常务会议研究。会上最后决定综合三个方案，调整成企业每月交 8 元，个人每月交 4 元，总共 12 元的劳务工医疗保险。劳动者每年缴费不到 50 元，就可享受门诊和住院待遇，门诊报销上限 1000 元；住院报销 12 万元（后来增至 20 万元），让来深建设者实实在在地看得起病。

"低缴费、广覆盖、保基本"的劳务工医疗保险制度出台后，全市反响热烈。深圳的参保人数很快从原来的 200 多万涨到了 300 多万，到后来达到 800 多万，基本上实现了全覆盖。这项探索性举措为深圳在全国率先实现全民医保做出了卓越贡献，并在全国社保系统内迅速推广。

> **肆** 如今深圳已精彩蝶变为极具魅力、动力、活力、创造力的国际化大都市。我热爱这片土地，愿以满腔的赤诚奉献给特区。

不忘初心，发挥余热

时光荏苒，年轻时我戎马三十载，保家卫国献身国防事业。中年时我转业到深圳，从龙岗区到市公安局，再到市劳动和社会保障局，我在特区奋斗了无数个日与夜，同时也见证着她的腾飞。

如今深圳已精彩蝶变为极具魅力、动力、活力、创造力的国际化大都市。我热爱这片土地，愿以满腔的赤诚奉献给特区。退休后，我担任了中国劳动学会第六、七届副会长和中国医疗保险研究会第一、二届副会长，继续为构建和谐劳动关系和医疗保险制度改革建言献策。近年来，我还担任深圳市老字号企业评审成员，走访优秀企业，助力推动深圳本土企业创新发展，打造深圳金字招牌。

年过古稀，退而不休。我仍然保持着良好的精神状态和心态，不忘初心跟党走，活到老学到老，继续为深圳的发展发挥余热。

口述者　　　**钟晓渝**

Zhong Xiaoyu

1953 年出生于四川省内江市，曾任十一届全国政协委员，深圳市政协副主席，民革深圳市委会主委，深圳市司法局副局长。

口述时间
2022 年 5 月 26 日

口述地点
深圳市政协贵宾厅

回望往昔，我的人生有三次转折，第一次是考上大学，第二次是来到深圳，第三次是成为政协委员。我们这一代人有幸参与了改革开放后深圳法治的建设，也见证了深圳在立法方面的创新与发展，我很幸运赶上了时代的列车，在那个激情燃烧的岁月里，能够利用自己所长推动社会的进步和深圳法治的发展。

管林根：
亲历见证深圳社会保障体系的
大踏步改革

壹　我总结了七个字："跟上、靠下、拼命干"，"跟上"是讲政治，听党的；"靠下"是依靠群众，联系群众；"拼命干"是工作姿态。这七字箴言为我日后开启人生的第二次创业打下坚实的基础。

重拳出击，整治龙岗治安秩序

我是军人出身，之前在部队磨炼了 30 年，比过武打过仗、抗过洪抢过险，是我人生中的宝贵经历。我总结了七个字："跟上、靠下、拼命干"，"跟上"是讲政治，听党的；"靠下"是依靠群众，联系群众；"拼命干"是工作姿态。这七字箴言为我日后开启人生的第二次创业打下坚实的基础。

1999 年底，我 48 岁那年，从广州部队转业到深圳。我早年曾驻扎过深圳营区，印象中的深圳还是一片滩涂。阔别 30 年，深圳原来早已换了新貌，高楼林立、车水马龙的繁华景象跃然眼前，变化日新月异。我对深圳的好感陡然提升，这是一个充满活力与激情的城市，我相信在这片广阔天地下，认真踏实干，定会有所作为。

来深工作的第一站是在龙岗，我担任龙岗区委副书记，分管政法、区委（政府）办、统战、信访工作，同时挂点坪地镇。

龙岗位于深、莞、惠三地交界，是当时深圳市面积最大、人口数量排行第二、经济总量排行第四的行政区。正是由于地广人多、外来人员往来频繁的地理原因，龙岗区的治安环境相对复杂，治理难度较大。公检法在此召开多次会议，商讨决定派出十多个公安小组在深惠公路沿线布控设伏，对飞车抢夺等违法犯罪团伙进行重拳出击，迅速在三个月内打掉三个团伙。这件事情震动很大，不仅区委区政府给予大力支持，而且社会各界群众深表认同，认为政府在维护社会公共安全，为民除害，为百姓做实事。

该类案件频发的问题得到明显缓解，对其他违法乱纪分子起到了极大的威慑作用。政法系统部门综合多方面调查和研究，决定率先在全市探索推行龙岗区禁摩行动。随后，我们集中开展了多次大规模的摩托车整治行动，依法处理违法分子，同时对群众持续做好思想教育工作，让市民对禁摩行动的社会意义有进一步认识。

随着整治行动的深入，越来越多市民挺身而出举报，主动配合执法工作，警民合作共同打击飞车抢夺等违法犯罪行为。

群防群治，打造合围式平安住宅小区

2000 年左右，龙岗区的夜间社会治安问题也相对比较突出。那时候不像现在这样，各村、各小区安装了"电子眼"，可以全天候、全方位监督辖区安全情况，他们只能通过修筑围墙的方式加强治安管理。

趁着区里大力整顿治安管理问题的势头，我们提出群防群治的举措，以横岗村为试点，打造合围式平安住宅小区。即小区的围墙建好后，只留几个出入口，所有人进出都只能通过这几个入口，方便统一管理。同时，所有出入口都装上监控摄像头，安排人员轮流值勤，把技防和人防手段相结合，织密群防群治安全网。

如此一来，作案分子无处可逃，夜间违法犯罪案件数量迅速下降，龙岗区的治安问题得到良好的解决。市领导对禁摩行动和打造合围式平安住宅小区的两项举措充分肯定，并在全市政法工作会议上推广。

> **贰** "11·30"专案开创了香港与内地警方联合打击跨境犯罪的先河，探索了一个行之有效的合作模式。

联合香港警方开创打击跨境犯罪的先河

2001 年 8 月，我调任深圳市公安局党委副书记、常务副局长，分

钟晓渝：
在激情燃烧的岁月
利用所长推动深圳法治发展

壹　当年上山下乡这么苦我都挨过来了，还有什么受不了？
抱着这样的信念，我坚定地奔赴深圳。

参加高考，从下乡知青到政法教授

1953 年，我出生在四川省内江市，11 岁时，我考上初中，刚读了一年多就碰上"文革"，只能被迫辍学。屋漏偏逢连夜雨，父亲在"文革"中被批斗，家中失去了主要经济来源。13 岁起，我开始在社会上做小工赚取家用，木匠、石匠……三年的时间里我体验了不少种类的工作。16 岁时，我下乡当了知青，整整 8 年的知青生涯里，我尝试无数次招工、征兵入伍，然而因父亲的原因，政审屡次不通过。现在回忆起来，当时的日子虽然充满挫折与困难，却没有摧垮我的信心，反而磨炼了我的意志。

做知青的第八个年头，终于迎来全面恢复高考，24 岁的我赶上了时代的末班车。当时我的学历还停留在初中，一个初中没毕业的人想要参加高考，在那个年代是一件天方夜谭的事。

去人民公社报名时，我们公社党委书记觉得我初中都没毕业，建议我考中专。我说要么不考，要考就考大学，这是我人生一个非常正确的决定。

从我接到恢复高考的通知，到高考只有短短不到四个月的时间，我要把从初中到高中的知识全部学完，可以说是背水一战。为此，我每天苦读，仔细学习每一章每一节，把该做的题都做了。

那是恢复高考的第一年，近十年的人才都来参加高考，竞争非常激烈。我走进考场后，手抖得下不了笔，心情久久不能平静，倒不是因为紧张，而是觉得这么多年，我终于等到这个机会了。成绩很快出来，没想到，我以全县第二的成绩被西南政法学院录取了。

　　大学期间，我十分珍惜这来之不易的学习机会，日夜苦读最终争取到了留校任教的资格。在那个年代，只有成绩最优异的人才可以留在学校教书。这一留，就是十年，十年里，我先后做了西南政法学院的讲师、副教授、教研室主任。一个农村的下乡青年，摇身一变成了大学老师。是高考，让我改变了自己的命运。

　　1992年，邓小平视察武昌、深圳、珠海、上海等地，发表了重要的"南方谈话"，掀起了改革开放的滚滚春潮，我萌生了南下的想法。

　　恰逢当年深圳经济特区获得立法权，急需法律人才。为此，深圳面向全国招聘100名法律人才，北京大学、清华大学、西南政法学院等各大高校成为深圳宣讲招聘的地方，我闻讯报名参加了考试，并成功被录取。当时学校不放我走，还有人劝我，好不容易找到了这么稳定的工作，再去深圳一切都要从头再来。但我想去深圳闯一闯，当年上山下乡这么苦我都挨过来了，还有什么受不了？抱着这样的心情，我坚定地奔赴深圳。

> **贰** 　深圳早期的发展离不开大量来深务工者，可以说，没有他们的付出，就没有今天的深圳。

修订劳务工条例，保障劳务工合法权益

　　1993年，我终于来到深圳，第一份工作就是在市总工会做法律顾问。

　　当时《深圳经济特区劳务工条例》正在最后修订完善的阶段，我加入后代表总工会去提意见，完善立法。由于过去的企业都是国家所有制或者集体所有制，所以缺少用工方面的法律。深圳率先打破了"大锅饭"，在劳动用工制度上实行合同制，以市场化方式运作。深圳早期的市场经济是以劳动密集型企业为主，实行劳动合同制以后，越来越多的企业来深圳建设工厂，招聘工人。

　　在民营经济不断发展的同时，也衍生出许多问题。比如深圳一些工厂存在着超时加班、拖欠工资甚至恶意克扣工资的情况，工人的权益无法得到有效保护。

在这种背景下，政府觉得必须要通过立法来规范劳动关系，以此保障劳务工和用人单位的合法权益。《深圳经济特区劳务工条例》由此诞生，这是深圳适应社会主义市场经济，规范劳动用工关系的一个非常重要的立法。

然而，《深圳经济特区劳务工条例》出台后，依然有些企业不遵守法律规定。1993年底，松岗一家皮鞋厂厂长为了最大限度降低生产成本，采用严格军事化管理企业。这家工厂有四五千个工人，但工厂的食堂只能容纳200人。为了节约每个人的用餐时间，厂长规定一个人只有5分钟的用餐时间，规定时间内吃不完就要罚款。

市总工会得知此事，就派我作为代表去跟工厂老板谈判。我跟老板说，要执行《深圳经济特区劳务工条例》，减少个人的加班时间，支付正常的加班工资、改善食堂环境等。刚开始他不同意，后来市劳动局、相关部门也介入了，几经谈判，对方终于同意遵守《深圳经济特区劳务工条例》，调整了工厂的规定。

深圳早期的发展离不开大量来深务工者，可以说，没有他们的付出，就没有今天的深圳。所以保障劳务工们的基本权益，是我们必须要做，也一定要做好的事情。

进入研究所，研究立法促进社会发展

1994年，我被调到深圳市法制研究所。过去在学校做研究总是纸上谈兵，到了这里，我可以直接把我的理论、研究成果通过立法的形式来影响社会、改变社会，甚至促进社会发展，这令我非常兴奋。

刚到研究所没多久，我们就收到大亚湾核电厂的委托，他们希望通过立法的形式保护大亚湾核电厂周围限制区的环境和公共安全，同时保障核电厂的安全运行。为此，我和同事们查阅大量的资料，研究世界上有关核电安全的立法，深入基层社区与社会各界反复商讨推敲，最后基于我们的研究，深圳出台了《大亚湾核电厂周围限制区安全保障与环境管理条例》。

此外，早期深圳的经营主体常有一些"霸王合同"。比如旅店发布告示声称，在本店丢失的贵重物品概不负责，这是店家起草的合同，大多数条款对消费者都不公平，没有合理保障消费者的权益。对此，我们研究制定了《深圳经济特区格式合同条例》，防止利用合同格式条款损害消费者合法权益，保障交易公平。

1998 年，深圳率先实行行政审批制度改革。改革后，深圳市政府部门和有关单位原有的上千项审批与核准事项被"砍"去了近 43%，其中审批事项的减幅更是高达 57.8%，开创了中国内地行政审批制度改革的先河。我欣喜于此，但也随即意识到一点：行政审批制度改革必须由法律规范，才能保障改革成果，规范改革行为。于是我提出立法建议，并着手起草了《深圳经济特区行政许可条例》的立法草案。很可惜，这个建议当时没有能实现。

1999 年，我以学者身份将这一建议和立法草案送交全国人大常委会。全国人大常委会经过多年调研，终于在 2004 年出台《中华人民共和国行政许可法》，与我当年起草的原稿基本框架、章节结构等基本一致，能得到最高立法机构的认可，我感到非常高兴。

> **叁** 早期特区立法权只能在特区 300 多平方公里范围内适用，造成特区内外执法标准的不一致，形成"一市两法"。

参政议政，见证深圳探索与改革

踏入千禧年，深圳进入了大发展时期，我也从过往研究工作者的身份转变为政协委员，开始利用自己的专业知识与社会实践结合，利用提案去推动社会进步。

虽然深圳经济特区早在 1992 年就获得立法权，但早期特区立法权只能在特区 300 多平方公里范围内适用，造成特区内外执法标准的不一致，形成"一市两法"。比如当时特区道路交通管理条例，在特区内闯红灯罚款 100 元，特区外则只罚 5 元。同时，特区内的一些创新改革措施，特区外也不能实施，导致特区内外发展不平衡。

2000 年，《中华人民共和国立法法》出台，把立法权分为中央和地方。深圳经济特区属于地方立法，而财政、税收、金融、行政管理、司法等立法权属于中央，深圳无权在这些领域立法，这也导致深圳在一些方面无法通过立法去推动创新改革。为此，我们提案建议扩大经济特区法规的适用范围，将特区法规的适用范围扩大到深圳市的辖区范围，使一市范围内的法制统一起来。其次，适当扩大深圳经济特区法规的立法权限范围，请求国家赋予深圳在行政管理、社会管理等方面一定的立法权限。

所幸问题后来得到了解决，2010 年，国务院同意将深圳经济特区范围扩大到深圳全市，这也从根本上解决深圳"一市两法"的困境。

2000 年，我们曾提出推动司法改革，作为民革党员，我把这个提案提交上去。时任最高法院领导看到后批复："感谢中国国民党革命委员会给我们提了一个这么好的提案。"

我们的提案还提过司法公开化，除了国家的机密文件或涉及个人隐私的判决外，裁判文书应该向全社会公开接受检验。还有实施法官责任制，加大法官责任，如果法官判错了案要负责，这是当时我们在司法体制改革报告当中提出来的，现在逐步都实现了。

从法制研究所到司法局，从市政协委员到省政协委员再到全国政协委员，我们的提案大都走在了时代的前面，也基本上得到了落实。看到自己的呼吁能得到采纳，并推动社会发展进步，我感到非常欣慰。

肆 只有法律援助的覆盖面不断扩大、制度不断健全，才能让更多的弱势群体享受到免费的法律援助。

成为一名为农民工讨薪的局长

2007 年，我成为市司法局副局长，分管法律援助。

深圳作为全国流动人口比例较高的城市，各类法律援助案件数量居全国前列。那几年深圳市平均每年办理各类法律援助案件两万件起。

法律援助就是要为打不起官司的劳工群体提供免费的法律帮助。法律援助发挥作用不是仅仅靠个人，需要靠一个完整的体系、制度、队伍来使法律援助网络完善。为此，我最大限度放宽法律援助的条件，降低门槛，让更多人享受到法律援助。当时深圳的法律援助的门槛是全国最低的，最大限度地保障了低收入阶层的权益。只有法律援助的覆盖面不断扩大、制度不断健全，才能让更多的弱势群体享受到免费的法律援助。

回望往昔，我的人生有三次转折，第一次是考上大学，第二次是来到深圳，第三次是成为政协委员。我们这一代人有幸参与了改革开放后深圳法治的建设，也见证了深圳在立法方面的创新与发展。我很幸运赶上了时代的列车，在那个激情燃烧的岁月里，能够利用自己所长推动社会的进步和深圳法治的发展。

口述者　　**曹秀梅**

Cao Xiumei

1962 年出生于吉林省长春市。市政协机关二级巡视员，市政协社会法制和民族宗教委员会专职副主任，政协深圳市第五、六、七届委员。

口述时间
2022 年 9 月 16 日

口述地点
深圳市政协贵宾厅

深圳是一个创造奇迹的地方，很多人在这里实现了自己的人生价值、自我价值。在深圳市政协工作的 30 年，一路见证深圳法治建设，我是幸运的，也是幸福的。深圳成就了我，我也有幸为深圳贡献了一己之力。

曹秀梅：
推进立法协商
为特区法治建设贡献政协力量

> **壹** 那个春天，我的家乡还沉浸在冬末的寒冷中，但深圳早已春意盎然。我到蛇口看到了那则闻名遐迩的标语，走过了深圳人潮汹涌的街道，感受了这座城市的热情和朝气，最后下了一个决心：我要到深圳来。

迎着春风来到深圳

1984 年大学毕业后，我就进入了吉林日报社，成了一名记者。1992 年刚过完春节后不久，我们报社主办的《东西南北》杂志即将迎来 10 周年庆，报社特派我到广州组稿。一天上午，在拜访完秦牧老先生并拿到他为杂志撰写的题词后，我就圆满完成了报社交派的任务，但我自己还有个未了的私心，就是到深圳去看一看。

上大学时，费孝通先生有一次来学校作讲座，我们几个学生在接待他时，他就问我们"知不知道深圳"，那时候，刚从高考中缓过神来的我们对深圳还一无所知。费先生就跟我们说："你们一定要去深圳、去蛇口看一看，了解一下为什么那里能够提出'时间就是金钱，效率就是生命'这句颠覆性的口号。"这句话种在了我心里，在之后的漫长岁月里渐渐生了根发了芽。

所以在来广州采访之前，我就悄悄办理了深圳的边防证。

我到深圳的时候，正好赶上邓小平同志在深圳发表了"南方谈话"，《深圳特区报》头条发表了著名的新闻通讯《东方风来满眼春》，掀起了新一轮改革开放的热潮。那时候，我在深圳的媒体朋友们每天忙着四处采访写稿，闲下来时就坐在一起热烈讨论深圳的未来，那种激情澎湃的氛围也深深地感染了我。

而那时，我的家乡还在冬末的寒冷中，但深圳早已春意盎然，我从北方冰雪世界一下子闯进一个生机勃勃、干净整洁的春天里，心中全是喜悦和新奇。

那个春天，我走过蛇口，看到了那条向往许久的标语，走过深圳人潮汹涌的街道，感受着这座城市的热情和朝气，最后下了一个决心：我要到深圳来。

进入政协

回到报社后，我就立即申请调往深圳，虽然历经了一些波折，但最终如愿以偿。但初到深圳的生活并没有想象中那么美好，离开了熟悉的工作生活环境和相伴了几十年的亲人、朋友，住在局促狭小的"农民房"里，与内地优越的生活形成了极大的反差，最要紧的是要尽快找到工作……

1992年5月的一天，一次非常偶然的机会，我在报纸上看到了深圳市人事局发的一则面向全国公开招聘干部的通知，其中就有深圳市政协招聘宣传干部的内容。看到通知后，我立马整理之前的工作业绩做了一份简历，抱着试一试的心态跑到市政协自荐。

我是幸运的。没过多久，我就接到了市政协同意调入的通知，10月，通过深圳市的统一调干考试后，那年12月，我正式成为深圳市政协办公厅综合处的一名科员。

尽管那时的我并不了解和熟悉政协工作，但当记者的那几年，不但锻造了我严谨的工作态度，而且深入实际、体察社情民意的经历也培养了我关注民生、关注社会、关注国情的民众情怀，这对我后来从事政协工作有着非常大的帮助。

贰　《政协热线》通过广播交流对话形式，收集市民群众的意见建议，不仅拓宽党和政府联系社会沟通市民的渠道，也成为政协委员重要的履职抓手。

做好新闻宣传和参政议政工作

当时，深圳市政协领导提出"政协的工作需要宣传"，得到了大家的一致认可。因此，我们综合处除了日常工作之外，最重要的一项工作就是负责政协的新闻宣传工作，以及政协各类史料资料的收集和汇编。我在综合处和秘书处的短短几年，在领导的带领下，与同事共同编纂了两本市政协民主监督、参政议政的新闻报道集。

1996年，我调到市政协文教卫体委员会工作处。这期间，我们紧紧围绕市政协的工作部署和要求，积极组织委员对市民关心的城市建设、改善教育卫生条件等重大问题进行专题调研视察，比如现在在深圳遍地开花的社康中心。

20世纪90年代初期，深圳的医疗资源相对紧张，看病难、看病贵的问题开始凸现，最直观的现象就是很多医院的门诊都排起了长龙。当时国外一些城市已经建立起市属、区属、社区三级医疗服务体系，于是，我们组织政协委员进行了为期半年的调研，最后由市二届政协常委执笔写了一份"关于建立社区医疗健康服务体系问题"的提案，在市政协二届二次会议上提出。后来在市卫生局等有关部门的推动下，社康中心在深圳如火如荼地拓展开来。

1997年香港回归祖国，也为深圳旅游业的发展带来了新的机遇。那时深圳已有锦绣中华民俗村等一批景点，郊野地区又背山靠海，自然环境非常优美，当时我们就想应该紧紧抓住香港回归祖国后的重大发展机遇，着力完善深圳旅游业软、硬环境，创造旅游城市氛围。为了将深圳建成国际性旅游胜地，我们又组织市政协委员调研了深圳南头古城、大鹏所城等历史文化旧址，在1998年的市政协二届四次会议提出了大力发展旅游业的集体提案。

搭起传播社情民意的桥梁

2003年，我担任市政协研究室副主任一职，主要负责新闻宣传和社情民意信息两部分工作。当时市政协办公厅旗下有一档名为《政协热线》的电台节目，开播于2000年9月21日，节目的宗旨是让各界别政协委员通过电台热线直播的形式围绕相关话题与界别群众进行互动交流，不仅传递政协委员的声音，也回应社会关切的问题，与市民形成良好互动，以推动深圳各项事业的发展。

但当时，我们重新接手时发现，由于没有专人负责，这档电台节目并没有达到预期的状态，节目中经常是由主持人一个人拿着委员的提案和讲稿独自发言。有一次，我碰到节目的主持人，她上来就向我吐苦水：不想接手这个节目了。当时我想了想，跟她说："这档节目一定要办下去，我们一起想办法把它办好。"

回到政协后，结合多年的新闻工作经验，我和处室同事一起重新想了一套节目方案：每期选择一个提案或社会热点话题，邀请提案人、提案涉及的有关部门工作人员或政协委员一起坐下来解惑释难。

节目每周六上午11点开播，一开始，原定的半小时节目经常被其他节目挤得只剩15分钟。但我们每次做节目前，整个节目团队都在一起开展头脑风暴，每期选定的节目讨论话题大到经济社会发展，小到民生实事，如食品安全、社康服务、交通出行，都是市民关切的问题。通过政协委员的"嘴"，说出百姓喜闻乐见的话，既撒播委员拥有的知识与能量，又汇集基层民众所思所想，节目的热度也由此节节攀高。后来，不但节目回归了原定的30分钟，而且节目收听率已稳居深圳电台新闻频率前三。

在当年那个网络和自媒体还不发达的时代，《政协热线》通过广播交流对话形式，收集市民群众的意见建议，不仅拓宽党和政府联系社会沟通市民的渠道，也成为政协委员重要的履职平台。同时也扩大了政协的影响力，宣传了政协的履职工作，把政协故事、好事、身边事及各种履职创新、制度探索、智慧建议等及时地传递给市民群众。如今，在一届届政协人的努力下，《政协热线》已成为一档有较强生命力和较高知名度的品牌栏目，受到社会各方广泛关注。

除了《政协热线》，当时我们旗下还有一个《政协论坛》，同样反映社情民意，我至今还记得论坛的开场语是"参政议政，关注民情民意民生，各位好，这里是《政协论坛》"。

依托这些创新探索，深圳市政协每年都有不少社情民意信息报送至全国政协、省政协、深圳市委市政府领导和深圳市相关职能部门，对推进中心工作，解决民生问题起到了良好的推动作用。深圳市政协多次被授予"信息工作先进单位"称号，在全国政协也拿过名列前茅的奖项。

6 年来，我们开展了 22 项立法协商工作，征求意见上万人次，提出建议 260 多条，采纳率达 80% 以上。而且所有项目都是精心挑选，事关深圳改革发展全局和人民群众切身利益。

为深圳法治建设不断建言

2011 年底，我开始担任市政协社会法制和民族宗教委员会（以下简称"社法民宗委"）专职副主任。法制是一个专业性非常强的领域，对于一向自信的我，不啻是一个巨大的挑战，当时的我切身地感受到了什么叫"知识恐慌"，只能边工作边学习法律知识，好在当时的领导都有着丰富的法律工作经验，带着我们一起学习，我在工作上才得以快速进入状态。

深圳是一座因法而生、依法而兴的城市，在法治建设的进程中担起"探路先锋"的重担，而深圳市政协更是活跃在深圳法治建设的一线。

2012 年，深圳市政府获"中国法治政府奖"，市检察院的"案件管理系统"建设、法院的"查控网系统"建设也分别在全国司法机关获得肯定和推广，深圳经济特区的立法也为国家立法提供过许多可借鉴的经验。但是我们发现，深圳的法治也存在一些问题，诸如以法治思维和方式深化改革、推动发展、化解矛盾、维护稳定的意识和能力不强，部分立法质量不高，有法不依、执法不严现象依然存在，这些问题使深圳的法治与先进城市的法治有较大差距，也与深圳市委提出要把深圳建设成"一流法治城市"的标准相距较远。

为此，当时我们做的第一件工作就是组织法律界的政协委员到公、检、法、司等法制部门和深圳市依法治市办、深圳市律师协会调研，随后在 2013 年的深圳市政协五届四次会议上，提出了《把深圳建设成一流法治城市的建议》提案，最终被确定为当年的"1 号提案"。

此后，我们又连续为深圳法治建设提交了有分量的重点提案：2014 年我们提交的《建设一流法治政府》提案由市长领办，在 2015 年的深圳两会上，当时的常务副市长用半个小时的时间详细回复该提案的办理情况；2015 年，市政协六届一次会议"1 号提案"也是我们提出的——《建设一流法治社会》，该提案更加关注法律建设下沉到社区和社会组织的情况。

三年三个"一流法治"提案，为之后市政协开展立法协商工作打下了坚实的基础。

立法协商工作正式开展

2015年，在政协的一次会议上，时任深圳市政协主席戴北方提出："政协协商平台优越，能否在提高立法质量，推动科学立法、民主立法方面做一些探索？"

但当时社会上对这个问题存在一些争议。于是在2016年4月，我们成立了一个调研组，由时任深圳市政协副主席王璞带领我们北上北京、武汉、成都、杭州等地进行考察，学习先进经验。在调研过程中，我们发现多年来全国各地对开展立法协商工作进行了大量探索，并有一定成果。当时，我们调研组到全国政协进行请示汇报时，得到了全国政协领导的鼓励和支持。

调研归来后，我们马不停蹄地撰写调研报告、起草相关文件。两个月后，市委办公厅就将《关于在市政协开展立法协商工作的意见》正式印发到包括中央驻深单位的所有部门，为政协立法协商工作的开展做好了顶层设计。

同年，"市政协开展立法协商工作领导小组办公室"设在社法民宗委，我们由此正式开展立法协商工作。

立法协商工作越做越扎实

当时，我们开展的首个立法协商工作项目是《深圳市公共信用信息管理办法（立法协商稿）》。2016年10月12日下午，我们22名市政协委员和立法协商咨询委员分成三个调研组，到有关职能部门和单位调研公共信用信息管理情况。第一组到市中级人民法院考查鹰眼查控网工作情况，并与市发改委、市法制办、市中级法院等部门负责人座谈交流；第二组参观了市电子政务资源中心，并与市经信委、市公安局有关负责人座谈交流；第三组参观了解市公共信用中心情况，并与市市场和质量监管委员会、市人力资源和社会保障局等部门负责人座谈交流。

当时，我们共征求委员、立法协商工作咨询会成员、各民主党派、各界别及有关单位意见450人次，收到意见建议171条，经过梳理，最后整理总结出了 18 条，形成《立法协商建议报告》，因为我们相信，更多的人、更多的层面参与进来，不仅不会影响立法的权威性，反而会提高法律的权威，因为它经得起考验。

2017 年 5 月，《深圳市公共信用信息管理办法》经深圳市人民政府六届七十七次常务会议审议通过，对市政协的协商建议完全采纳 16 条，部分采纳 2 条。

6 年来，我们开展了 22 项立法协商工作，征求意见上万人次，提出建议 260 多条，采纳率达 80% 以上。而且所有项目都是精心挑选，事关深圳改革发展全局和人民群众切身利益，比如《深圳经济特区食品安全监督条例》《深圳市生产经营单位安全生产主体责任规定》等等。

2021 年，我们又创新性地制定出台《政协深圳市委员会立法协商工作规则》，编制深圳地方标准《深圳市政协立法协商工作规范》，为立法协商工作的规范化、标准化、制度化建设做出了重大贡献。其中《政协深圳市委员会立法协商工作规则》是全国及地方政协开展立法协商工作最系统、最完整的规定之一，"地方标准"则在全国属于首创。可以说，我们也为全国政协的立法协商工作提供了可复制可推广的深圳经验，为深圳法治示范市建设贡献了政协力量。

肆 "一分耕耘一分收获"在深圳不是一句空话，是每个奋斗者的座右铭。

我在这里实现了最大的人生价值

深圳是一个创造奇迹的地方，也是每个人能够实现人生价值、自我价值的地方。在深圳市政协工作的 30 年，一路见证深圳法治建设，我是幸运的，也是幸福的。深圳成就了我，我也有幸为深圳贡献了一己之力。

我还记得，刚开始到政协工作时，条件远不如现在，那时候加班没有空调，只有一台风扇，流下的汗水浸透了写材料的稿纸，但那时候大家充满了干劲，这种活力正是这座城市赋予我们的。我是幸运的，在这片热土见证了深圳市政协的一路辉煌。直到今天，我依然相信，"一分耕耘一分收获"在深圳不是一句空话，是每个奋斗者的座右铭。

口述者　　**王夏娜**

Wang Xia'na

1958 年生于广东省兴宁市，现任深圳市健康产业类行业协会联合党委第一书记。1974 年 7 月参加工作，1976 年 7 月加入中国共产党，省委党校大学学历，工程师。曾任中信银行深圳分行办公室副主任，深圳市经济发展局综合法规处副处长，深圳市经济发展局医药管理办公室主任，深圳市药品监督管理局药品安全监管处处长，深圳市食品药品监督管理局负责人,深圳市市场和质量监督管理委员会巡视员。

口述时间
2022 年 4 月 7 日

口述地点
深圳市政协贵宾厅

我一共有 45 年工龄，其中 34 年在深圳，在这 34 年中 21 年在药品监管的岗位上工作。我非常热爱深圳这座城市，不管走到哪里，我都说深圳是一个包容性非常强的城市，而且也是创新能力非常强的城市。在这座城市生活工作，我真真正正地体会了中国共产党执政为民、全心全意为人民服务、以人为本的理念。

王夏娜：
深圳药监工作发展变迁的见证者和参与者

> **壹** 当时整个深圳感觉就是一片欣欣向荣，这种火热的氛围让我一下子就喜欢上了深圳。

因公首次来深即喜欢上这座城市

我于 1958 年 6 月出生在广东兴宁，是一名客家人。我父亲曾是东江纵队的一员，参与过革命，因此我骨子里就传承着红色基因。

上学期间，当时梅州地区开办第一届中专，我有幸成为学校里被选派去就读的 3 名学生之一。中专毕业以后，我就被分配到地区氮肥厂做技术人员。那个时候在搞路线教育工作队，我当时作为积极分子也被选派到其中。在工作队的时候，因为表现突出，可以申请入党，但那时自己还不满 18 岁，所以经过支部讨论通过后决定从我满 18 岁之日起开始算党龄。

1976 年，我刚满 18 岁那年就被调到梅州地区工业交通办公室，这是一个管工业交通的机构，我一待就待了十几年。在这期间，成人大学恢复了招考，我又去读了两年大专，之后又去了党校读本科。

1985 年，因为公差来到了深圳。这是我第一次来深圳。当时感觉整个深圳欣欣向荣，充满活力，到处都是工地，这种火热的氛围让我一下子就喜欢上了深圳。

1988 年，随我先生正式调来了深圳。

| 贰 | 我参与了深圳市药品监督管理的筹建、规范、发展的全过程。 |

参与筹建原深圳市药品监督管理局

来到深圳后，我最早是在银行工作，工作了 3 年左右，之后在深圳市市管二类企业工作过。1996 年，我调到了深圳市经济发展局的综合处。1996 年底任深圳市经济发展局医药管理办公室副主任，1998 年任深圳市经济发展局医药管理办公室主任。

2000 年，国家要求各地成立药品监督管理局，以加强药品管理，保障人民用药安全。2001 年 1 月，深圳市成立了以市经济发展局医药管理办公室和市卫生局药政处两个部门为基础组成的深圳市药品监督管理局筹备小组，当时我是筹备小组成员之一。

深圳市药品监督管理局组建后第一个重要任务就是规划未来的编制和职能。当时我们碰到的最大难题就是编制问题。因为在 2001 年，从上到下各级政府都在精简机构，减员收编。按照中央编办的要求，需按深圳人口的万分之四来设置一个正局级机构编制，我记得当时应该需要300 多人，但这显然是不可能的。所以我们就根据深圳的情况紧打紧算，行政编要了 102 个，事业编除药品检验所全部划过来以外，我们还增设了药品上市后不良反应监测机构，该机构一共申报了 15 个财政全额拨款事业编制。

这时的政府确实需要仔细推敲论证的，要成立一个新局，而且要新增 102 个行政编和 15 个财政全额拨款事业编，同时各区要下设二级局和专门的稽查大队，难度很大。

我记得，当时在召开市政府常务会的时候，时任市领导还问："需要那么多编吗？"时任编办相关负责人回答道："药品监督管理人命关天！"最终市委市政府为保障人民的用药安全还是决定批复深圳市药品监督管理局 102 个行政编，15 个财政全额拨款事业编制。

可以说，市领导是非常重视老百姓的生命安全的，在这么艰难的情况下，仍能给到新成立的药品监督管理局充足的编制，这是非常不容易的。

致力于规范药品及医疗器械生产工作

2004 年我被任命为市药品监督管理局副局长。我以满腔热情投入工作中，为规范药品、医疗器械生产企业不懈努力，对提升药品检验机构的竞争力、检验研究能力，对生物制药产业的发展做了一些有益的工作。

首先是推动行政管理规范化，制定了凡是重复 2 次以上的行政行为的标准操作规程（SOP），提升行政管理水平。同时还达到了预防腐败、规范行政人员执法行为的目的。受到了市纪委、监察部门的肯定，时任市委书记还专门到市药品监督管理局调研。

其次是推动完善药品不良反应监测管理工作。随着药品上市后不良反应任务的变化，药品不良反应监测工作需进一步完善，在 2018 年，深圳市药品不良反应监测中心正式更名为深圳市药物警戒和风险管理研究院，此举确定了药物警戒在国家药品管理法体系的地位。

见证深圳药监工作从无到有、从弱到强

除了规范药品、医疗器械生产企业，当时我们还在药监工作方面下功夫。让我值得骄傲的是，近 20 年深圳药品、医疗器械产品没有发生过质量安全事故。可以说，深圳药监体系是走在全国前列的。

针对日常监管方面，我们建立起一支专业、严谨、高效、务实的药品监管、行政监管和技术监督队伍。当时市药品监督管理局党组确定，凡是进入药监队伍的干部逢进必考；干部定期到高等院校进行专业培训。

再者，重视建设药品检验研究机构。当时的药品检验机构只是一个处级建制的检验机构，只满足日常检验需求。经过我们的努力，在市委、市政府的重视下，在市药品监督管理局历届党组的正确领导下，现如今深圳已建成国内领先、国际一流的药品检验研究机构，成为除中国食品药品检定研究院之外第一个地方博士科研工作站；是全球第四十六家、中国第二家、地方第一家世卫组织药品质量控制认证实验室；是亚太地区唯一一家联合国药品检验全球长期合作实验室；是国家药品检验口岸所；参与世卫组织药典和国家药典标准的制定和起草。值得一提的是，目前新建成的生物安全评价中心大楼能满足药品上市前的各项安全性的试验，为助推深圳生物产业的发展起到了很好的技术支撑作用。

此外，严抓药品医疗器械的产业基础问题。药品生产企业从过去只

有一两家生产简单的普通剂型到目前药品生产企业品种齐全，剂型有高科技的生物制品、血液制品及注射剂型等。

总的来说，深圳建成了一个药品（含医疗器械、保健食品、化妆品）全链条的科学监管体系，为生物医药产业，特别是医疗器械产业提供了非常友好的营商环境。这些年，也涌现出迈瑞、华大等知名企业和品牌，其生产的产品质量现已跻身于一线城市水平。深圳也率先于其他城市对药品、医疗器械生产、经营企业进行 GMP、GSP、IS 9000 等质量体系认证。

深圳市药品监督管理局成立后，一个重要的工作方向就是深度支持医疗器械产业，使其发展充满活力。目前，全市生产的医疗器械设备几乎覆盖了临床医学的所有领域，具有可装备一家一流的二甲医院的实力，产业总值占全国约十分之一的份额，在产的产品将近 80% 拥有自主知识产权。2004 年到 2014 年医疗器械产值每年以 30% 左右的速度递增。

> **叁** 　在药监系统工作期间，我参与过很多十分有意义的事情。

多次助力筹办高交会、医博会等展会活动

1999 年是中国高新技术产业发展的一个里程碑，这年 10 月 5 日至 10 日，首届中国国际高新技术成果交易会在深圳成功举办。当时深圳是第一次办展，没什么经验，也没有固定的模式，而我负责生物医药馆的筹展工作，对怎么办展、办展内容是什么也一筹莫展。在市委、市政府及市经济发展局的领导下，我们经过了反反复复的修改、完善，前后花费一个多月的时间，才将筹展工作做足、做好。最后，深圳生物医药馆不仅能完美展出，而且作为半永久性的展馆长期放在南山高新科技园内供市民游客参观。

除高交会外，2002 年春季，我作为筹办人员之一，助推第四十六届全国医疗器械博览会在深圳成功举行，这一届医博会的举办为今后争取连续十年春季医博会落户深圳、推动深圳的医疗器械产业发展起到了关键性的作用。

协助企业获批生产全国首批非典抗原球蛋白

2002 年底，广东出现首个非典病例报告。当时深圳生物制品企业作为国家在非典时期企业中的重点监管对象，深圳市唯一的血液制品厂——深圳卫武光明生物制品厂的负责人就跟我说，他们想从非典人群中抽取血清来制作产生抗原的球蛋白。

听到这个提议，我们马上组织材料报送国家药监局，当即就协助他们起草报告。当天正好是分管我们局的市领导值班，我立刻向她电话汇报，并获得赞同。当天 16 时左右开始起草，报告起草完了，企业盖章，再到市药监局盖章，到 20 时左右市领导签发。我们只用了半天时间就完成了企业起草报告、药监局审批转报，最后到市政府起草文件的整个过程。第二天报告就被送到了国家药监局，办事速度快且高效。

当时国家药监局也正好要在全国找一家血液制品厂来生产非典抗原球蛋白，我们的报告正好符合需求，所以"一拍即合"，就批准了生产要求。"SARS 特异性免疫球蛋白"也被国家批准为"应急临床应用，作为国家防疫战略物资储备"。从上报文件到获批准上市只有半年多时间，是全球同类产品中最早面世的。

产品上市前的听证会是在五洲宾馆举行的，这在深圳历史上是极为罕见的。深圳卫武光明生物制品厂也通过生产非典抗原球蛋白上了一个新台阶。2003 年，该厂研制的"SARS 特异性免疫球蛋白"被列为科技部"十五"863 计划重大项目课题，为造福人类健康做出了积极贡献。

这是在任职期间，我觉得做得非常有意义的一件事。

反映民意，争取撤销进口二手医疗器械管理文件

2005 年 5 月，国家药监局网站公示《进口二手医疗器械管理办法（征求意见稿）》。当时知道这个征求意见稿，我们的第一反应就是该文件有待商榷。因为大型国外二手医疗器械一旦进入国内市场，是无法监管校准的。比如用 CT 等大型精密探测器给病人做诊断，诊断指标高了还是低了，都没办法用国内的手段验证，只有通过厂家来校验，这对于老百姓的生命安全保障存在潜在的危险。其次是进口的二手设备价格很便宜，也会对国内刚刚发展起来的医疗器械产业造成打击。

所以，当时我们就第一时间组织深圳市医疗器械行业协会起草了一份调研报告，向国家有关部门反映，希望可以取消该文件的发布。当时

有很多人觉得不可能，因为文件已经在网上公示了，那个时候要把征求意见稿撤下来，这是想都不敢想的事情。

按照当时的文件上报流程，我们很快就把调研报告直接报送至国家药监局。最终，在时任国家药监局领导的支持下，成功将已公示的《进口二手医疗器械管理办法（征求意见稿）》撤了下来。

回想起来，我觉得这件事情做得非常有意义，制止了进口二手医疗器械进入国内，保护了国内刚刚发展起来的医疗器械产业，也让行业监管更加精准有效。作为行业主管部门，我们也为医疗器械产业的健康发展提供了良好的营商环境。

肆 退休后，我还是希望自己能够在力所能及的范围为社会企业服务。

退休后仍为健康产业发展建言献策

从 20 世纪 80 年代来到深圳，我大部分职业生涯都在深圳。深圳这座城市让我激发出更大工作热情和责任感。2016 年，在就任深圳市食品药品监管局负责人期间，我还做了一件十分有意义的事情，就是推动深圳市 50 平方米以下微小企业食品经营许可证承诺制，解决了十几万家微小餐饮企业无证经营的问题。

2018 年 8 月，我正式退休，退休后，市里任命我为市健康产业类行业协会联合党委第一书记。为发挥余热，除了按照组织的要求做好党建工作外，我还提出了不少重视健康相关行业的管理建议。

比如，随着人们健康意识的增强，社会上新兴业态，像医美行业、保健器材、针灸、足疗、刮痧等有关健康的行业，如果没有专业的部门去调研，规范管理，监管扶持，那么这些行业就很难发展。像筋膜推拿，现在社会上有很多都宣称有疗效，而且也有市场需求，但是这些该怎么来界定？这些内容，仅仅依靠监管部门去研究，是远远不够的，还需要行业来规范这些事情。要根据市场需要，研究产业该如何合法合规经营，确确实实让产业得到发展、让老百姓得到实惠，又不会出现产品危及人民健康安全的现象。

另一个事情，我们一直想推动深圳与香港合作建设一个中药港。历届香港特首对中药港都很重视，在 2016 年，深圳市药品检验研究院跟香港科技大学、香港浸会大学和香港中文大学等与中药有关的高校已经进行合作，并且建立起联盟。至今香港仍保存着最传统的中药工艺、祖传的处方，现在香港上市的中成药一共有 8000 多个品规，而进入内地销售的现在只有念慈菴枇杷膏等 19 个品规。

我之所以一直积极推动建设中药港，是因为在跟香港的同业工会、中华医学会交流时，了解到这些祖传下来的处方到如今年轻的第四代、第五代都不愿意传承。中医药是中国人发明的，但现在很多国家的汉方药，都比我们销售得多，在世界上也有不小的影响力。退休前，我就一直在跟国家发改委、国家药监部门沟通。现在我还在继续推动，我认为，如果香港的中成药能够快速进入内地市场销售，这不失为一件利国利民的事情。

我非常热爱深圳这座城市，对这座城市的生物医药产业有着特殊的情怀，我十分期待未来深圳的生物医药产业可以继续蓬勃发展，也衷心祝愿深圳药监工作能为生物医药产业的发展助力赋能。

口述者 　　**胡捷**

Hu Jie

1958 年出生于上海市，曾为华东政法学院（后更名
为华东政法大学）教师，1990 年入职深圳市人民检
察院，先后担任福田区人民检察院副检察长、龙岗
区人民检察院检察长、南山区人民检察院检察长，
深圳市人民检察院巡视员等职务。

口述时间
2021 年 10 月 29 日

口述地点
深圳市福田区新媒体大厦

深圳是一个海纳百川、包容性很强的城市。在这里，我亲历了深圳检察践行法治发展的各种改革实践，见证了法治环境不断完善，更加公平公正。在时代不断发展的过程中，坚持追求卓越、创造一流，锻造一支有凝聚力的检察队伍，助力深圳法治建设，让我倍感荣幸。

胡捷：
深耕基层不断创新
为深圳法治建设贡献检察力量

壹　保护知识产权就是保护创新。假冒思科公司注册商标案公诉庭获评为"全国十佳公诉庭"。这一案件也让社会看到了深圳检察机关致力于惩治知识产权犯罪、护航科技发展的决心。

从三尺讲台到检察一线

1979 年我参加高考，考上了华东政法学院，后来又继续读硕士，毕业后留校当老师，从事宪法学的教学工作。老实说，我很喜欢大学老师这份职业，从未想过要离开这个岗位，更没想到会离开上海。1990 年，为了和家人团聚，我才来到深圳。那时候的深圳到处是工地，很多上海的朋友同事都劝我别离开，说上海的户口一旦迁出去就很难再迁回来了。但对我来说，一张白纸或许能书写出更多的可能，年轻的我还是毅然决然离开了上海。

刚来深圳的时候，我本来打算继续从事教学类工作，后来阴差阳错被推荐到深圳市人民检察院工作。刚到市人民检察院的时候，我被安排在办公室从事文书类工作，主要负责会议材料撰写，以及汇总各区人民检察院的材料。由于我之前本身就是法律专业毕业，对这项工作很快就得心应手。在文字岗位上工作两年后，单位觉得我这个有专业知识背景的研究生应该去业务部门锻炼一下，于是就把我调去了起诉处。

当时起诉处主要负责案件的审查起诉，而我作为检察员有独立办案资格。刚到起诉处一个星期我就要着手受理案件。那时候我还不明白办案是怎么回事，于是跟着检察官旁听学习。从提审犯罪嫌疑人到去法院出庭，每一个环节都要仔细琢磨。幸好，当老师的经历对我的口才锻炼帮助很大，出庭时我丝毫不怯场。

1994 年，福田区人民检察院想提升检察队伍的业务素质，需要增加有专业法律知识的人，我正好被选中。基层人民检察院案件多，我觉得是个不错的锻炼机会，于是就去了福田区人民检察院。我在福田区人民检察院待了 12 年，这是我工作时间最长的单位，也是我成长最快速的时期。

2001 年，中国加入 WTO（世界贸易组织），深圳处于改革开放前沿，经济进入飞速发展时期。一时间，社会上涌现了很多经济类案件，对我们来说，更需要不断学习来应对千变万化的情况。2005 年，思科系统（中国）网络技术有限公司（以下简称"思科公司"）到公安机关举报，称在深圳市、东莞市两地有人假冒其公司注册商标。思科公司是美国上市公司，也是世界 500 强企业之一，案件自开始就成为社会各界和国内外舆论关注的焦点。

案件移送到福田区人民检察院受理后，我们通过审查发现，犯罪嫌疑人销售时无固定场所，有时就在路边交易，当场结算，不开发票也不记账，非法经营数额达 480 多万元，这是一起典型的侵犯知识产权犯罪案件。为了办好这起案件，我和同事夜以继日地讨论研究案件，在法定期限内告知了 4 名犯罪嫌疑人所享有的委托辩护人等诉讼权利，讯问了被告人，听取了辩护人的意见，审查了全部案件材料，还依法两次退回公安机关补充侦查。开庭前，我们做了充分准备。面对 4 位辩护律师和百余名旁听群众，针对被告人及其辩护人提出的种种辩解均一一给予有理、有力、有节的回应，以至在辩论阶段的最后一轮，原为被告人作无罪辩护的两名律师改为作罪轻辩护。4 名被告人也在最后陈述阶段当庭认罪服法。思科公司的法律顾问在现场旁听，事后表示对这个案件的处理非常满意。当庭宣判后，各被告人均表示服判，未上诉。假冒思科公司注册商标案公诉庭还获评为"全国十佳公诉庭"。保护知识产权就是保护创新，这一案件也让社会看到了深圳检察机关致力于惩治知识产权犯罪、护航科技发展的决心。

> 作为"一把手",只有把队伍带好了,各方面的工作才能搞得好。我给自己定了一个目标,要树立正确的用人导向,用充满正能量的检察文化来凝聚人心,激发大家奋发向上的工作热情。

贰

"一把手"视角培养法治人才

2006年,我被调任龙岗区人民检察院检察长一职。这是我第一次当"一把手",一方面需要结合辖区特点提升业务素质,另一方面,要带好队伍。

从福田到龙岗,工作性质变化不大,但是案件量相对来说就比较多。当时龙岗区地处深圳市城乡接合部,流动人口超过300万,治安形势较为复杂,每年提起公诉的犯罪嫌疑人超过5000人。2009年,龙岗区人民检察院以全市检察机关七分之一的人力办理了全市四分之一的案件,公诉部门人均办案超过160件,侦监部门人均办案超过300件,在深圳市6个区院中人均办案数最多。

龙岗区人民检察院检察长一职让我深感责任重大,作为"一把手",只有把队伍带好了,各方面的工作才能做得好。我给自己定了一个目标,要树立正确的用人导向,用充满正能量的检察文化来凝聚人心,激发大家奋发向上的工作热情。

建立以业绩论英雄、凭德才选干部的用人导向机制,让优秀人才脱颖而出。院里鼓励表彰想干事、能干事、干成事的检察官,给予他们荣誉,发扬榜样力量,很快单位里就形成了"比学赶超"的工作氛围。尤其是年轻的检察官们特别有积极性,周末主动加班,有一名检察官一年办理了640件案件,全市办案量第一。很多人说,深圳奇迹是三天造一层楼。我认为他们能办理那么多案件,也是深圳奇迹。正是对法律的崇敬、对工作的热爱,才创造了让人叹为观止的业绩。

我们还特别注重提升干警的业务水平和技能,培养储备法治人才,定期组织开展检务素能考核培训、出庭公诉观摩、法律文书评比、精品案例评选、以案析理点评等岗位练兵和技能比赛活动。在全市检察系统举行的"十佳"业务竞赛中,龙岗区人民检察院有4名干警获得"十佳"荣誉。而我们单位良性竞争的工作氛围也吸引不少同志主动申请调来工作。

我们还十分重视依靠丰富多彩的检察文化，来平静浮躁的心灵，缓解工作压力。组织"成由勤俭败由奢"的即兴话题作文竞赛，筹划思辨大赛深化法治理念教育，组织纪律教育情景小品比赛，以科室为单位开展多媒体诗歌朗诵比赛诠释"恪守检察职业道德，促进公正廉洁执法"的主题。利用假日举办田径运动会，邀请家属观摩。那几年，龙岗区人民检察院参加市、区各类文体竞赛，均取得优异成绩，还被评为全国先进基层检察院。我们在龙岗检察网论坛上开辟《检察岁月》专栏，通过老同志讲述艰苦奋斗的历史，激发新一代检察人员的干事创业激情。

实践证明，远程视频庭审模式通过信息化技术手段，突破了传统庭审模式的空间局限，实现了检察官指控、当事人出庭、法官审理等庭审因素的异地实时高清视听音频连接。

向科技借力，创新技术提高办案效率

有一年，龙岗区 98% 的犯罪嫌疑人均不是本市户籍，传统意义上对诉讼当事人的权利义务的一般告知并不能有效保障他们的合法权益。于是，我们自行研发并启用了刑事案件网上告知系统，能让用户登录该系统进行案件查询，了解犯罪嫌疑人及案件的基本信息；还可以进行互动交流，以及全面了解有关诉讼权利义务。该系统还在国内第一个实现了短信查询刑事案件信息，保障了诉讼参与人足不出户就可以行使知情权和监督权，得到诉讼当事人的高度评价，对保障律师的案件知情权、阅卷会见权等方面具有重要意义，体现了检察机关先进的司法理念和保障司法公平的决心和努力，并且被纳入 2008 年市政协会议提案在全市司法机关推广。

2011 年，我轮岗到南山区人民检察院工作，发现各个区都存在案多人少的问题，借助科技力量提高办案效率是顺应时代发展的必然选择。当时，南山高新技术产业发达，涉及案件比较复杂，办案人员花费的精力特别多。开庭时法警需要提前一个小时到看守所提押犯罪嫌

疑人，检察官也需要提前半小时赶到法院出庭公诉，往返奔波，不仅影响了诉讼效率，也耗费了大量人力物力。为解决这个问题，有人提出开发一个线上提审和庭审系统，我觉得这个事可行。于是，南山区人民法院与南山区人民检察院对线上提审和庭审系统进行了深入研究探讨，规范工作程序。

很快，我们就从技术上解决了法院、检察院、看守所的三地实时影音传输，即庭审法官与辩护人在法院的远程视频法庭、公诉人在检察院的远程视频室、被告人则在看守所的远程视频开庭室。实践证明，远程视频庭审模式通过信息化技术手段，突破了传统庭审模式的空间局限，实现了检察官指控、当事人出庭、法官审理等庭审因素的异地实时高清视听音频连接。与传统庭审模式相比，线上提审和庭审系统一方面将公诉人、庭审法院从以往的路上往返、等候开庭等环节中解脱出来，亦减少了法警押解被告人的时间，大大提高了诉讼效率；另一方面，诉讼效率的提高也就避免了因案件积压而延长被告人羁押时间情形的出现，从而维护了他们的合法权益。

> **肆** 每办理一起案件，不仅要达到案件事实清楚、证据确凿充分的法律标准，还要尊重民意、顺乎民情，关注社情民意，倾听群众呼声。

用心用情，办好每一起案件

从 1992 年开始接触办案，算下来我办理的案件和审批的案件超过万件。我认为司法工作人员在办案的过程中，不能机械、死板地理解和适用法条，要及时适应不断变化的社会客观情况，考虑法律的综合效果，积极回应社会关切。

做一名优秀检察官就要通过办案让司法有力量、明是非、显温情。每办理一起案件，不仅要达到案件事实清楚、证据确凿充分的法律标准，还要尊重民意、顺乎民情，关注社情民意，倾听群众呼声。在福田工作的时候，我看到有人因匆忙被捕光着脚关进了看守所，于是提审时给他带去一双鞋。释放犯罪嫌疑人时，我会给身无分文的他们送上路费。三八妇女节我带领女检察官去看守所为在押的女性犯罪嫌疑人送去生活用品和书籍。正是这些暖心细节，让犯罪嫌疑人感受到了法律的温情。

南山区高新技术企业多，知识产权纠纷自然也多；企业之间人才流动大，营造企业健康快速发展的法治好环境至关重要。我们走访辖区内的高新技术企业、开展调研、组织座谈会积极了解企业诉求，不仅严厉打击涉嫌侵犯知识产权犯罪案件，还全力为企业提供检察服务，就企业管理和预防知识产权受侵害等方面为他们献计献策。许多企业家都感慨，深圳的法治环境越来越好了，政府部门主动服务，司法机关公正依法办案，打官司不用"找人"。

深圳是一个海纳百川、包容性很强的城市。回望过去的工作经历，我十分庆幸当初来深圳的决定。像我这样从外地来的人通过努力工作，奋斗拼搏，得到组织的认可和群众的信任。这座城市给予了我发挥的舞台，使我能为深圳的法治建设出一份力。在这里，我亲历了深圳检察践行法治发展的各项改革与试验，见证了法治环境不断完善，更加公平公正。在时代不断发展的过程中，坚持追求卓越、创造一流，锻造一支有凝聚力的检察队伍，助力深圳法治建设，让我倍感荣幸。

口述者 **宋良毅**

Song Liangyi

1955 年出生于甘肃省天祝市。深圳市司法局原副巡视员，曾任宁夏回族自治区党委办公厅秘书处秘书、中华全国法制新闻工作者协会理事、中华全国人民调解协会理事、广东省人民调解协会副会长、深圳市人民调解协会会长、深圳市普法办专职副主任，三级警监警衔。

口述时间
2022 年 7 月 16 日

口述地点
深圳市福田区珍奇景苑

—

30 多年前，我怀揣梦想进入深圳市司法局，从此与司法系统结下了不解之缘。30 多年来，从主持法制媒体，到参与深圳法制宣传，再到创新人民调解工作，我有幸成为法治深圳建设的见证者、参与者和实践者。于我而言，在这个激情而又充满探索的过程中，变化的是岁月，丰富的是阅历，不变的是惩恶扬善、守护正义的初心。

宋良毅:
守护正义初心 共享城市和谐之光

> **壹** 在深圳的火车站和各个汽车站，每天都有如潮水般的人从全国各地涌来，而深圳的各种标语口号也在激励着一代热血青年来这里大展拳脚，实现人生的理想和抱负。

"我要留在这片热土上"

我是恢复高考后的第一批大学生。入学时，正逢中华大地吹拂着改革开放的春风。1982 年大学毕业后，我分配到宁夏日报社做了两年的记者。我们那一拨进报社的大学生，敢想敢干，很快就崭露头角，成为业务骨干，我采写的报道更是常常见诸报纸头条。没过多久，我便因笔杆子优势，被调往宁夏回族自治区党委办公厅秘书处担任秘书一职。

1988 年，宁夏回族自治区调研工作组到深圳考察，当时我正是工作组的一员。还清楚记得那一天，载着我们的绿皮火车从银川出发，一路向南。火车慢悠悠地穿越盛夏时节的大地，褐黄戈壁、葱绿麦田、大河驳船、小桥流水一一在窗外掠过，直至夜幕渐临。当火车抵达深圳，走出车门的那一刻，一阵亚热带地区特有的暖风扑面而来，潮湿的空气浸润了脸庞。夜晚的城市，灯光闪耀，如同天上繁星落入大地，一下子把我们都吸引住了。

在深圳调研的几天，每天睁开眼，就看到城市热火朝天的建设景象，看到街道车水马龙和人们匆匆的脚步，让我深深感受到了一股蓬勃昂扬的活力，而这正是当时的内地城市所缺乏的。在深圳的火车站和各个汽车站，每天都有如潮水般的人从全国各地涌来，而深圳的各种标语也在激励着年轻人来这里大展拳脚，实现人生的理想和抱负。

随着调研期结束，一个念头在我心里愈发坚定："我要留在这片热土上。"

主持法制新闻工作

1988 年底，凭借着此前积累的党媒和省委机关工作经验，我得以调入深圳市司法局宣教处，也从此开启了我在特区 30 多年的司法工作生涯。

1991 年初，深圳一家法制类报纸大调整，急需一个既懂新闻又懂法制的人主持报社工作。没过多久，我就接到了组织上的调令：由我担任该报社常务副总编辑，并主持全面工作。

20 世纪 90 年代初，正是报纸发展的黄金时期，报纸增版增刊是当时的热点。我来到报社后，做的第一件事情就是扩大发行量——用三年的时间，将当时的周报大踏步增刊为日报。第二件事情就是扩版，将对开 4 版的报纸扩大为 8 版、12 版乃至 32 版之多。1994 年，我们创办了深圳报界的第一个周末版，主要刊登一些具有话题性、可读性的典型案例和法制进程上的重大历史事件，并且破天荒地采用彩色印刷，使报纸更具有观赏性。

同时，我们又着重于新闻报道的深度开掘，接连对深圳的几个重大法制事件以长篇报告文学、长篇通讯的形式予以深度报道和全面解析，给读者以耳目一新之感。一时之间，一纸风行，打开了受众市场，成为深圳广大干部群众学法用法、护法维权的良师益友。

当时，这份报纸是由深圳市委政法委员会主办，我们不单单报道深圳市委市政府及公检法司机关的法制建设动态、举措和经验，也承担一部分指导行政机关依法行政、司法机关公正执法、企业单位依法经营的职责。当时情况下，我牵头成立了报社经济新闻部，着重报道特区在经济科技方面的法治建设进程。与此同时，我们还将深圳的社会治安状况、政法队伍建设情况和重大法制社会实践成果直接通过内参上报中央政法委，推动新时代特区政法工作高质量发展。

1993 年，这份报纸跻身"全国百佳优秀报刊"行列，并被评为"全国十佳法制报刊"，一下子成为全国最红火的法制媒体之一，深圳的法制新闻工作也上了一个台阶。

> **贰** "法制大观园"成为深圳每年法制宣传日的重头戏，还一度被深圳市民评为最富创意的活动项目。

以市民喜闻乐见的方式创新普法宣传

1996 年，我被调往罗湖区桂园街道办挂职锻炼，任副主任一职。不到一年，我就凭借出色的工作成果被市委组织部评为优秀挂职干部，随后又回到了市司法局。2001 年 1 月，我通过竞争上岗担任深圳市第一劳教所政委，后担任所长和党委书记。几地辗转，其中有各种开拓事业的艰辛，也有奋楫争先的欢欣，但我始终坚持"干一行爱一行，做事就要做到最好"的原则，在几个岗位上都争取干出一番成绩。

2006 年，我被调往当时的深圳市普法办公室任专职副主任，开始深度参与普法工作。那时候，深圳的普法工作在全国已经名列前茅，深圳市普法办更是全国普法工作先进单位。怎么在原有的基础上把全市普法工作再提升一个高度，成为我上任时重点考虑的点。

那一年的 12 月 4 日，正好是"五五"普法规划实施后的第一个全国法制宣传日，我们决定以此为契机，创新普法工作方式，动员全体市民共同参与进来，全面推进"五五"普法规划的贯彻落实，把法制宣传教育不断引向深入。那个时候，深圳的公园是市民休闲娱乐最爱去的地方。几经商讨后，我们决定在公园里举办"法制大观园"活动，作为那一年的十项法制宣传活动之一，让市民能在休闲娱乐和轻松愉快的氛围中接受普法教育的洗礼。

那天，深圳阳光明媚，和风拂面，首届"法制大观园"活动在绿草如茵的莲花山公园风筝广场拉开序幕。我们在现场设立了咨询区、展览区、游戏区、竞答区、法律文化活动区、演播区、颁奖区、表演区等活动区域，内容丰富、形式活泼、寓教于乐的法制游园活动吸引了众多深圳市民。据不完全统计，在当日 3 个小时的活动中，共有 7 万多名深圳市民参与，47 家政府主要职能部门、中介组织、高等院校和大型企业集中提供法律服务、开展法制宣传，共发放法制宣传资料 40 多万份，解答法律咨询 6700 多人次。整个活动充分体现了政府利民、便民、为民的宗旨，活动规模之大、参加单位和人数之多，在深圳市历次法制宣传活动中尚属首次。

此后，"法制大观园"就成为深圳每年法制宣传日的重头项目，还一度被深圳市民评为最富创意的公益活动项目。曾有广东省领导在参观活动时评价道："这是深圳开展法制宣传教育的一个很好的品牌。"

> **叁**　深圳作为改革开放的最前沿，在经济社会深刻发展变革的同时，也不可避免地伴随着各类矛盾纠纷的增长，人民调解作为社会管理创新的重要载体越来越受到社会各界的重视和支持。

人民调解"福田模式"创新与探索

2009 年，我轮岗调到市司法局基层管理处做处长。在深入基层的调研过程中，我发现了福田区人民调解的新鲜经验和做法。从 2008 年开始，福田区在全国首创以招投标方式向律师事务所购买法律服务，引进法律专业人员担任调解员，在纠纷发生地设立人民调解室开展人民调解工作，第一时间、第一现场介入民间纠纷，免费为民众提供全天候的公共法律服务。

深圳地处改革开放前沿，长期以来在经济社会发生深刻变革的同时，也不可避免地伴随着各类矛盾纠纷的增长，人民调解作为社会管理创新的重要载体越来越受到社会各界的重视和支持。但当时，人民调解工作也面临着人员、组织、经费等发展瓶颈问题。如何建立一支人民调解队伍，如何走出人民调解经费困境，如何在确保中立性、公正性的同时保证其法律性、专业性，是当时人民调解工作面临的一系列重大课题，也是我当时头脑中不断涌现又时常深深思考的问题。通过深入调研，我逐步梳理出人民调解"福田模式"最大的创新，就是通过政府购买服务，让政府从调解的直接主体成为调解规范的制定者和调解行为的监督者，同时让社会组织协同参与社会管理，有效保证了调解活动的法律性和专业性。这为基层社区开展调解工作，有效化解民间纠纷提供了一个崭新的思路。

当时，我们就将福田的先进经验进行了总结，上报给市司法局，建议将"福田模式"在全市进行推广，获得了市司法局的批准。到2013年，"福田模式"推广虽然取得了较大成效，但全市各区在认识度、覆盖面、人力投入和经费保障等方面还参差不齐。我们认为还需要一个大的推力去突破这个四平八稳的状态。在一次汇报工作前，我带领基层管理处全体同志认真准备了动员报告和经验介绍材料，同时制定了极具操作性的"福田模式"推广方案。

现场汇报会上，推广方案获得了深圳市委政法委、市司法局主要领导的肯定，也再次掀起了"福田模式"推广工作的高潮。短短3个月内，全市新建、改派各类派驻人民调解室320多个，基本做到了"哪里有纠纷、哪里就有人民调解组织"。

在推广工作中，我们还趁热打铁因势利导，积极争取市委政法委等上级领导机关支持，联合成立了推广工作督导组，从经费保障、调解室覆盖率、调解成功率、一审民事案件升降幅度、提请司法确认案件数量等5个方面进行督查指导，确保推广工作落到实处。那一年，"福田模式"的推广工作引起了司法部、省市各级领导的重视，在"深圳2013年度十大政法创新"评选中，人民调解"福田模式"以高票获选。

让人民调解在深圳遍地开花

以人民调解"福田模式"的推广工作为起点，我走上了推动人民调解工作的岗位。

此后，我们推动建立了全市道路交通事故人民调解室，指导完善人民调解进交警工作机制，有效地解放了警力，也方便了群众。从2010年起，经过长达4年的时间，我们牵头起草制定了《深圳市人民调解工作经费管理规定》，作为《深圳市实施〈中华人民共和国人民调解法〉办法》的配套文件，解决了一直困扰人民调解工作创新发展的经费保障不足、标准不一难题。2012年，我们在全市市立医院派驻医患纠纷调解工作室，又在市卫生局、市律师协会的支持下建立了人民调解医学专家库和法学专家库，同时指导全市各区完成了区医患纠纷人民调解委员会的建设，实现了全市医患纠纷调解工作的常态化和规范化……

随着人民调解实施范围的不断扩大，对人力的需求也日渐增加，我们和团市委主要领导沟通后，商议从深圳百万义工当中选拔人民调解员，使社会志愿者成为壮大人民调解工作队伍的有生力量。2013 年，由我们组织起草的《关于建立义工人民调解服务队伍的实施意见》印发后，获得了广大义工的大力支持。之后，基层管理处组织举办了全市义工人民调解员服务总队成立仪式暨人民调解员培训会。在市司法局的推动下，首批义工人民调解员纷纷上岗，随后各区也积极组建义工人民调解员队伍。

深圳的人民调解与志愿者的合作机制在全国属于首创，为新时期人民调解工作创新做了有益探索。

以人民调解手段解决知识产权纠纷案件

深圳是高科技企业扎堆、科研机构较多、高等教育事业快速发展、互联网产业发达的城市。深圳的国际专利申请量在全国大中城市中名列前茅，仅 2014 年，深圳的国内专利申请量就达到 8 万多件，商标注册量近 6 万件，软件著作权登记量 2.3 万件。但与此同时，2014 年深圳市两级法院共受理各类知识产权诉讼案件 1.14 万件，版权、著作权和知识产权侵权纠纷也迅猛增长，给执法机关带来巨大的压力。

面对此种势头，我们认为人民调解手段也应该在知识产权领域有所作为。为有效化解版权纠纷，健全纠纷解决机制，促进版权产业健康发展，以应对国际知识产权维权挑战，我们多次到市版权协会进行调查研究，提出了建立版权和知识产权人民调解工作室的建议。

那时，市版权协会的同志听到后，直呼"正合我意"，我们一拍即合。2014 年 9 月 18 日，深圳市版权纠纷人民调解委员会（以下简称"调委会"）在市版权协会成立，这是深圳市第一家知识产权领域的行业性专业性人民调解组织，也是我国第一个正式运作的版权和知识产权人民调解工作室。

随后，我们从深圳市知名高科技企业中选拔了 21 名知识产权专家做特邀人民调解员。2014 年，调委会就通过调解手段，在知识产权案件频发的南山区化解了 1000 多件知识产权纷争案件。

调委会的成立不仅为广大权利人解决了被侵权的烦恼，节省了维权时间和成本，深受权利人夸赞和认可，也由此向大众普及了版权、著作权保护意识，达到了很好的社会效果。

肆 相信未来，在法治的全面保驾护航下，深圳会不断创造新的更大奇迹。

法治始终为深圳发展保驾护航

30 多年前，我怀揣着梦想进入深圳市司法局，从此就与司法系统结下了不解之缘。30 多年来，从主持法制媒体，到参与深圳法制宣传，再到做好人民调解工作，我有幸成为法治深圳建设的见证者、参与者和实践者。其间虽偶有艰辛，但依靠着组织的指导和集体的力量，在司法领域做了一些力所能及的事情，也探索了一些创新的举措。

在深圳扎实推进法治先行示范城市建设的进程中，有埋头苦干的人，有拼命硬干的人，有上下求索的人，有敢为天下先的人。在我平凡的工作岗位上，我或许没有"舍身求法"那么高的理想，但在这个激情而又充满探索的过程中，我始终保持着一颗惩恶扬善、守护正义的初心，为我们的司法行政事业鞠躬尽瘁。

2021 年 5 月，中央全面依法治国委员会印发《关于支持深圳建设中国特色社会主义法治先行示范城市的意见》，提出将深圳打造成为新时代中国特色社会主义法治城市典范。法治一直以来都是深圳城市发展的核心竞争力，是深圳经济社会高质量发展的成功密码。相信未来，在法治的全面保驾护航下，深圳一定会创造新的更大奇迹。

口述者　　**徐建**

Xu　Jian

1952 年出生于江苏省徐州市，毕业于中国人民大学
法律系。1983 年来到深圳，1985 年任深圳市司法
局副局长。1989 年由司法部派驻香港中国法律服务
有限公司任董事副经理。2003 年 7 月 19 日当选为
深圳市第四届律师协会会长。现为广东融关律师事
务所主任合伙人，深圳市律师协会荣誉会长，中国
人民大学律师学院院长，深圳市律师协会法律服务
援助基金会理事长。

口述时间

2022 年 5 月 26 日

口述地点

深圳市福田区深业上城 A 座 19 楼融关律师事务所

几十年来，我有幸见证了深圳立法机构的诞生，见证深圳有了立法权，见证了几百部地方性法规的制定，深圳法治建设的发展是突飞猛进的。相信随着深圳法治建设的进一步发展，深圳终将会逐步实现法治先行示范城市的梦想。

徐建：
先行先试 当深圳法治建设的铺路石

> **壹**　那时候我根本没去过深圳，只知道在"最南最南，南方以南"。一下火车，我就愣住了，和想象中的完全两样。整个深圳就是一个大工地，那时的深南路还没有打通，大剧院前是座小山。但是我并不后悔，相信激情澎湃的岁月开始了。

离京南下，奔赴改革开放的深圳

我是 1952 年出生的，家乡在江苏徐州，今年 70 岁了，该到口述历史的年龄了。回想自己的大半生，感觉到还是很幸运的。我曾插队、当兵，参加过核试验，立过战功。1978 年恢复高考，我在那年脱了军装，以徐州第一名的成绩，考上了中国人民大学法律系，实属幸运。我入学的那年，正好是中国改革开放的头一年。我大学毕业以后就分到了中国人民银行总行，当时刚成立金融管理司条法处，我是第一个报到的。我记得有一次最高法院来函问什么是高利贷，后来我们就起草了个文件，"经人民银行总行研究认为，高利贷的划分以银行贷款利息的四倍为宜"。后来最高法院吸收这个意见，并写入了当年的《民事审判会议纪要》，一直用到现在。

虽然在央行我干得很顺，可我总觉得自己还可以去尝试更多的东西。正巧，1983 年深圳到北京招聘干部。我在报纸上看到这个消息，第一个去报了名，刚拿出工作证，招聘组的同志就说，我立刻给你开调令。我说我的档案你都没看，你怎么就敢调我啊。他说："凭你是央行的，是中国人民大学毕业，特区就急需你这样的人才。"我就向领导提出辞职。领导很是吃惊，在北京、在央行工作你还不满意？你去深圳干什么？我说，深圳在我心目中是可以书写很多故事的热土，有志青年就要去深圳闯荡，早去早受益。就这样，我义无反顾地来到了深圳。

那时候我根本没去过深圳，只知道在"最南最南，南方以南"。一下火车，我就愣住了，和想象中的完全两样。整个深圳就两座高楼，一片大工地，那时的深南路还没有打通，大剧院前是座小山。但是我并不后悔，相信激情澎湃的岁月开始了。

> **贰** 在清盘中，我据理力争，维护清盘官的利益。内地方很不理解，说你是内地的律师，为什么那么替清盘官讲话。我说，维护国家的法治，维护港商的合法权益，才是真正的爱国。

初露锋芒，从律师所开始

那时的深圳律师事务所只有几个律师，又要成立涉外律师事务所。那时候大学生很金贵，律师拿牌也不用考试，我当天报到，第二天就发了律师证，第三天就让我上法庭。那时候我真不知道如何上法庭，我很羡慕医学院的学生，毕业后都由老医生带着，各个科室实习一遍，然后选一个专业干一辈子。那时候律师制度刚恢复，很少有可以带你的老律师。

我的第一场官司，是处理在上海宾馆对面加油站的纷争。那是美孚石油公司当时在中国投资的第一个油站，由深圳石油公司出地合作。在美孚油站东边，还有个石油公司的油站，由于业务竞争，他们就阻碍车辆到美孚油站加油，美孚石油公司很气愤，提出来仲裁。那时候中国国际经济贸易仲裁委员会深圳分会刚成立，就在现在老街的蛟湖村。开庭那天正下着小雨，我和美孚公司老板踩着黄泥，来到一栋农民房前，门口挂一个中国国际经济贸易仲裁委员会深圳分会牌子。他看了以后，愣住了，说："徐律师，这是仲裁委员会吗？"我说："是的。""它的仲裁有效力吗？"我说："等同于法院的判决。"他将信将疑地进去，看见正面摆着一张八仙桌，一圈坐着三个人，一位是深圳市法制局领导，另外两位是北京来的仲裁员。那时候的仲裁没有严格的程序，就是申请人说一说，被申请人答辩一下。仲裁庭当庭调解，美孚石油公司同意以原价 50 万元人民币，把那个油站卖给了深圳石油公司。

第二场法律事务是在 1984 年，港资合作企业东湖宾馆的港商香港嘉年集团破产，香港法院委派清盘官来清盘。深圳市不知如何应对为好。因为你要是不承认香港法院的清盘官，那将来就没有人敢给来深圳的港资企业贷款；如果承认清盘官的地位，又涉及其他政策问题。于是，市政府让我们对外律师所拿出应对意见。我想起了大学毕业时，我的老师佟柔在毕业典礼上讲的一段话，他说："同学们，老师教的这点东西远远不够用。到了社会上，没有老师了，你们怎么办？我告诉你们一个三段论：有法依法，无法依惯例，无惯例依法理。"他还说，中国一定会走商品经济的路，商品经济的精髓都在《六法全书》里了。

后来我托人到香港买了本《六法全书》，结合我国的法律原理给市政府提出：第一，要承认香港清盘官的法律地位，按照国际司法的准据法，它是合法的；第二，清盘要经过深圳市政府的批准，以体现国家主权；第三，清盘的范围只限于港方的股权，不能把东湖宾馆作为破产企业清掉；第四，可以采取股权转让的形式来出售港方股权，内地一方有优先购买权；第五，出售的款项，首先用于清偿内地的税收和债务，多余的钱允许汇出境外。后来市政府同意了我们的意见。我代表香港清盘官，我所另一位律师代表内地园林公司，经过三个月的清盘，内地方买下了港商的股权。在清盘中，我依法依规，维护清盘官的利益。内地方很不理解，说你是内地律师，为什么那么替清盘官讲话。我说，维护国家的法治，维护港商的合法权益，才是真正的爱国。后来，园林公司非常认可我，就聘了我当他们的法律顾问。

那一年，我们还接了一个案子。深圳中外合资的新都宾馆要从法国巴黎银行贷款 8000 万元，我代表宾馆与银行进行谈判。外方是香港著名大律师廖晓珠，也是全国人大代表。我们两人经过三天谈判，草拟了合同准备签约。廖律师说，咱俩给各方的签字分别做个见证吧。我说："中国只有公证，没有见证，见证属于私证。"她说："为什么要搞公证呢？这个合约是我们俩谈判起草的，对合约的内容最为了解，为什么还要说给公证员听，难道我们俩不够公正吗？"我说："问题是中国没有律师见证。"她说："你做了不就有了吗？"这句话给了我启发，我想，如果开创了律师见证，中国的证明制度不就更加完善了吗？于是，我同意试一试。结果我们两人分别在中外双方的签字处做了律师见证。事后我写了一篇《论律师见证》论文，在全国律协的学术研讨会上获得一等奖。之后，全国各地的律师都跟着深圳学"见证"。后来，律师见证被中国律师法正式列为律师的业务之一。

1985 年 1 月 2 日，深圳经济贸易律师事务所成立，我担任主任，招聘了五名大学生。由于所有制的变更，大家情绪特别高涨，经常加班加点到深夜，还办理了第一宗民间仲裁的案子，受到当事人的好评。还没到一年，所里就收入了五十七万元，除了购买汽车、电脑等固定资产，每个人都分了几万元。实践证明，律师不吃皇粮，走自负盈亏的道路不但是可行的，还必定是以后的方向。

> 叁　**我提出了要把香港律师的合伙制、个体制、国际律师制引到深圳来。**

践行改革，引进律师制度

由于经贸律师所的改革有些成绩，再加上当时要求公检法司都要提拔大学生做领导，所以市里决定提拔我任司法局副局长。

我就任市司法局副局长后，几次到香港考察，感到香港的律师制度值得我们借鉴。香港的律师不吃皇粮，完全靠专业和市场养活自己，尤其是民告官，更能获得当事人的信任。所以我们提出了要把香港律师的合伙制、个体制、国际律师制引到深圳来，为此给市委写了专题报告，得到市委的支持，将报告发表了。

建立合伙制和个人制律师事务所

1987 年，司法部领导亲自找了愿意辞去公职的段毅、武伟文、刘雪檀三名律师谈话，鼓励他们办合伙制律师事务所，做第一个吃螃蟹的人。我们还起草了《合伙制律师事务所章程和管理条例》，但最后报送上级部门，改为《中外合作律师事务所管理条例》。我想只要能把这个事实际做起来，不在乎名称。1987 年段武刘律师事务所成立，这是我国第一家合伙制律师事务所，为后来全国律师由国办所改为合伙制所的下海闯出了一条道路。

1988 年，我们又成立了中国第一个个体性质的李全禄律师事务所。当时有多位律师报名。李全禄同志工作踏踏实实，兢兢业业，所以我在律师事务所开业时说，李全禄律师肩负着我国个体律师事务所改革的重任，如果成功，大家都会跟着他走。相信他能不负众望，把改革进行到底。

> **肆** 深圳律协的改革为全国律师的体制改革和深圳行业协会的改革闯出了一条路。

回归深圳，实现律协直选

1989 年我由司法部派驻香港中国法律服务有限公司任董事副经理。香港回归后，我在香港又做了五年律师。

2000 年，我又回到深圳，和三个同学老乡成立了广东融关律师事务所。正逢深圳律协换届，有一百多名律师给市司法局写信，要请我来当律协会长，让深圳律师行业重振辉煌。我愿意出来为深圳律师服务。

2003 年，深圳律师协会换届选举，我和其他两名候选人同台竞选，我发表了十项律协改革设想，得到与会代表的认同，顺利当选；同时，理事会成员也全部实行差额选举，律协的章程由原来的四千字修改增加到一万字。此举对中国律师界有很大触动，全国律协也召开专门会议推广深圳律协改革的经验，《人民日报》等媒体头版头条予以报道。深圳律协的改革为全国律师的体制改革和深圳行业协会的改革闯出了一条路。

口述者　　　曹叠云

Cao　Dieyun

1963 年出生于湖南省益阳市，中共党员，律师，博士研究生学历。曾担任深圳市人民政府法律顾问室法律事务处处长。

口述时间
2022 年 3 月 31 日

口述地点
广东深田律师事务所

从 1992 年来到深圳，三十年过去了。这些年，我从一名教师到立法者，再到一名专职律师，深圳见证了我的青春岁月和奋斗时光。我常感慨，深圳是一个有法可循的城市。而作为与深圳法治共同成长的法律从业人士，我亲历了深圳践行法治的各种改革与试验，见证了无数深圳法治建设过程中的先行者、探索者、创新者。深圳今日法治之局面，是大家艰苦努力创造的，我们应当珍惜，并继续砥砺前行，为深圳创造更精彩的新故事。

曹叠云：
亲历深圳践行法治的众多改革与试验

> **壹** 国家有需要，所学知识才有更广阔的前景。于是，高考时，我报考了武汉大学的法律系。

深圳的法治环境，对个人发展有很大支持

1978 年，我考上了高中，从一个相对闭塞的小村落出来，高中的学校开始有报栏，那上面贴了很多期《人民日报》，我感觉视野和眼界一下子被打开了。"关于真理标准问题的讨论"以及社会对法律的需求深深吸引了我。我记得当时有一篇文章的主题是："整个国家怎么强调法制建设？"业界有许多学者，包括一些评论家都在《人民日报》上展开了热烈的讨论。

那几年，法律文件的出台鼓舞了许多年轻人。1978 年 3 月 5 日，第五届全国人民代表大会第一次会议通过了重新修改制定的第三部宪法。1979 年，全国有七部法律同时通过，这就是新中国法治史上著名的"一日七法"。这些都对当时的社会思潮影响巨大，也让我更加明确学习法律的目标，因为国家有需要，所学知识才有更广阔的前景。于是，高考时，我报考了武汉大学的法律系。

1992 年，改革开放的春风吹满神州大地。制度建设和法律保障的重要性日益凸显。也是在这一年，全国人大常委会审议通过了《全国人民代表大会常务委员会关于授权深圳市人民代表大会及其常务委员会和深圳市人民政府分别制定法规和规章在深圳经济特区实施的决定》，授予深圳经济特区立法权。深圳经济特区获得立法权后，开始面向全国吸纳法学领域的专业人才。当时我在中国社科院法学研究所，对我来说，工作有高屋建瓴的部分，但也有些许不接地气，存在对事物的基础和社会的基本面貌了解不够的问题，我希望能更加全面提升自己的能力。恰逢深圳向全国招募优秀法律人才，我作为第一个立法学博士免试引进深圳市法制局。后来我才知道，当时全国有 1700 多人报名，最后被录用的只有近 80 人。这些人后来成为深圳法制领域尤其是立法领域的专家，有不少人甚至走上更高的领导岗位。

在我看来，深圳十分珍惜这来之不易的立法权。立法是上层建筑的部分，但法律其实与每个人的生活息息相关。立法权的取得费尽千辛万苦，我记得当时全国人大常委会反复要求我们，深圳要善于利用立法权，也要珍惜这个立法权的实践。当时的一个目标就是，我们的立法必须符合国家法律和行政法规的基本原则，要维护国家法治，真正为老百姓服务，真正地促进经济社会的发展。也正是基于此，我觉得深圳的法治环境对个人发展有很大支持。

个人越往下沉，越能丰富自己的视野和思想

1997 年，我们单位号召大家下基层驻点，组成共同富裕工作队，深入村里面的股份公司，与当地的村民同吃同住同劳动。一开始村民并不了解我们入驻的原因，我们需要向他们解释：第一，是深圳各地的发展不平衡，我们可以为村民提供法律支持和指导服务；第二，长期深居办公室，对我们法律工作开展的实际指导意义比较弱。只有去村里和老百姓同呼吸共命运，知道他们的难处，了解他们的法律理念认知以及对公平正义的启迪，我们的立法工作才能有的放矢。可以说，如果不了解他们，立法就没有针对性。而对个人而言，越往下沉，越能丰富自己的视野和思想，越能行之有效地推进工作。

贰 面对突发应急事件，我们更要讲法律程序，这样才能保障在紧急状态的事件中，能够为老百姓办好事、办实事，真正做好法律服务。

应急突发事件，更需要法律的援助和指引

2003 年初，非典肆虐，全国上下均投入这场抵抗疾病的战役中。

那时候的法治环境不比现在，许多规范的法条也来不及制定。政府为了应急必须采取措施，但这些行政决策是否符合法律规范，相关工作人员常常有疑惑。在这种情况下，我觉得我们有必要编一本防治非典的法律指引。当时，我参与组建的市政府法律顾问室率先提出"依法防治非典"的口号，并编写了《依法防治非典型肺炎》法律手册。

那一年，我和几个同事在一间小办公室里开始了编写之旅。当时申请经费需要一定的时间和过程，但这个事情刻不容缓，我和领导商量后，带领同事，先和海天出版社（现为深圳出版社）对接，自费垫付了部分出版费用，我记得我们在10天内便完成这个手册的编写。那时候网络还不比今天如此普及，但我们搜集到的材料依然堆积如山。立法是一个漫长而专业的过程，在当时立法并不现实，于是我们以现行的法律、法规、规章及权威性文件为编写依据，分门别类，条分缕析，以问答形式详细介绍了依法防治非典的基本知识、法律指引及防治非典的主管部门及其职责、其他社会主体的权利义务及相应的法律依据等内容。这些扎实的工作为后来依法应对应急事件提供了良好的法律指导。

其实现在回头来看，这份法律手册应该是全国唯一一份从法律层面上去告诉大家怎么做的指引。2020年，新冠疫情发生，深圳市司法局也出了一份法律指引，除此之外，深圳几十年来法治环境的发展，已经涌现出了非常多优秀的法律工作室，相关内容做得更精细化、更垂直、更接地气。比如在疫情突发的情况下，劳动关系怎么处理、租赁关系如何处理等等。这是一个越来越强调和重视法治的社会。

面对突发应急事件，我们更要讲法律程序，这样才能保障在紧急状态的事件中，能够为老百姓办好事、办实事，真正做好法律服务。

真正的法律，不是词义化的法律服务

2003年对我个人来说，也是一个重要的年份。那一年6月，深圳市政府发布了《深圳市人民政府法律顾问工作规则》，11月底首次面向海内外公开招聘专职法律顾问和助理。当时，我是主要的制度策划和执行人员。为什么深圳会有这个需求呢？第一，是因为国家和深圳的法律越来越完善，人才队伍建设的需求与日俱增。第二，深圳的经济社会发展已经到了一定阶段，无论是老百姓还是企业、社会组织，他们的维权意识、法律意识都在提高，也促使政府单位必须更懂法、学法、用法。第三，真正的法律不是词义化的法律服务，它必须拥有实体性的、机构性的、能够长期发挥根本性作用的队伍。当时市政府一些职能部门面临的部分诉讼案件败诉，一个根本原因在于当时的法律制度仍有欠缺，要么不存在相关制度，要么是制度弹性过大。所以说，法律顾问室的建立和壮大，我认为有其历史必然性，是在国家格局下的高瞻远瞩。

叁　从公务员到专职律师，我认为有个人发展的必然性，更是我梦想的延续。我始终希望能够回归到法律实务中去，真真正正帮助到老百姓。

开始专职律师之旅，回归到法律实务中

2009 年，我离开公务员队伍，开始自己的专职律师之旅。当时做这个决定还是很快的。不论是在武汉大学学习工作，还是后来去瑞士联邦比较法研究所写我的博士论文，这期间，我一直有一个当律师的梦。1992年来到深圳，十几年的公务员生活，我参与了大大小小的立法工作，这个阶段的工作给予了我更全面的思维认知和逻辑框架。因为参与过立法，尤其是落地层次的法律，加上长期为市政府、各部门的重大诉讼和非诉讼决策提供全方位和主体性法律服务，我更知道如何理解法律、找到法律、使用法律去保护当事人的合法权益，也更能理解政府的规章制度、法律程序和决策依据。所以，从公务员到专职律师，我认为有个人发展的必然性，更是我梦想的延续。我始终希望能够回归到法律实务中去，真真正正帮助到老百姓。

从一个人的人生阅历来讲，我们应该尽可能地丰富人生的多层次体验，学会站在不同的角度去看世界，这对任何工作的开展都颇具意义。所以我觉得，这个转变对我来说肯定是好事。

转向专职律师后，这样的感受更加明显。我当公务员的时候，曾经参加过深圳的一个重要事件——2004 年的农村城市化改革。集体土地转为国有土地，把村民变成居民，村委会改成居委会，镇改成街道，并给居民提供社保，同时兴建学校，确保教育的普及。改革完成后，我们主编了一本书《农村城市化法律政策汇编》，这里面有两篇文章

后来引起了争议。因为当时国家只有征地概念，而我们抽象"发明"了一个转地概念。一些媒体对当时的做法提出一些疑问。后来，深圳市委政策研究室承接了这个意见的修改，但他们同时也在征求法制办的意见，当时我提出了一个意见，就是这个文件应该由专业的法律人士来审查把关。虽然有关城市化的意见并不是一个法律条文，但它具有浓厚的法律色彩，其中涉及诸多的法律问题和财产权利，需要从法律层面予以解答。

2009 年，我开始出来当律师，当时在坪山新区坑梓办事处做法律顾问。当时面对征地和转地问题，老百姓依然有着许多苦恼和疑惑。我作为这个政策制定的亲历者，真正深入人民群众中，才切实理解了他们的难处。老百姓对政府的政策制度并不是不关心，而是由于理解的偏差，或是信息沟通不到位。但是他们有没有更多的方法来维护他们的权利呢？在我看来是有的，制度的落地实施和现实情况存在一个可能的状态，而这样的中间状态通常需要对法律进行不断调整。

在实践中不断总结经验，为立法工作提供有效的实际建议

党的十八大以来，生态文明建设被提到前所未有的高度，从国家层面而言，生态文明建设已经纳入宪法，是国家的基本目标和基本政策，是国家战略布局。我最开始修读的专业是环境保护法。我记得 2019 年有一个环境保护的代理案件极具有代表性：由信隆公司（民营企业）和深圳市生态环境局签订的《生态环境损害赔偿协议》，是深圳市首例生态环境损害赔偿磋商成功的案例，这对后期的生态环境损害赔偿磋商的开展具有重要的借鉴意义。

为恢复生态环境本来的面目，环境保护法有很多单行的法律，每一个法律经常需要根据实际情况不停修改完善，所有这些法律之后可能会整合起来，成为一个大的环境保护法典。这就要求我们在法律实践中不断总结经验，为立法工作提供有效的实际建议。这是一个各种法律都为了一个共同目标构成法律制度的过程。

律师队伍不断壮大，为深圳法治发展培育良好社会土壤

从 1992 年来到深圳，三十年过去了。这些年，我从一名教师到立法者，再到一名专职律师，深圳见证了我的青春岁月和奋斗时光。我常感慨，深圳是一个有法可循的城市。深圳因改革而生、因改革而兴。四十多年来，无数法律青年从五湖四海来到深圳，挥洒汗水，拼搏创新，用法治梦助力深圳梦，坚定法律人的信仰，创下了中国律师行业多个第一。截至 2022 年 4 月，深圳市共有社会律师 1.8 万余人（不含公职、公司、法援律师），律师队伍的不断壮大为深圳的法治发展创造了良好的社会土壤，年轻律师的涌现更是让我们看到了一座城市的希望。

深圳是一个愿意探索并且具备创新能力的城市，我们制定法律，需要社会稳定风险评估，需要一系列流程进行保障，需要明确的规则条文，这从侧面反映深圳的法治进程还有很多成长的空间。

良好的法治环境成为深圳鲜明突出的城市特质

2021 年 5 月，中央全面依法治国委员会印发《关于支持深圳建设中国特色社会主义法治先行示范城市的意见》，这是继 1992 年取得经济特区立法权后，深圳法治建设历史上又一具有里程碑意义的大事。

深圳作为我国改革开放的"窗口"和"试验田"，一向以敢闯敢试、勇于创新而闻名于世。深圳自建市伊始就高度重视法治，并坚定不移地朝着法治之路前进。良好的法治环境成为深圳在改革创新之外，另一个十分鲜明和突出的城市特质。也正是基于这种原则和精神，深圳在立法、执法、司法等范围内不断探索创新，积极运用法律手段管理经济和社会事务。作为与深圳法治共同成长的法律从业人士，我亲历了深圳践行法治的各种改革与试验，见证了无数深圳法治建设过程中的先行者、探索者、创新者。深圳今日法治之局面，是大家艰苦努力创造的，我们应当珍惜，并继续砥砺前行，为深圳创造更精彩的新故事。

　　"舍此必将愧对生我者与我生者，尤其是作为人类最高智慧结晶的法律文明传承。"这是我一生的信条。

口述者 **郭星亚**

Guo Xingya

1943 年出生于重庆市，毕业于西南政法学院（现西南政法大学）法律系，曾在江苏省镇江市人民检察院任检察员、西南政法学院经济法系任讲师等职。1986 年调至深圳市司法局工作，先后出任深圳特区经济贸易律师事务所主任，深圳市司法局律师管理处副处长、处长，深圳市司法局局长助理、党组成员，深圳市人民政府法律顾问室顾问、深圳市人民政府证券管理委员会委员等职务。1994 年辞去公职组建合伙制律师事务所，现为广东星辰律师事务所主任律师，中华全国律师协会理事。

口述时间
2022 年 4 月 11 日

口述地点
深圳市福田区田面城市大厦

自 1986 年来到深圳，我参与了深圳律师体制改革，跟随一众律师"下海"，成立合伙制律师事务所，促进深圳律师事务所的快速发展。作为一名律师，我为推进中国的法治建设尽自己的绵薄之力。我们头顶脚踏的是一片新天地，一个又一个新生事物从这里破茧而出：土地拍卖、工程招标、公开招聘、物价改革等等。既然走到律师行业中来，我就要为中国法治建设做贡献，为律师行业发展奋斗一生。

郭星亚：
为探索深圳律师业"新天地"
奋斗一生

> **壹** 关键是这里对人才极为重视，为了我的调动，三番五次去人又去函。

与过去告别，奔赴深圳从零开始

我出生在重庆，父母早年毕业于复旦大学，从小他们便教育我要努力拼搏，创造价值。因此我勤奋学习，成功考入西南政法学院法律专业。

十一届三中全会以后，我进入镇江市人民检察院，成为一名检察员。在检察院工作一段时间后，我重回母校担任经济法讲师。

1984 年，一堂课让我与深圳结缘。这一年冬天，全国经济特区法制研讨会在深圳召开，我代表西南政法学院应邀参加会议。从寒风凛冽的山城来到草长莺飞的深圳，仿佛一脚从冬天跨进春天，通过这次会议，我对深圳经济特区有了进一步认识。

会议结束后，我临时住进招待所，准备回重庆。没想到台风来袭，航班临时取消。恰逢深圳市组织局级干部进行普法教育，原定的中山大学教授因台风受阻不能到场讲课，这可把市司法局的领导急坏了，有人想起我是经济法的讲师，就请我去救场。我没有备课，本不想去，但对方一再请求，我不便拒绝，也就答应了。

还好，讲座拟定的题目是"涉外经济合同法"，这对我并不陌生，我在学校也讲过。就这样，我临时上了讲台。想不到两个小时下来，大家都听得饶有兴致，坐在第一排的时任市领导甚至当场就说："这个人我们一定要调过来。"

不久，深圳市司法局专门派人到西南政法学院商量我调动的事情，刚开始学校将我的档案给了深圳，后来又不同意我走，深圳那边也不肯归还我的档案，就这样僵持了将近一年。可能是为了留住我，学校很快安排我到美国加州大学学习，这是一个难得的机会。我参加外语考试后，决定赴美国学习。为此，我给负责的深圳领导打了电话，表示我不能来深圳工作了。对方劝我，到美国学习，最终还是要回国研究中国的法律，但在深圳还是有很多机会的。

这番话让我思虑良久，确实，如果我去美国学习，还是要回来研究中国的社会主义市场经济。深圳毗邻香港，我在这里研究经济法学比在内地更有优势。那时的深圳就像一个大工地，到处都是挖掘机和脚手架，"时间就是金钱，效率就是生命"的大标语深入人心，年轻的创业者们意气风发，一切都预示着一座崭新的城市正在迅速崛起。关键是这里对人才极为重视，为了我的调动，三番五次去人又去函。

1986年，我下定决心奔赴深圳。当时身边很多同事和朋友都劝我，好不容易在学校搭建起了一个良好的发展平台，何必再去一个陌生的地方从零开始。但我依然坚持这个选择，我相信，我的梦想将在深圳这片热土开花结果。

贰 经过我们反复调研和讨论，提出了把律师变成不占国家编制的社会法律工作者的总体改革思路。

置身风口浪尖，力推律师体制改革

刚到深圳时，我先在司法学校做教学工作，没过多久就被调到深圳特区经济贸易律师事务所做主任。

那时，律师是国家法律工作者，是国家干部身份，不是社会法律工作者。这种模式在律师管理上存在一定弊端，从人事到业务，都会影响律师的正常执业，不利于律师文化的形成，也不利于律师队伍的壮大。

同时，作为中国社会主义市场经济的"试验田"，深圳的经济活动日益多元复杂，对原有的法律服务提出了全新的要求，比如深圳招商引资、银行按揭、股份制改造等，亟须开拓诉讼业务，可是在原有体制下，这类服务尚无先例。到了 20 世纪 90 年代，律师体制改革已经迫在眉睫。

1992 年，我作为深圳市司法局律师管理处处长，受命主持深圳律师体制改革。经过我们反复调研和讨论，提出了把律师变成不占国家编制的社会法律工作者的总体改革思路，并设计了一整套律师体制改革方案，主要包括六个方面：一、国办所进行全面改革，主要从产权界定和律师事务所重新组建两方面进行；二、律师分配方面的改革；三、建立健全律师和律师注册年审制度；四、制定现有律师和司法行政机关官员开办律师事务所的管理规定；五、允许外地律师事务所来深圳开办分所；六、制定本市有条件的社团、法学研究机构和本人取得律师资格的人员开办律师事务所的管理办法。

1993 年春天，我随同市司法局有关领导带着这套方案去北京汇报，最后无果而返。后来在省司法厅召开的一次大会上，我在会上发言表示在深圳先搞试点，如果成功了，对全国有借鉴意义，如果失败了，也能让全国同行从中吸取教训，另谋方案。

时隔不久，坚冰终于打破。1993 年 6 月，在全国司法厅（局）长会议上，司法部领导提出当时司法行政工作的基本指导思想"深化改革、搞好服务"，律师改革是"重中之重"。这无疑是个重要信号，借此东风，我将原来的律师改革方案重新审定后，再次带着这套方案北上，部领导看了这套方案后一锤定音："就这么干。"至此，深圳律师改革终于开启。

然而，任何改革都会伤筋动骨，涉及利益重新调整。深圳的律师事务所从 1985 年起就开始自收自支，不占国家编制，完全靠自我积累、自我发展，因此一些律师不愿意交出事务所的固定资产、办公场所等。而市司法局的个别同志也想不通：现在律师事务所创收都不用上交（以前上交 30%），这下律师们发财了。经过漫长的拉锯战和迂回曲折的协调，律师体制改革中的一些具体问题总算得到了解决。律师辞去公职，将原国办所的办公用房、办公设施和通信器材全部交回给市司法局，根据需要租回使用，律师的住房和手机可以带走，一律按自愿组合的原则重新组建新的合伙制事务所。

到 1993 年底，深圳律师事务所由原来的 13 家发展到 30 多家，合伙制律师事务所的大格局已经形成，并由此推动全国律师体制的改革。

> 我们借鉴企业的管理模式来策划和规范事务所的经营和运营，同时让我们的律师做企业家的参谋和帮手，为市场经济服务。
>
> 叁

大胆尝试，和大家一起"下海"

眼见改革的浪潮扑来，1993年11月，我决定放弃体制内稳定的岗位，跟随律师一起"下海"。

做出这个决定不容易，我也经过激烈的思想斗争。但为了改革能按初衷顺利进行，我只有带头"下海"，依靠自己的法律知识，为社会提供法律服务。

经过筹备，我与其他3名律师集资100万元，创设了中国首批合伙制律师事务所之一的深圳星辰律师事务所（现为广东星辰律师事务所），开始接受市场经济的考验。

事务所主要聚焦非诉讼业务，包括证券、投资、贸易、经济等，同时也从事民事、刑事等诉讼业务，这是基于深圳是中国市场经济"试验田"而定的。我们借鉴企业的管理模式来策划和规范事务所的运营，同时让我们的律师做企业家的参谋和帮手，为市场经济服务。

我们率先在业务上做了许多大胆的开拓和尝试。我们曾为国有企业股份制改革提供法律上的认证，为公司上市发行股票出具第一份法律意见书，开拓了律师参与公司破产清算、建设工程招投标等诉讼业务，创下了多个律师业务上的全国"第一"。

在开拓证券市场的法律业务时，我曾前往深圳市体改委。当时，市体改委负责审查上市公司的文件，当看到体改委主任案前小山一般的待审查材料时，我就提出建议，体改委人手太少，应付不了这么多的上市公司材料，无法"走出去调查"。这种审查工作应该交给公平公正的法律中介，不仅提升可信度，还可以分摊体改委的责任，律师出具审查报告，会计师出具审计报告，各司其职。我和市体改委领导讨论了一个多小时，建议终被采纳。

很快，深圳市体改委和市司法局共同发文：公司要上市，必须要有律师出具的专业法律文书。这是中国第一份允许律师进入证券市场的联合通知，深圳律师参与该业务后，司法部也很快发文，开展律师进入股票市场的资格考试。这块业务的开拓，是中国律师开展非诉讼业务的里程碑。

在房地产按揭方面，我看到香港律师在该领域有很大的业务量，于是我们和中国银行法规处讨论，建议律师参与房屋按揭业务，由此拓展了房地产按揭的法律业务。

此前，在建筑工程招投标法律业务领域，政府招投标一直被归于建设部门的行政行为，但这个业务应该有律师的参与把关。随后，我便在专业刊物上发表相关文章，讨论"律师能在建设工程招投标中做什么事"。不久，司法部就以这篇文章为蓝本到建设部去讨论，建设部和司法部开展相关学习班和资格考试，建设工程招投标的法律业务领域从此打开。

在开拓破产业务时，我意识到，既然有破产庭就应该有相关律师来对接这一部分业务。我们和深圳市法院法官共同策划推动了相应法律文书。我们第一桩代理的案件就是一家中外合资企业的破产案。律师开始进入破产法律业务领域，后来国家制定"破产法"时也到深圳来征求意见。

2004 年 12 月，我们发起成立了八方律师联盟，成员包括广东星辰律师事务所和内地七家律师事务所，后来又不断吸引新的成员加盟。联盟里的十多家律所都是国内规模较大、实力较强、影响较好、具有鲜明特色的知名律师事务所。这些成员分布于北京、上海、天津、江苏、山东、重庆、内蒙古、辽宁、山西、河南等地，共有执业律师 1000 多名。

联盟自成立伊始，就达成了诸多共识：通过统一的市场运作、统一的规范管理、统一的人才互动、统一的标识等，有效整合内部资源，实现优势互补、资源共享、各方共赢的目标。这种强强联合的模式，被媒体和业界同仁称作是中国律师发展史上的创新之举，具有不可估量的"航母效应"。

前海再出发,专注法律服务创新研究

2010 年,国务院正式批复《前海深港现代服务业合作区总体发展规划》。那一年我 67 岁,即将迎来古稀之年,但我依旧对自己的事业充满激情。

定位为深港合作示范区的前海依托香港,面向世界,服务内地,重点发展现代服务业。律师业务就是高端现代服务业的一项重要内容。如今深圳律师行业竞争激烈,传统业务难有增量,遇到发展瓶颈,我们必须有所突破,而前海是一个很好的舞台。

经过一番筹划,星辰律师事务所成为最早一批在前海设立分所的律师事务所。随后,星辰律师事务所采取深港联营的模式,开展新的律师业务,集会计、评估、融资等业务为一体。近年来,基于深港融合、新业务的开拓,星辰律师事务所在法律服务中不断创新,努力拓宽与港澳地区及新加坡、马来西亚等的法律合作,服务粤港澳大湾区建设,创新业务,积极探索混业经营模式,从操作流程、策略拟定、专案管理、风险管理等方面为企业开展全方位一站式的综合服务。

基于此,2013 年,广东星辰(前海)律师事务所、西南政法大学、中科院云计算中心、中国八方律师联盟等机构和院校联合发起成立了前海国合法律研究院。国合法律研究院承载着开拓创新的理念,扎根前海及粤港澳大湾区,面向"一带一路",辐射全球,致力成为专注于前海和粤港澳大湾区法治创新、改革开放前沿法律问题和"一带一路"法律服务创新研究的国家高端法律智库。

自成立以来,国合法律研究院承接并高水平完成了前海多项重大课题项目,为前海重大政策出台提供专项论证意见,包括《深圳经济特区前海蛇口自由贸易试验片区条例》重大委托立法项目等对前海发展具有基础性、全局性、长远性作用的课题成果,彰显出高端智库影响力。

坚持初心，为法治建设做贡献

　　深圳经济特区自诞生之日，就被赋予了为中国改革开放探路的特殊使命。此后的几十年里，深圳不辱使命探索出许多新观念、新经验、新模式。"深圳"不仅仅是一个城市的名字，更是"梦想""创新""敢闯敢试"等美好事物的代名词。深圳肩负着探索中国特色社会主义道路的重任，深圳的律师同样肩负着为全国律师体制改革探索出一条适合中国特色社会主义市场经济发展道路的责任。

　　1986年，我来到深圳。在这里，我参与了深圳律师体制改革，成立合伙制律师事务所，促进了深圳律师事务所的快速发展。作为一名律师，我为推进中国的法治建设尽了自己的绵薄之力。我们头顶脚踏的是一片新天地，一个又一个新生事物从这里破茧而出：土地拍卖、工程招标、公开招聘、物价改革等。既然走到律师行业中来，就要为法治建设做贡献，要为律师行业发展奋斗一生，这是我的初心，几十年亦未曾改变。

口述者　　**刘潼修**

Liu　Tongxiu

1957 年出生于广东省梅州市，中共党员。1981 年
7 月毕业于广东省政法干部学校。1982 年从该校调
入深圳市中级人民法院。1997 年调入深圳市司法局，
曾任深圳市中级人民法院审判员，市司法局律师管
理处处长、公证管理处处长、社区矫正处处长，深
圳市律师协会秘书长。

口述时间
2022 年 1 月 14 日

口述地点
深圳市司法局

我的起点比较低，没有读过大学，只能比别人更加努力，才能更好地应对工作。无论是在法院办案 15 年，还是在司法局服务律师公证 14 年，或是调任社区矫正又 7 年，于我而言，都凭着职业操守和人品良知把控好自己，做到宽厚待人严以律己，和谐共事齐担责权。

刘潼修：
心系公平正义 许身政法愿作砖

> **壹** 一套两房一厅的宿舍用作刑庭办公。而宿舍旁的土坯平房，每到饭点它是食堂，给职工排队打饭；其余时间是审判庭。

感受"召唤"，怀着一腔热血来到深圳

1979 年，22 岁的我考入广东省政法干部学校读书。当时，国内众多大学的法律系还未恢复招生，我就读的这所中专学校就成为较早培养政法干部，充实广东省各级政法部门专业人员的摇篮。

1981 年，我毕业时有幸被留校，安排在法律教研室工作，学校欲将我培养成一名法学教师。因底子薄，我还无法直接登台授课，便从班主任助理开始，做好班务之余，以自学法律为主，往"法律人"的方向发展。

在学校学习工作的 3 年时间里，我听新闻里报道距离广州 147 公里的深圳炸响了"开山第一炮"，深圳经济特区建设如火如荼。当时我已对深圳充满好奇。1982 年深圳市中级人民法院（以下简称"深圳市中院"）成立，向广东全省选调一批业务人员，我们学校当时也有名额可以报名。我感受到了一种"召唤"，内心激情澎湃，认为自己可以在深圳闯出一片新天地。没有丝毫犹豫，我带着一腔青春热血来到深圳。

初见法院，刑庭办公在宿舍，审判在食堂

1982 年，我从省政法干部学校调入深圳市中院担任刑事审判庭书记员。那时候的法院和如今不同，没有办公大楼。"深圳市中级

人民法院"的牌匾还挂在深圳市公安局大院内一座小山头的平房上。这里也是昔日市公安局的生活区。"新鲜出炉"的深圳市中院就坐落在砖瓦平房里，其中两排平房充作办公室。会议室则在两排平房的天井中间，是由竹篾、油毡纸搭成的工棚，里面可以容纳近50人开会。

因为办公场地不够，刑庭和审判庭在一公里外的职工宿舍，就是现在的罗湖区宝安路旁。一套两房一厅的宿舍用作刑庭办公。而宿舍旁的土坯平房，每到饭点它是食堂，职工排队打饭；其余时间是审判庭。五六条简易木凳往中间空地一放，一个审判长，两个审判员，加上我书记员，四个人便组成了审判庭进行开庭。简陋的食堂也就成了庄严的法庭，就是在这样的环境，我们审判了一大批刑事案件，惩罚了罪犯，彰显了正义，保护了人民利益，维护了法治尊严。

深刻体会，法官肩上职责之重

深圳市中院建立后，设置刑一庭、刑二庭，主要负责各类刑事案件的一审、二审工作。我先是担任刑二庭书记员。两年后任助理审判员。"以事实为根据，以法律为准绳"这12个字是经常被说起的工作用语，至今记忆犹新，令我印象深刻。如今还能记起的是，我主审了一桩由市检察院提起抗诉的玩忽职守案件。

20世纪80年代末，深圳某医院发生一起医疗事故。当时上步区基层检察院以玩忽职守罪向上步区法院起诉，但法院最后判当事人（即该事故中的医生）无罪。市检察院认为不当，将此案向深圳市中院提起抗诉，案件便交由我主审。

我们开庭审理发现，患者接受医生治疗后，身体明显好转，可以交流和进食，生命体征趋于平稳。而在后续治疗过程中，医院存在治疗和护理不及时的行为，导致患者病情恶化，终告不治。医生虽有操作不当的过失行为，但医院也要负责任。同时，我们重新组织法医鉴定，结论为这是一起技术兼责任事故，而且以技术为主。经过我们合议庭合议，最终一致认为医生不构成刑事犯罪。

通过审理这宗案件，我认识到法律利器的威力与庄严，而作为手握此利器的一名法官，其肩上所负的法律职责何其之重。

> **贰** 有了红头文件规范行业，还有"立即办"服务制度的实行，律师行业短短几年内得到了迅猛发展。

律师队伍不断壮大，服务管理逐步走上正轨

1997 年 7 月 1 日，这一天是中国向全世界宣布香港回归的日子。而我也踏出了人生重要的一步——调到深圳市司法局工作。

1997 年，《中华人民共和国律师法》颁布没多久，律师事业方兴未艾，深圳律师队伍不断壮大，市司法局对律师事务所服务和管理方面的业务量与日俱增，如何有效规范地管理便成了摆在市司法局面前的紧迫任务。

初到市司法局，我担任律师管理处副处长，分管律师投诉查处案件。以前投诉查处案件既没有规范的文书样式，也没有规范的工作流程和步骤。查处案件所需的登记本、问话笔录，讨论案件的记录、送达回证等，都要我们从头开始研究制作规范的文书样式。后来，这套样式和工作流程还得到广东省司法厅和司法部的认可。

除了加强和规范律师投诉查处案件以外，我们率先在市司法局各职能处室中实行政务公开制度，开辟政务公开专栏。和现在在网上写公开专栏不一样，我们因陋就简，用黑板挂墙的简单直观方式，每个月把我们办理的各种律管业务数量和结果用粉笔写在上面公布。那时，我们管这个叫"上墙公开"。

"立即办"＋"红头文件"，推动深圳律师行业迅猛发展

深圳作为经济特区，市场经济蓬勃发展，法律事务管理也需跟上。在市局领导的指导下，我们律师管理处大力实行关于律师行政管理事务的改革。以往，律师事务所前来办理申领律师执业证等业务，在律管处有四道"关口"：一是经办人验收材料；二是分管处领导审查；三是处长审查；四是召开处务会议进行审批。"四道关"下来，审核时限已经超过司法部的规定。因"关口多"、程序长，负责人多，职责不明而耗时、误事的情况就难免会发生。

2000 年 5 月，我们率先在广东省提出并施行"立即办"服务制度，从服务时间、方式、程序、对象和办事材料等方面作出规范，简化办事

程序、减少办事材料、缩短办事时间。律师事务所前往律师管理处办事，工作人员应当天立即办理，经办人验收材料合格后送分管处领导审批即可，"四道关"简化为"二道关"，经办人有职有权，职权明细。"立即办"服务制度受到了市局领导的赞扬，得到全市广大律师的称赞。

深圳律师行业的发展日新月异，自然让全国大量律师从业人员向往。2000年初，深圳吸引了全国各地大量的律师前来创业，我记得发展速度最快的时候，一年律师人数增幅接近40%。但因受当时"市外律师来本市执业需有本市户口"等政策影响，深圳市外律师一时很难申请取得本市律师执业证。很多外地律师只能手执外地律师执业证在深圳执业。这种行为严格意义上有违律师管理的相关法规。

如何解决律师"人与证分离"的问题呢？这就需要作出政策调整。在当时，市局领导审时度势，及时研究出台了深圳关于吸纳优秀律师规定的红头文件，摒弃了户口限制，让全国各地优秀律师能够顺利入职深圳的律师事务所，服务于经济特区的建设事业，也让其能顺利拿到执业证。

有了红头文件规范行业，还有"立即办"服务制度的实行，深圳律师行业短短几年内得到了迅猛发展。根据数据统计，1997年至2004年，深圳律师数量从705人增至2960人；律师事务所规模化建设也在逐年加快，数量从74所增加至200所，律师业务收入也在不断攀升。

改革行业协会，创多项全国之最

我在律师管理处任职期间，在市局领导的指导下，我们实施了一项全国首屈一指的行业改革——组织实施对深圳律师协会行业的改革。

深圳市律师协会的行业管理一直比较薄弱，行业管理的职能少，权力少，主要工作就是一些业务培训、交流和维权。法律上规定的各种律师管理业务，包括资质管理、行业准入与退出、年检注册、纪律监管和处罚等，全部由市司法局律师管理处承担。甚至是律师的市内转所、律师事务所各种事项变更登记等日常管理业务，也都由我们处理。

行业改革之前，我们对全国部分一线城市进行考察发现，律师协会都不是真正意义上的行业自律组织，行业协会的发展存在很多制约因素和障碍。同时，我们律师管理处，由于行政资源有限，也很难适应律师事业蓬勃发展的需要。

对此，我们于 2003 年 7 月开始对律师协会进行改革。第一步，起草制定律师协会章程，发动全市律师从执业律师中推荐律协领导机构组成人员；第二步，召开深圳律师代表大会，差额选举出律师协会领导机构组成人员；第三步，将大部分日常律师管理业务交到律师协会办理，不断充实行业机构的职能和业务。

2003 年 7 月，全市律师代表大会召开，顺利进行了律师协会的换届选举。行业改革实现多项突破，创下了多个全国第一纪录，比如：《深圳市律师协会章程》成为全国副省级城市首部律协章程；律协会长、副会长、理事全部实行差额竞选，成为全国首个差额竞选律协；全国首个不设常务理事的律协，减少决策层级和环节，提高行业服务管理水平和办事效率；等等。

紧接着，在 2003 年底，我们调整了律师业务管理，赋予律协更多管理职能和承担更多管理工作，将部分律管处承担的业务委托律协管理。诸如，律师事务所名称、合伙人、章程、地址等事项的变更登记，投诉案件的受理和查处等交由律师协会办理。此举再一次创下地方律协中拥有日常律管业务最多、管理内容最充实的全国第一纪录。

> **叁** 各区政府高度重视，各区司法局措施有力，加上我们的积极指导，南山、福田等区率先建立起社区矫正基地，我们有了更多的社会矫正场所，工作得以有效开展。

突破困难，积极推进社区矫正基地的建立

2010 年 12 月，我调任社区矫正处处长，对社区矫正对象进行监管和教育帮扶。社区矫正是与监禁刑罚执行对应的一种非监禁刑事执行方式，是将符合法定条件的罪犯置于社区内矫正犯罪心理和行为恶习，促使其顺利融入社会的刑事执行活动。社区矫正不仅要在市级建立管理体系，还要落实到各区、社区进行。正值建设中的深圳寸土寸金，要找一个能够进行社区矫正的基地是十分困难的。好在当时各区政府高度重视，各区司法局措施有力，加上我们的积极指导，南山、福田、龙华率先建立起社区矫正基地，我们有了更多的社会矫正场所，工作得以有效开展。

基地是集教育矫治、行为矫治、心理矫治、安置帮教于一体的场所，

能实现社区服刑人员管理、集中教育、公益劳动、安置帮教工作的系统化、规范化、制度化，改变过去教育活动和公益劳动地点分散、难以形成规模的状况。

在退休后，我又看到深圳首个市级社区矫正基地在坪山揭牌，我感到非常高兴。而律师行业也逐步趋于完善，截至 2021 年底，深圳共有执业律师 19206 人、律师事务所 1084 家。

22 岁学习政法、25 岁进入政法系统，到 2017 年退休，如今我已成"白头翁"，也算是深圳政法系统变迁与改革的见证者。我坚信在省级司法行政机关和深圳市司法局的领导下，深圳市的律师行业、社区矫正工作将跃上新台阶，展现新局面，为探索建立有中国特色的律师制度、社区矫正管理体系作出更多有益尝试。

口述者　　**曹启选**

Cao Qixuan

1967 年出生于广东省梅州市，二级高级法官，1989
年复旦大学本科毕业参加工作，曾在广州海事法院、
深圳市南山区人民法院工作，担任深圳市中级人民
法院民事审判第一庭助理审判员、审判员、立案庭
副庭长。2012 年 6 月后，任审判委员会委员、立案
庭庭长、立案第二庭庭长、商事审判庭庭长，2019
年 10 月任深圳破产法庭庭长。

口述时间
2022 年 4 月 26 日

口述地点
深圳市中级人民法院

在中国人的传统观念里，欠债还钱天经地义，许多人无法接受个人破产制度。但随着市场经济的不断发展，因创业、投资失败致使生活陷入困境的现象也在增加，为市场参与主体提供个人债务纾缓的法治化途径，是当下中国社会经济发展的现实需求。个人破产制度的建立对于社会未来发展至关重要，它是为了实现"支持竞争，鼓励创新，宽容失败，保障生存"而生的。所以，我们真正要做的，是立足个人破产的现实需求，思考如何建立起符合我国国情的个人破产制度，更好地服务保障市场主体，进一步激发创新创业活力，促进经济社会的高质量发展。

曹启选：
探索个人破产制度改革
不断向纵深发展

> **壹** 近几年，随着社会经济的发展，对高质量破产审判的需求日趋增长，破产法庭也变得热闹起来。

多岗位历练，开启新赛道

我出生在广东大埔茶阳镇的一个农村家庭，小时候家里很穷，父亲常教育我要行善，多读书。高考后，听从家中哥哥建议，我报了法律专业，后如愿考上复旦大学法律系。

1989 年，大学毕业后，我被分配到广州海事法院。1993 年，广州海事法院在深圳蛇口设立了派出法庭，我在那里工作了一段时间。那是我第一次来深圳，感觉这座城市"很热闹"，到处都是建设工地，来往路人脚步匆匆，随处可见创业的年轻人。我产生了一种强烈的想法：我也要在这片热土上挥洒青春、追逐梦想。1994 年，我通过调干考试，进入南山区法院成为一名助理审判员。

我在南山区法院工作了 9 年，2003 年，深圳中院在各区法院遴选法官，我也顺利选调到深圳中院民事庭。在民事庭工作 6 年后，升任立案庭副庭长，后为庭长。我从担任立案庭副庭长开始，主管涉诉信访工作，一管就是 8 年。处理好群众的事情，一方面要畅通信访渠道，倾听他们的声音，一方面要实实在在地帮助群众解决问题。在我们的努力下，虽然全院案件数量成倍增长，但信访量一直保持下降趋势，从 2009 年的 9000 多人次下降至 2017 年的 3000 多人次。

2016 年，为了应对日益增长的司法需求，实现司法资源的合理配置，最高法院探索繁简分流改革。深圳中院党组给立案二庭增加了一项重要任务，进行繁简分流改革，我进入了一个新的改革领域。院政治部给立案二庭精选了 16 名法官、16 名助理，组成了速裁团队。到年底，立案二庭审结的案件数量达到 9700 多宗，结案率达到 96%，全院 13% 的法官审结了全院近 60% 的民商事案件，全庭有三分之二的同志获得表彰，速裁团队被院领导称赞为"改革梦之队"。回忆起这段经历，我至今依然热血沸腾，那是一支"铁军"！

贰 《深圳经济特区个人破产条例》从起草到正式出台，历时 9 个月，既体现了"深圳速度"，也发挥了深圳人"闯""创""干"的精神。

全力推动立法，探索个人破产改革新方向

深圳破产法庭于 2019 年 1 月成立，是全国首个破产法庭。2019 年 10 月，我有幸成为第一任庭长，面临的第一项重要任务就是，市人大常委会委托深圳中院起草《深圳经济特区个人破产条例（草案建议稿）》（以下简称"草案建议稿"）。

事实上，早在 20 多年前，深圳就想探索个人破产制度改革，进行个人破产立法，2013 年深圳中院还曾派人到香港对个人破产制度进行调研，但实行个人破产制度对经济社会的影响实在太大，在配套制度不完善的情况下，不敢贸然启动。2018 年，社会掀起"个人破产"热，学者呼吁建立个人破产制度，解决好个人为企业经营提供担保而导致破产的问题。那年 11 月，最高人民法院领导向第十三届全国人大常委会第六次会议报告关于基本解决执行难工作时，首次提议"推动建立个人破产制度"。次月，深圳中院就向市人大常委会提交了《关于深圳先行先试个人破产制度的情况报告》。

2019 年 9 月，中共中央、国务院颁布了《关于支持深圳建设中国特色社会主义先行示范区的意见》。在报请最高人民法院和深圳市委争取支持的改革方案中，深圳中院将推动在深圳率先开展个人破产试点列入首批重点改革项目，得到最高院和市委的支持。

有了中央的授权支持，我们就放开手去探索。2019 年 11 月，市人大常委会委托深圳中院起草个人破产条例草案建议稿，并要求年底前就

要交稿，留给我们的时间只有两三个月。为了高质量完成这个重要任务，我们组织破产法庭的业务骨干组成起草专班，研读世界各国、地区的个人破产立法资料，并与我国学术界个人破产领域的学者专家进行了数轮研讨。

草案建议稿的起草过程困难重重，起草专班的同志们字斟句酌、彻夜研讨、不断打磨，不放过每一个制度细节。个人破产条例以促进诚信债务人经济再生为立法目的，"支持竞争、鼓励创新、宽容失败、保障生存"，是贯穿条例的一根主线。

2020年1月14日，深圳中院向市人大常委会递交了草案建议稿，市人大常委会组织力量对草案建议稿进行修改，市人大常委会监司委、法工委和深圳中院共同参与，深圳中院两位同志负责执笔撰写，市人大常委会召开了大大小小的讨论会几十场，常委会主要领导参加讨论，也广泛征求了公安、司法、市场监管、社会保障等部门、金融机构和国内专家学者的意见。2020年8月31日，这部历经近百次修改，从最初的11章124条丰富至13章173条的《深圳经济特区个人破产条例》（以下简称"条例一"）最终得以问世。

条例一有很多创新突破之处。第一，将因"生活消费"所产生的债务纳入个人破产制度范围。条例规定，因生产经营、生活消费所产生的债务，符合个人破产规定条件的，债务人可以通过个人破产程序进行清理，依法获得债务纾缓或减免。

此前，学界主要在围绕如何解决个人为企业提供担保而导致破产的问题进行立法研究和设计，着眼于服务保障经济发展。实际上，随着经济不断发展，消费债的规模不断增大，通过法治路径解决好消费者破产的问题，既有利于经济高质量发展，也有利于促进社会和谐稳定。从破产审判实际的角度来说，生产经营债务与消费债务很难划分，所以我觉得加入"生活消费"是非常必要的。

第二，条例一创新性地建立了独立的个人破产信息登记和公开制度这一重要的个人破产配套保障机制。一方面，个人破产审判需要加强来自各个方面的有效监督，防止破产欺诈；另一方面，加强对个人破产信息的公开和共享，有利于完善社会信用体系建设，促进形成公平竞争的市场经济秩序。在个人破产制度实施过程中，我们也通过各种举措进一步落实和完善该制度，2021年8月18日，深圳中院联合市破产事务管理署和市市场监督管理局发布了《关于建立破产信息共享与状态公示机制的实施意见》，该规定率先建立起全国首个破产信息公开制度，全面覆盖企业与个人破产有关的市场主体信息共享、破产状态公示、信用修复等方面的机制，充分实现破产信息与信用系统的对接。

第三，赋权政府确定的工作部门或机构，专门行使个人破产事务的行政管理职能。个人破产程序复杂，时间跨度大，需要对债务人进行监督，同时大多数人对个人破产制度不了解，破产申请人不清楚破产程序对个人及家庭将带来哪些影响，因而需要面向社会提供咨询服务。个人破产审判高效开展，离不开政府的支持。在交草案建议稿的前一天下午，我想到可以通过在草案建议稿中明确政府方面的相关职责来解决。于是我找了两位法官研究到凌晨两点，在草案建议稿中增加"设立破产行政管理机构"的条款，并规定了破产事务管理部门的职责。没想到，这一条款经过讨论修改，最终得到了市人大常委会的全力支持并正式入法，被破产领域的学者誉为"深圳条例的最重要贡献"。

在条例一施行当天，全国首个破产事务管理机构——深圳市破产事务管理署挂牌成立，目前主要负责个人破产管理人管理、实施破产信息登记和信息公开制度、提供破产事务咨询和援助服务、建立健全政府部门办理个人破产事务的协调机制等工作。

第四，条例一规定债务人申请个人破产重整或和解，重整或计划草案未获债权人会议通过的，法院应裁定终结破产程序，而非一律进行清算。这样设计，一方面是考虑到在实际状况中大多数债务人仍有偿还部分债务的能力，通过适当减少债务或延缓偿还债务的时间，就能帮助债务人渡过难关；另一方面，也是为了引导债务人通过重整或和解程序解决债务问题，这有利于保护债权人的合法权益，防止个人破产制度实施后出现债务人"躺平"的现象。

我们一直坚持，在个人破产改革初期应"多重整、少清算"，将来可以探索建立重整和解前置模式，这既有利于改革的推进，容易为社会所接受，也可以避免对经济发展产生负面影响。个人破产与企业破产不同，企业破产重整不成功，依法应当转入清算程序；如果个人破产也规定重整不成功即转入清算，要么会导致很多需要纾缓债务的申请人不敢申请重整，要么会导致大量的、不应该出现的个人破产清算案件产生。所以，我认为这样设计是符合现实需求的。

第五，条例一规定了庭外和解协议的审查确认规则。法院受理个人破产和解申请后，可以委托有关调解组织协调债权人与债务人进行和解，达成的和解协议符合条例一规定的，法院依法裁定予以确认。建立庭外和解协议审查确认制度，目的是尽可能满足群众纾缓个人债务的切实需求，同时减少债务人成本、节约司法资源，为深入推进改革提供足够空间。

总的来说，条例一既体现了"深圳速度"，也发挥了深圳人"闯""创""干"的精神。正因为个人破产条例进行了前瞻性设计，大胆创新，改革探索之路才会走得这么顺。

叁 　个人破产制度的基本精神是给"诚实而不幸"的债务人重新开始的机会。

个人破产首案诞生，帮助"诚实而不幸"的债务人

2021 年 3 月 1 日，全国首部个人破产法规《深圳经济特区个人破产条例》（以下简称"条例二"）在深圳施行。这个时刻对于我们来说，既激动又紧张，这是一个全新的开端，充满挑战。

3 月 1 日零点刚过去几秒，"深破茧"个人破产网上办理平台就收到第一宗个人破产申请，随后的一个月里，每天都有十几个申请不断涌进来。虽然条例对个人破产申请的立案与审查有明确规定，但是实践中各种问题不断涌现，让我们有点应接不暇。经过紧锣密鼓的材料筛查，我们发现，不少申请不符合条例二规定的要求，比如申请填报的信息不全，债务人居住地不在深圳或缴纳社保未满三年，债务非因生产经营或生活消费所致，等等，而且申请人选择的程序基本上是破产清算程序。一轮筛选下来，提交材料基本符合规定条件的实际上不到 20%。

而后我们与申请人开展面谈。面谈主要是了解债务人的破产原因和经过、负债和财产状况、家庭情况等，对债务人申报的破产信息进行初步审核，同时对申请人进行辅导，让申请人全面清晰了解个人破产程序规定和获得救济的成本，告知其进入破产程序后需要遵守的法律规定及违反规定的法律后果等。2021 年我面谈了 260 多位申请人，成了名副其实的"面谈法官"。经过一段时间的面谈，我们发现后续的申请人更加了解个人破产制度，申请材料和填报信息也更加准确全面，因此，我们认为，个人破产制度有必要建立面谈辅导这一配套机制。

第一批面谈辅导是我去的，面谈了 12 位申请人，经过初步审核，我们对 5 位申请人的申请进行立案审查，梁某就是其中之一。

梁某个人破产重整案是《深圳经济特区个人破产条例》实施以来的第一案，也是全国首宗个人破产案。我对梁某的印象非常深刻，他1986 年出生，是一名工程师。2018 年，他选择蓝牙耳机市场开始创业，后因一直无法获得稳定的客户资源，债务越背越多。梁某曾尝试以个人信用向银行、网贷公司借款来维系公司运营，但最终在持续投入却没有盈利的情况下，公司很快陷入资金链断裂困境。

公司停止运营后，梁某找到了一份月薪 2.5 万元的工作。梁某及其妻子有两个小孩和一位老人需要扶养。沉重的债务和家庭负担让他喘不过气来。他负担的债务有 75 万元，财产有 36120 元存款、4719.9 元住房公积金，持有的公司股权、专利、商标价值无法变现，无房产、车辆。

我与他接触，感觉他非常老实，甚至有些害羞。经过详细认真的听证调查，我们初步判断他申请填报的信息属实。2021 年 6 月 22 日，深圳中院组织召开第一次债权人会议，表决通过了梁某提交的豁免财产清单和重整计划草案。根据重整计划，梁某在 3 年内清偿 100% 借款本金后，免除债务利息和滞纳金。这个结果出来后，他非常高兴，更积极地投入工作之中，整个家庭也是如释重负，我们非常庆幸能够帮助他"东山再起"，这在无形中也挽救了一个家庭。

2021 年 11 月 8 日，深圳中院裁定宣告债务人呼某破产，这是首宗个人破产清算案，境内首位法律意义上的"破产人"产生。经过 3 到 5 年的免责考察期，债务人呼某可以申请免除其未清偿的债务，在经济上获得重生。如果说梁某重整案只是债务人与债权人达成了新的偿债协议，呼某破产清算案则意味着债务人的剩余债务可以获得依法免除。呼某案宣告破产的裁定作出后，社会极为关注，该案的评论文章，最高的阅读量达到了上亿。

2021 年，深圳中院成功审理了个人破产清算、重整、和解案件首案，实现了个人破产三个基本程序在司法实践层面的全覆盖，全面激活个人破产制度，个人破产制度在深圳真正实现"破冰"，司法实践不断迈向深入。

肆　　如今，个人破产改革探索正在不断深入，我们欣喜于所能到达的高度，也寄厚望于充满无限可能的未来。

完善配套机制，探索建立符合国情的个人破产制度

如今，个人破产改革探索正在不断深入，我们欣喜于所能到达的高度，也寄厚望于充满无限可能的未来。2021 年，我们共收到 943 宗个人破产申请。2022 年上半年，我们已经收到了数百宗申请，这证明了个人破产制度的需求进入提速轨道。但我们现在才刚起步，面对大量申请、复杂的债务构成等情形，诸多重要配套机制仍有待建立、完善。

从实现个人破产审判功能来说，快速完成申请审查、推进破产案件高效审理十分重要，这比企业破产审判的要求更高。由于没有个人财务制度，债务人往往缺乏财务管理能力，难以准确全面提供个人和家庭的财产债务材料，这也成为法院审查破产申请的一大难题。这就需要辅导债务人整理申请并选择适宜的程序，才能保证个人破产审判高效进行。

结合现实需求、借鉴其他国家和地区做法，我们将探索引入金融机构、专业中介、法律援助，促进债务纠纷多元化解，为债务人提供多样化、便利化的债务清理方式，也为法院审查判断提供有效依据。实践中，一些债务人具有劳动能力，也有一定收入，完全可以通过重整或者和解程序来解决债务问题，但坚持选择个人破产清算程序，寄希望于清算免责，如果允许其进入破产清算并免除其债务，显然是违背立法初衷的，不利于经济社会发展。

在完善个人破产案件办理机制的同时，我们还将进一步激活"深破茧"个人破产综合应用系统的功能，实现"深破茧"平台与其他信息公开平台的互联对接，确保破产信息充分、及时地公开，充分保障债权人的知情权和监督权，加强公众对个人破产的监督，实现个人破产制度在阳光下公开运行。

在中国人的传统观念里，欠债还钱天经地义，许多人无法接受个人破产制度。但随着市场经济的不断发展，因创业、投资失败致使生活陷入困境的现象也在增加，为市场参与主体提供个人债务纾缓的法治化途径，是当下中国社会经济发展的现实需求。个人破产制度的建立对于社

会未来发展至关重要，它是为了实现"支持竞争、鼓励创新、宽容失败、保障生存"而生。所以，我们真正要做的，是立足个人破产的现实需求，思考如何建立起符合我国国情的个人破产制度，更好地服务保障市场主体，进一步激发创新创业活力，促进经济社会的高质量发展。

口述者　　**曾银燕**

Zeng Yinyan

1963 年出生于湖北省浠水市，现为深圳国际仲裁院
党组成员兼总法律顾问。在深圳仲裁办至深圳国际
仲裁院的发展进程中，曾担任仲裁秘书、副主任科员、
主任科员、业务处副处长、业务处处长、研究室主任、
业务总监兼发展研究处处长、业务总监等职务。

口述时间
2022 年 10 月 31 日

口述地点
深圳国际仲裁院

回望过去近四十年，深圳国际仲裁院创造了中国国际仲裁发展史上的多项"第一"：改革开放后各省区市及粤港澳大湾区设立的第一个仲裁机构、第一个聘请境外仲裁员的中国仲裁机构、首个作出的中国内地仲裁裁决在境外获得承认与执行的仲裁机构，等等。每一个纪录背后，无不体现了深圳和深圳国际仲裁院创新争先的改革精神。未来，在"双区"驱动、"双区"叠加、"双改"示范的一系列重要战略机遇下，深圳国际仲裁院将持续建设全球仲裁高地，助力打造稳定公平透明、可预期的国际一流法治化营商环境。

曾银燕：
见证深圳国际仲裁院的
改革创新之路

> **壹** 从此，中国仲裁裁决从深圳走出国门，深圳仲裁裁决在域外普遍得到承认和执行。

来到深圳，开启仲裁人生

我是 1987 年来到深圳的。那是炎热 7 月的一天，我带着深圳经济特区的边防证、两箱书和简单的行装就出发了，经过 20 多个小时的火车颠簸，终于抵达深圳。

事实上，来深圳前，我是有过犹豫的。20 世纪 80 年代的中国各项建设事业发展迅速，正是需要法律人才的时候。研究生毕业的我早早拿到了赴京工作的接收函。然而，身边的同学和师长都在向我推介深圳的好，我景仰于深圳"三天一层楼"的实干精神，也对这改革开放前沿之地充满了憧憬。加上我籍贯在潮州，父亲始终希望我回到广东。思虑再三，我终于决定奔赴深圳。

来深圳的当天，我就去了对外经济贸易仲裁委员会深圳办事处（简称"深圳仲裁办"，深圳国际仲裁院的前身）报到。深圳仲裁办当时在深南中路五十九号统建大楼一座十七层，这对从未有过如此高楼电梯体验的我来说，感觉既新奇又兴奋。后来才知道，统建楼共有四座，是当时深圳数一数二的办公楼。统建楼北临深南中路，对面的华联大厦正在建设中，南边是矮矮的城中村。深圳河蜿蜒川流，河那边是香港的米埔，青山含黛，田野阡陌。站在高楼之上，我的心情随之变得更加明朗，也对新生活充满了期待。

当时深圳仲裁办只有 10 多个人，370 平方米的场地里有四间办公室和一个仲裁庭。仲裁庭在西边，东边是财务室兼档案室、打字室等综合之用，每间办公室都有一台电话机，用来和当事人联系。当时我们刚刚从条件简陋的租赁处搬到这里办公，大家兴高采烈，每个人都充满着激情，我们用心办好每一个仲裁案件，维护中外当事人合法权益，为这份正确且有意义的事业努力奋斗。

首个在境外获得承认和执行的案件

我刚到深圳仲裁办没多久，就迎来了境内裁决在境外获得承认和执行的先例，这是一个具有里程碑意义的案件。

1986 年 4 月 28 日，广州一家进出口公司（以下简称"申请人"）和香港一家贸易公司签订了计算器售货合同。4 月 30 日，申请人、香港贸易公司和香港一家实业公司（以下简称"被申请人"）三方签订了售货合同修改书，由香港贸易公司将原合同中买方的权利和义务转让给被申请人。

1986 年 11 月 1 日，申请人和被申请人重新签订了售货合同，由申请人向被申请人出口计算器。鉴于该批计算器是复出口商品，出口方须在规定的期限内凭出运的单证办理退关手续，才能退回关税。合同签订时，货物已交付被申请人，但被申请人没有按合同约定支付货款，也没有在规定时间内将货物出运境外。申请人多次要求被申请人履约，但被申请人始终不履行该合同，致使申请人不能收回货款及退回关税。

申请人经多次向被申请人追索无果，便于 1987 年 5 月 26 日按照合同中仲裁条款的约定向深圳仲裁办申请仲裁，要求被申请人赔偿全部关税损失，退回货物或支付货款及其利息。深圳仲裁办受理了该案，并向被申请人发出受案通知和有关材料。经深圳仲裁办仲裁庭依法调解，双方达成和解协议。但后来被申请人又反悔了，没有执行和解协议。

1988 年 7 月 12 日，深圳仲裁办仲裁庭按照仲裁规则的规定作出裁决，要求被申请人偿还申请人案涉计算器的货款，并赔偿申请人合同货款的利息损失及关税损失等。后被申请人并未自动履行仲裁裁决中的义务。

中国于 1986 年 12 月加入《纽约公约》，次年 4 月生效，这代表凡在中国境内作出的仲裁裁决，一旦当事人向中国以外的其他缔约国法院申请承认和执行该项裁决时，被请求国均应适用和依据《纽约公约》作出决定。那时，香港还没有回归祖国，但英国加入了《纽约公约》，声明公约适用于香港。

因此，申请人依据《纽约公约》向香港高等法院申请执行仲裁裁决。香港高等法院于1989年6月29日作出准予执行本案仲裁裁决的判决。后经过当事人律师的努力，历时两年多后，该案仲裁裁决在香港高等法院得到强制执行。

该案仲裁裁决的执行，开创了中国内地仲裁裁决在境外获得承认和执行的先例。从此，中国仲裁裁决从深圳走向国际，深圳仲裁裁决在境外普遍得到承认和执行。

贰 随着我国经济改革的不断深入和对外开放程度的不断提高，商事仲裁日益现代化和国际化，传统的事业单位管理体制机制已难以适应仲裁机构快速发展的需要，亟须改革。

以仲裁院为试点，率先探索法定机构改革

《中华人民共和国仲裁法》实施于1995年，由于当时的认知限制，未对仲裁机构的性质和管理模式做出明确规定。实践中，各地仲裁机构采取了不同的管理模式，有参公管理、财政全供、差额拨款、自收自支、企业化管理等，甚至有的直接就是作为行政单位的公务员管理，但无论哪种模式，都难以解决"独立性"和"公益性"的问题。问题的关键还在于决策层与执行层混为一体，难以在制度安排上解除当事人特别是境外当事人对行政干预、地方保护和"内部人控制"的顾虑。

随着我国经济改革的不断深入和对外开放程度的不断提高，商事仲裁日益现代化和国际化，传统的事业单位管理体制机制已难以适应仲裁机构快速发展的需要，亟须改革。

早在2007年，深圳市率先开始法定机构改革的探索，并成立了深圳市法定机构改革工作推进小组。推行法定机构改革试点是事业单位体制机制创新中最重要的内容之一，是深圳从根本上突破传统事业单位管理运行模式的全新探索。

在此基础上，为进一步提升深圳仲裁独立性和公信力，为中国仲裁专业化、国际化发展探索道路，在有关方面的指导和支持下，我们主动开展了法定机构改革。

2010年12月21日，深圳市编委下发深编〔2010〕69号文，批准深圳仲裁机构加挂"深圳国际仲裁院"的牌子，并以深圳国际仲裁院的名义开展法定机构改革试点工作。

深圳国际仲裁院很快便开展法定机构改革试点工作。这次机构改革是让深圳国际仲裁院建立以理事会为核心的法人治理结构，实行决策、执行、监督有效制衡，自我约束与自我发展并重的管理体制，同时创新机构编制管理和用人制度，改革财务制度，强化社会监督。当时深圳国际仲裁院和深圳市法制办、深圳市编办一起合作，起草了《深圳国际仲裁院管理规定（试行）》。

2012年6月16日，深圳市政府举行粤港（前海）国际仲裁合作启动仪式暨深圳国际仲裁院揭牌典礼，并将深圳国际仲裁院注册地放在了颇具改革标杆意义的前海深港现代服务业合作区。

2012年11月6日，深圳市政府五届七十一次常务会议审议通过了《深圳国际仲裁院管理规定（试行）》，11月24日，时任深圳市市长许勤签署市政府令，发布施行上述政府规章。规章一颁布，即在国内外法律界和工商界引发强烈反响，《法制日报》（2020年更名为《法治日报》）《第一财经日报》《大公报》等境内外媒体进行了详细报道。

建立法人治理模式，提升独立性和公信力

《深圳国际仲裁院管理规定（试行）》确定了法人治理模式，为深圳国际仲裁院发展释放大量创新势能，其中有几个亮点不得不提。

一是建立完善的多元争议解决机制。深圳国际仲裁院应当根据有关法律法规和本规定，结合深圳经济特区和前海合作区的实际，借鉴国际商事仲裁的先进制度，创新争议解决机制，制定仲裁规则、调解规则、谈判促进规则、专家评审规则和其他形式的争议解决规则，为境内外当事人提供选择。

二是建立专业化、国际化、社会化的法人治理机制。深圳国际仲裁院理事会由11至15名理事组成。理事由法律界、工商界和其他相关领域的知名人士担任，其中来自香港特别行政区等地的境外人士不少于三

分之一，由理事会对全院发展重大事项进行决策和监督。在立法的要求和引导下，市政府为仲裁院聘任的第一届理事会 11 名理事中，有 4 名来自香港和海外。

三是建立高标准、国际化、专业化的仲裁员名册。深圳国际仲裁院应当依法定条件聘任仲裁员，并按照不同专业设立仲裁员名册，聘请的仲裁员中来自香港特别行政区等地的境外仲裁员不少于三分之一。2012 年适用的仲裁员名册中，500 多名仲裁员当中，有 180 名境外仲裁员来自我国港澳台地区和 25 个国家，占仲裁员总数的 34%。

四是明确"以当事人为中心"的服务理念，保障当事人意思自治。境内外当事人可以约定选择适用深圳国际仲裁院仲裁规则、境内外其他仲裁机构的仲裁规则或者联合国国际贸易法委员会仲裁规则，可以约定对深圳国际仲裁院仲裁规则有关内容进行变更，也可以约定适用法律、组庭方式、庭审方式、证据规则、仲裁语言、开庭地或者仲裁地。

五是建立与事业单位独立法人相适应的财务与资产管理制度和市场化用人机制。深圳国际仲裁院应当依法建立健全与事业单位独立法人相适应的财务、资产管理制度，并建立有竞争力的市场化用人机制，可以根据需要聘用境内外的专业人才，建设专业化的争议解决服务和管理队伍。

2017 年 12 月 25 日，为推动打造国际一流营商环境、建设国际仲裁高地，深圳国际仲裁院和深圳仲裁委员会正式合并。合并后，基于过往实践的经验和新面临的情况，《深圳国际仲裁院管理规定（试行）》被重新修订，并于 2019 年 6 月 1 日颁布《深圳国际仲裁院管理规定》（以下简称《管理规定》）。

 《深圳国际仲裁院条例》是国内首部以仲裁机构为特定对象的地方人大立法。

通过立法保障仲裁院公正运作

深圳国际仲裁院自 2012 年起，确立以国际化、专业化的理事会为核心的法人治理结构，实行决策权、执行权和监督权相互分离、有效制衡的体制机制改革。八年实践证明，这种治理模式能够有效克服传统治理模式存在的不足，符合国家仲裁机构改革的发展方向。

然而，上述《管理规定》毕竟属于政府规章，不利于更加充分凸显特区仲裁的独立性和公正性。为消除境内外当事人可能存在的对行政机关干预案件裁决的担忧，增强当事人对仲裁院独立性、公正性的信心，深圳认为有必要在政府规章的基础上制定特区法规，提高立法层级，进一步提升深圳国际仲裁机构的公信力和竞争力。

2020 年 8 月 26 日，在深圳经济特区建立 40 周年当天，深圳市第六届人民代表大会常务委员会第四十四次会议审议通过了《深圳国际仲裁院条例》（以下简称《条例》），这是国内首部以仲裁机构为特定对象的地方人大立法。

相比于《管理规定》，《条例》以特区法规的形式将深圳国际仲裁的改革成果进一步法定化，并通过一系列举措，促进管理体制优化、推动仲裁院人才队伍建设、健全多元化争议解决机制、探索建设互联网仲裁、建立完善的监督体系等。《条例》不仅进一步完善仲裁制度，提高深圳国际仲裁院的仲裁水平与能力，还促进中国仲裁进一步国际化和现代化，为深圳经济特区建设稳定公平透明、可预期的国际一流法治化营商环境提供有力的制度保障。

2022 年 7 月，国际仲裁权威杂志《环球仲裁评论》刊文称："深圳国际仲裁院是中国仲裁界的先锋，特别是在中国实践的国际化方面。如果具体交易需要在中国进行仲裁，深圳国际仲裁院可为首选。"

成立粤港澳仲裁调解联盟

早在 2008 年，深圳仲裁机构就成立了调解中心。为契合深圳法治建设的愿景和精神，2013 年，深圳国际仲裁院牵头联合 14 家粤港澳地区主要的商事调解仲裁机构，共同创立仲裁调解合作平台，即"粤港澳仲裁调解联盟"（以下简称"联盟"）。

这是为了通过整合粤港澳多元化争议解决资源，加强商事仲裁调解服务机构之间的业务交流和合作，共同提升粤港澳地区多元化纠纷解决服务水平，为当事人提供专业、高效、和谐的纠纷解决服务。联盟是粤港澳大湾区建设先行先试的举措，也是粤港澳国际化法治化营商环境的组成部分，随着联盟影响越来越大，成员也由原来的 14 家增加到 18 家。

回想 2013 年，"粤港澳大湾区"这个概念还在酝酿形成中，但随着粤港澳地区商事贸易往来越来越频繁，优质多元化争议解决服务的需求也随之增加。身处前海这个粤港澳大湾区的中心点，我们颇具前瞻性地牵头设立了粤港澳仲裁调解联盟。

> **肆** 回望过去近四十年，深圳国际仲裁院创造了中国国际仲裁发展史上的多项"第一"。

加强国际合作，走出国门

从深圳到全国，再到布局海外，我们一直加强国际合作，力求将正义的种子散布全球。

从成立到现在，深圳国际仲裁院已经与国际商会仲裁院、美国仲裁协会、美国 JAMS、联合国国际贸易法委员会、世界银行国际投资争端解决中心、新加坡国际仲裁中心和香港国际仲裁中心等各大机构建立了深度合作。

2017 年，我们在深圳市投资推广署等机构的支持下，依托深圳驻北美经贸代表机构，在美国洛杉矶创建中国国际仲裁第一个海外庭审中心。我记得北美庭审中心设立当年，就有一家在美国投资的深圳企业与美国加州某企业约定由深圳国际仲裁院仲裁，适用深圳国际仲裁院仲裁规则，并选择就近在上述北美庭审中心开庭。

这是深圳国际仲裁院在中国法治化营商环境建设中发挥示范、辐射和引导作用的重要探索，这一协同创新举措有效提升了服务中国对外贸易和海外投资的能力，迈出了深圳作为中国改革开放先锋城市探索打造国际一流营商环境的扎实步伐。

回望过去近四十年，深圳国际仲裁院创造了中国国际仲裁发展史上的多项"第一"：改革开放后各省区市和粤港澳大湾区设立的第一个仲裁机构、第一个聘请境外仲裁员的中国仲裁机构、首个作出的中国内地仲裁裁决在境外获得承认与执行的仲裁机构，等等。每一个纪录背后，无不体现了深圳和深圳国际仲裁院创新争先的改革精神。未来，在"双区"驱动、"双区"叠加、"双改"示范的一系列重要战略机遇下，深圳国际仲裁院将持续建设全球仲裁高地，助力打造稳定公平透明、可预期的国际一流法治化营商环境。

今年是我来到深圳的第 35 个年头，回望我与深圳国际仲裁院共同成长、共同经历改革与创新的点点滴滴，仿佛一切就在昨天，每一幕都是如此新鲜而灿烂。踏上深圳这片热土，将仲裁作为自己一生的事业，是我做过的最正确的选择。我很自豪也很庆幸自己能在中国仲裁国际化的道路上奉献了自己的绵薄之力，为这份事业永葆初心。

口述者　　**张立勤**

Zhang Liqin

1970 年出生于河北省石家庄市，毕业于复旦大学，
现任深圳市福田区审计局副局长，福田区政协常
委，致公党深圳市委会常委、福田总支副主委，
深圳市审计局特邀审计监督员，福田区人民法院
人民陪审员。

口述时间
2022 年 4 月 29 日

口述地点
深圳市福田区新媒体大厦

拓荒牛，是深圳经济特区的重要标志，也是这座城市的精神象征。深圳审计，也如这座城市，以拓荒牛的气魄，书写着现代审计的新篇章。来深 30 余年，我始终带着初心，带着使命与情怀，带着对职业的敬仰，与深圳审计事业共成长。在人生岁月里，有幸亲历亲闻深圳审计事业的重大变革，参与推动深圳审计法治建设，为深圳发展贡献一份绵薄之力，我倍感自豪。

张立勤：
秉承拓荒精神
参与推动深圳审计事业发展

壹 深圳是一座改革开放的城市，其敢闯敢试、开拓创新、拼搏实干的精神一直影响着我。我人生中三个重要"十年"，也伴随着深圳的发展不断成长。

南下来深，跨界跨领域多岗位历练

东方风来满眼春。20 世纪 90 年代初，深圳以开放、包容的姿态吸引着各地人才，也以开拓创新、敢闯敢试、拼搏实干的精神深深吸引着我。大学毕业不久，我踏上开往南方的列车，来到向往的深圳，开启了在这座城市的奋斗征程。

到深圳后，我的职业人生可以分成三个"十年"。第一个"十年"，从 1992 年到 2001 年。初到深圳，我在招商银行等金融机构深耕，系统掌握了金融专业知识，积累了经济、科技等领域的经验，为后来从事审计工作打下了良好基础。

2002 年 8 月，我考入市审计局，开启职业生涯的第二个"十年"。在这里，我参与审计、感受审计、领悟审计，养成了严谨、细致的行为习惯，淬炼形成了审计思维，积累了丰富的审计工作经验。2006 年 10 月，我在《中国审计》发表《金融审计监督范围的新变化》，推进金融审计依法依规开展。2008 年，我发表《试论风险管理审计框架的构建》，较早提出从防范风险角度来开展金融审计。随后，撰写的《金融危机背景下的金融审计创新》在《中国审计》发表后，得到审计同行们的肯定。

2009 年，我们对深圳科技研发资金和支持外经贸发展专项资金开展审计调查。审计发现并披露了专项资金管理使用存在制度执行不严、资金使用存在漏洞等问题。这些问题，引起上级关注，推动了深圳财政专项资金管理使用的规范安全建设。

印象深刻的是，2009年，市审计局推选我参加市直机关工委举办的深圳市女公务员"最美服务笑脸"评选活动。经过网络投票和市民现场投票，我以总票数第一的成绩获得"深圳市十佳最美服务笑脸"称号。这一活动，说明深圳审计在我们的努力下深入民心，得到了市民认可。

伴随着深圳快速发展，我迎来了职业生涯的第三个"十年"。2011年起，我先后在福田区纪委（监察局）、住建局、审计局担任职务。其间，我们组织开展政府集中采购、自行采购监督管理机制改革，实现政府采购监管全覆盖，被列为市纪委和福田区当年重点改革项目。抽调到相关部门期间，我们临危受命，高效统筹完成了华富东西村棚改第一栋拆除等急难险重任务。

在人生的三个不同"十年"中，我以满腔热血、诚挚情怀和高度社会责任感，全身心投入跨界岗位的历练。第一个"十年"，深耕金融领域，积累行业经验；第二个"十年"，投身审计监督，形成了严谨缜密的审计思维；第三个"十年"，多部门岗位跨界历练，推动国家政策在基层落地生根、开花结果。回头来看，这三个不同的"十年"，都与深圳同期发展息息相关。

三十年宝贵的跨界学习、工作经历，让我积累了大量经济建设、科技创新、金融监管、审计监督、纪检监察、社会治理、民生保障等多领域融合的工作经验以及推动所在领域改革创新的体会。这些历练环环相扣、紧密相连，为我今天带领团队更好开展审计工作打下良好基础，也让我参与为国民经济"把脉问诊"时，更好地做到"治已病、防未病"，服务经济社会发展。

贰 深圳在全国率先开展政府绩效审计，其经验在全国各地得到复制推广。这是深圳在审计领域先行先试，对全国做出的突出贡献。

与深圳审计事业共成长，见证深圳率先开展政府绩效审计

来深圳近30年，我始终带着使命和情怀，带着对职业的敬仰，带着对职责的坚守，与深圳审计事业共成长，见证了深圳审计的发展历程，

也经历了不同时期审计职能的变革与发展。

2002年，恰逢我跨入审计队伍的第一年，市人大代表有一份议案反映某单位在大型医疗设备采购方面存在浪费和效率低下的问题，市审计局决定以此为起点，探索在全国率先开展政府绩效审计。审计工作情况向市人大常委会报告并经媒体报道后，受到社会各方的关注和好评。

随着绩效审计的深入开展，深圳逐渐积累经验，吸引了各地审计机关到深圳取经学习。从深圳开展的绩效审计，逐渐在全国推广，成为全国审计机关开展的重要业务类型。这是深圳在审计领域先行先试，对全国做出的突出贡献。2010年，深圳进一步探索分行业、分领域、分专题的深度绩效审计，集中发力推动解决民生问题，将绩效审计又推上新台阶。

政府绩效审计的发展，也有力推动了打造阳光政务。深圳审计向现代审计转变的鲜明标志，就是推进审计报告公开。2005年，深圳探索审计结果公开，随后，出台了组织部门运用经济责任审计结果暂行办法，将经济责任审计结果同干部管理结合起来。2008年，在全国率先出台审计报告公开暂行办法，让权力在阳光下运行。

深圳充分发挥拥有地方立法权这一优势，逐渐形成了相对完善的审计法规体系。早在2000年前，深圳就出台了《深圳经济特区审计监督条例》《深圳市政府投资项目审计监督暂行规定》等法规，为深圳审计工作进一步完善了制度。深圳还先后出台、修订了《深圳经济特区国有企业法定代表人任期经济责任审计条例》《深圳市内部审计办法》等规范性文件，为审计机关独立履行审计监督权提供了有力保障。

正是在审计法和一系列地方性法规体系规范下，深圳的审计工作，有效发挥了审计监督作用，为全国审计系统提供了深圳经验。

叁 审计是党和国家监督体系的重要组成部分，要当好政府参谋员、政策督察员、公共资金守门员……我们把精力心血倾注到审计工作，参与并推动深圳审计不断向前发展。

参与推动深圳审计工作，打通审计监督"最后一公里"

在深圳审计部门工作期间，我担任过多个领域审计项目的主审，参与了公立医院、银行证券基金行业、产业集聚基地等领域项目的审计调查和多位领导干部任期内经济责任审计，审计的项目连续多年在全市审计项目评选中获得优秀。

审计是"技术活"，更是一份责任。2019 年夏天，我任福田区审计局副局长期间，我们对福田区帮扶的五个贫困县的扶贫资金绩效进行审计。这次的审计地点跨越全国多地区，扶贫项目地点非常分散。当时，我们审计组克服高海拔缺氧、路途险峻等重重困难，每天奔波于海拔 3000 至 5000 多米的高原地带，实地勘察当时的扶贫建设项目。

功夫不负有心人，在短短两个半月时间内，我们按时优质地完成了审计任务，并提出健全扶贫工作体制机制等审计建议 20 条，推动相关单位通过上缴财政、归还原渠道资金等完成整改资金 5665.64 万元，帮助帮扶县健全完善制度，规范资金使用及项目管理，提高扶贫资金效益。

进入新时代，审计管理体制进行了改革，党中央、各级党委成立了审计委员会，审计作为党和国家监督体系的重要组成部分，在推进国家治理体系和治理能力现代化过程中发挥重要作用。

紧随深圳改革发展，我们推动组建了福田区委审计委员会，推动调整优化机构职能，实现审计计划、执行、审理、整改"四分离"，聚焦"双区驱动"政策贯彻落实，关注河套深港科技创新合作区建设推进情况，将审计工作和"双区"建设紧密结合起来，以更好发挥"经济体检"功能。

为国而审、为民而计。凭借一股敢创新、勇担当的拼劲，2021 年，我们组织在全市率先制定出台《福田区审计整改工作暂行办法》《福田区审计整改标准暂行规定（试行）》，着力推进打通审计监督"最后一公里"，助推审计查出问题整改监督工作形成规范化和制度化格局，促进审计工作机制得到进一步完善。

组织开展重大政策跟踪审计，推动完善审计整改制度，组织实施各类审计项目，落实市对区考核的有关任务……我们努力探索，齐心协力，工作越来越深入，审计覆盖面越来越广，审计成果也越来越丰富。我们通过努力，有效推动了重大政策措施在基层落地生根、开花结果，为促进财政资金更高效使用、经济社会更高质量发展，贡献出应有的审计力量。

> **肆**　深圳是一座有温度的城市。作为政协委员和民主党派人士，参政议政、民主监督带给我与审计监督不一样的感受，让我在履职尽责时运用审计触角，多个维度关注经济社会发展，为这座城市贡献一份力所能及的力量。

参政议政，心系民生建言献策

作为福田区政协常委，致公党深圳市委会常委、福田总支副主委，我围绕中心、服务大局，在履职时运用审计触角，从多个维度积极参政议政、建言献策。同时，围绕"双区"驱动、"三大新引擎"牵引下的中心重点工作，对福田区发展中的热点难点问题开展深入研究，撰写多个优秀重点提案，完成多项重点课题，为福田新30年再出发积极建言献策。

其中，撰写的《关于建立福田区互联网金融风险预警监测机制的建议》提案，被评为2019年优秀重点提案，推动《福田区金融风险大排查大化解专项行动实施方案》等政策措施的出台，推动建立了福田区金融风险预警防控处置平台以及金融风险防控长效机制，获国务院大督查通报表扬；2021年福田区两会期间，围绕金融服务创新、科技创新、产业融合发展等重点工作，我提交了7个提案，均获立案，助力推动河套深港科技创新合作区建设、香蜜湖新金融中心建设，助力福田区打造国际金融教育中心战略高地以及绿色金融发展示范区。

心系民生访民情，民生养老是我关注的重点方向。我连续多年撰写养老提案，并从不同角度，助力推动民生养老事业发展。2019年，受邀参加市政协"健康深圳行"调研活动，撰写养老板块调研报告，在市政协主席专题协商会上作应对老龄化的交流发言。通过广泛调研，我们推动职业学校在养老服务方面发力，探索建立养老服务标准体系和从业人员职业规范，开展养老服务的专业技能职业培训，推动养老服务业建立健全市场化机制。同时，围绕"双区"建设，主动承接省、市重点课题，深入调研，推动粤港澳大湾区养老金融服务体系创新，助力福田区打造老有颐养先行示范区。

2021年11月的一天，深圳气温骤降，但福田区政协举办的养老照护职业化培训机制研讨会却是一番热火朝天的景象。会上，我们结合相关调研报告，提出了有关建立养老照护职业化培训机制的提案，引起相关部门高度重视，最终推动建立了养老照护职业化培训机制。这个提案，后来被全国妇联作为试点。今年，我们还结合提案相关内容，开展了养老产业资金的绩效审计，从审计监督角度推动民生养老事业发展。

除了关注民生养老，如何推动深圳打造最佳营商环境，为民企发展提供更大空间，也是我们常年关心关注的课题。在审计工作中，我们注重把优化营商环境作为审计重点内容，多角度、多渠道促进营商环境提升。这些年，结合审计工作掌握了解到的情况和福田区政协组织的专题调研，我们连续撰写了鼓励有关单位定向服务"专精特新"、引导培育企业上市等提案，得到相关部门回应并落地实施，推动了福田区营造优良的营商环境。

伍 新时代审计有新使命。深圳在审计方面大胆尝试，大胆创新，以拓荒牛的精神，在一条充满荆棘的丛林中踏出一条创新之路。

深圳审计以拓荒牛的气魄，踏出一条创新之路

四十余年来，深圳以前无古人的气魄创造出一个又一个令世人瞩目的物质和精神文明成就。这些成就的取得，离不开审计的保驾护航，审计人从经济监督角度，见证了深圳的发展历程。

在深圳工作的三十余年里，我始终带着初心，带着使命与情怀，带着对职业的敬仰，与深圳审计事业共成长。庆幸的是，我亲历、亲见、亲闻了深圳审计工作的重大变革，参与并推动了深圳审计法治建设，为深圳审计事业发展贡献出了一份绵薄之力。

在全国率先促成地方人大专门对审计、对政府投资审计工作进行立法；在全国率先成功开展政府绩效审计……深圳审计，如这座城市一样，以其拓荒牛的气魄，勇于开拓、善于创新的精神，在深圳这片生机盎然的大地上，书写着现代审计的辉煌篇章，成为深圳故事里不可或缺的"角色"。

每一件事都需要热情和坚守。未来，我将继续推动深圳审计事业发展，当好经济社会发展的监督员、安全员，带着新使命，朝向新高度不断出发，不断奋进。

口述者　　**黄娟敏**

Huang　Juanmin

1978 年生于江西省乐平市。2004 年西南政法大学
民商法专业硕士研究生毕业，2005 年选调深圳市南
山区人民法院，现任深圳市南山区人民法院知识产
权审判庭庭长。

口述时间
2022 年 1 月 18 日

口述地点
深圳市南山区人民法院

和刑事案件不同，知识产权纠纷案件或许不危害人的生命，但它却涉及对社会创新源泉的保护。从"有法可依"走向"良法善治"，是对知识产权保护的考验，也是我们知识产权法律人的追寻目标。

作为一名法官，我敬畏法律，也慎用权力。未来，我将继续以满腔赤诚，在保护创新的法律之路上不遗余力，为辖区经济社会高质量发展贡献自己的力量。

黄娟敏：
做知识产权保护的践行者

| 壹 | 三十而立的我如愿穿上法袍，成为一名知识产权案件审理方面的法官。 |

念念不忘，终于成为"深圳法院人"

我是在江西乐平长大的。改革开放初期，也是电视机开始普及的年代，受电视剧影响，我爱上法律，希望能像电视剧里面的律师一样，在法庭上唇枪舌剑，纵横捭阖。高考时，我在所有的志愿栏都填报了"法律"专业，并如愿进入法律系学习。

研究生期间，我来到深圳实习，住在莲花山附近。初来深圳之时，放眼望去到处枝繁叶茂、春意盎然，深南大道在绿树的衬托下笔直延伸，一切都那么美好。事实上，我在高中时就对深圳充满向往，那时电视剧《深圳人》正在热播，它讲述了最早一批来深建设者的故事。我每天准时守在电视机前观看，每每看完后对深圳的憧憬便油然而生，而这部剧也在我心中埋下一颗去深圳发展的种子。

短暂的实习加深了我对深圳的好感。2004 年，我从西南政法大学硕士毕业后，想考进深圳的法院系统。然而当时深圳法院系统招考公务员有身高要求，我未能达标，只能转而考去东莞中院。不过我没有放弃，2005年，我抓住针对法院内部人员考调机会，有幸考入深圳市南山区人民法院（以下简称"南山法院"），开始书写属于自己的"深圳法院人"故事。

克服困难，穿上法袍

刚进南山法院时，我在研究室工作，主要负责材料的撰写。研究室的工作，第一是要求文笔好，语言逻辑通顺。第二是具有应急能力，可能突然要求写一份材料，这两点是我当时最不适应的。

但正是这一段研究工作的经验，为我日后打下了坚实的基础，法院里能写好裁判文书的法官很多，但既能写好裁判文书又能写好材料的法官相对不多，最初两年材料撰写的磨炼，使得我在日后的工作中更加顺利。

2005年，南山法院成为全省三个试点受理知识产权案件的基层法院之一，2008年，《国家知识产权战略纲要》出台，我国将知识产权保护上升为国家战略。乘此机会，三十而立的我如愿穿上法袍，成为一名知识产权案件审理方面的法官。

贰 我们既要彰显公平正义，也要让群众感受到司法的温度。

以求真务实的精神，办好每一个案件

刚成为知识产权法官没多久，我就碰到一件棘手的案件。

该案件主要是A网站告B网站的flash动画构成侵权，涉及的flash动画有几百个，每个动画都是动态的。然而，我们的裁判文书是静态的，如何把动态的内容放到裁判文书中表达，成为我当时面临的首要问题。为了解决这个难题，我查阅了大量的资料，咨询了身边许多同事，但都没有结论，仿佛陷入一个死胡同。

知识产权保护制度落实到司法裁判层面，追求的是立法的科学化、审判的专业化和裁量的精细化。停滞了一段时间后，我想到一个办法。每个flash都是由几帧到几十帧图片组成，于是我把每个flash都分解成几个到几十个静态图片，附在裁判文书中。在我将两个网站的flash以此方法一一附上后，对比非常清晰，一目了然。这个工作花费了我一个多星期，前期基础工作做得非常扎实，裁判文书里的附表有近百页，后来出来的判决书也有一百多页。

经过我们仔细鉴定，判决结果是部分构成侵权。本来原告与被告双方矛盾很大，庭审了两次，每次庭审时间都非常久。后来他们看到

那沉甸甸的附表和判决书时，非常惊讶，也被我们这种求真务实的精神所打动。

这个案子不是很复杂，但花了我大量的时间和心思，能够得到原告和被告的认可，我感到非常欣慰。

让司法的温度，深入群众之间

成为法官没多久，我就遇到一件让我印象非常深刻的案件，它不是知识产权案件，甚至不是我主办的案件。

那时我刚结束一个庭审准备走出办公室，看见一个小女孩默默坐在法庭过道上，便上前问她怎么回事，小朋友转过头来看我，又看了一眼法庭，大滴的泪珠夺眶而出，她重重垂下了头。我突然明白了，原来是爸妈因离婚争夺抚养权引发的矛盾，小女孩被法官叫过来询问意见。

一个本是在父母身边撒娇的小女孩，却要在冰冷的法庭被迫做出选择。那一瞬间，我感觉心被针扎了似的疼，我下意识轻轻地抱住小女孩，小心翼翼地安慰她。这件事深深启发我，我们作为法律人在必要时要进行人性化办案。在积极履行检察职能的同时，应该充分宽容和体恤原告及被告的难处，体现人文关怀，既要彰显公平正义，也要让群众感受到司法的温度。

> 叁　作为知识产权保护者，我们的思想和意识要紧跟时代，对新型产品技术持有开放和包容的态度。

创新思维，审判"中国 AI 写作第一案"

从成立到现在，南山法院的知识产权纠纷案件类型都非常新颖，或许这跟南山区是高新技术产业的集聚区有关。

2018 年，我作为审判长就接到这么一个案子。

那年 8 月 20 日，腾讯证券网站上首次发表了一篇标题为《午评：沪指小幅上涨 0.11% 报 2671.93 点通信运营、石油开采等板块领涨》的财经报道文章，这篇文章是腾讯的主持创作人员使用 Dreamwriter 智能写作助手完成的，文章末尾注明"本文由腾讯机器人 Dreamwriter

自动撰写"，以此方式来表达文章属平台法人意志创作。

但没想到，上海某公司在该文章发表当天未经允许复制利用了这篇涉案文章，在旗下的"网贷之家"网站平台上进行了网络传播。腾讯见状，便把上海某公司告上了法庭，认为对方侵犯了著作权。

起初，我们接到这个案子也有些头疼。因为现行的著作权法规定非常明确，是对自然人智力成果予以法律保护，但本案的这种情形是否能受到法律保护？我们无法界定。

当时我们讨论了许久，意识到，新的技术成果总会不断产生，我们不能裹足不前。作为知识产权保护者，我们的思想和意识要紧跟时代，对新型产品技术持有开放和包容的态度，将人的主观能动性发挥到最大值。

最终，我们给出的判决结果是被告侵害了原告享有的信息网络传播权，应承担相应的民事责任。因被告已经删除侵权作品，判决被告赔偿原告经济损失及合理的维权费用。

判决结果我们是基于多方面考虑作出的。因为涉案文章从文章结构、写作风格、表达逻辑等方面具有一定的独创性，且文章是由原告主持的多团队、多人分工形成的整体智力创作完成的作品，整体体现原告对于发布股评综述类文章的需求和意图，是原告主持创作的法人作品，所以我们最终认定这篇文章属于我国著作权法所保护的文字作品。

事实上，自人工智能技术开始应用在新闻撰写、绘画、诗歌写作等领域后，有关人工智能生成物的著作权问题就一直在困扰着学界和实务界，争议颇多。这个案子是全国首例认定人工智能生成的文章构成作品的生效案件。我们在这方面做了有意义的探索，也给今后同类型的案件提供一定的参考。

> **肆** 眼见知识产权保护为更多人所熟知、所重视，我紧握手中法槌，只觉分量更重、意义更深。

弘扬法治精神，践行良法善治

2017 年底，按院党组安排，我接手知识产权审判庭负责人工作。

眼见知识产权保护为更多人所熟知、所重视，我紧握手中法槌，只觉分量更重、意义更深。

南山法院实行案件"繁简分流"工作机制改革后，我带领团队一起审理了不少有典型意义的案件。但更让我自豪的是，南山法院知识产权审判庭不断创新，为辖区知识创新提供了优质司法服务。

早在2014年，南山法院就设立全国第一家知识产权案件互联网审理中心，并在全国首创"E司法"模式。该模式实行知识产权案件网上立案、送达、调解、审判，为当事人和办案人都节省了不少时间，也为互联网审理机制变革积累了先行探索经验。同时，南山法院知识产权审判庭这几年结收案比都很高，我们审理的案件曾荣获"2020年度人民法院十大案件"等荣誉。

2019年，针对中小民营企业维权难等问题，我们全庭法官利用业余时间加班加点，在两个月内梳理了全庭近五年上万个案例，针对案件中反映的企业维权问题进行汇编、解答，公开出版了《知识创新与竞争秩序》一书，为企业指点迷津。近两年，我们以"以案说法：企业知识产权维护及诉讼策略"专题为南山区法学会、南山知识产权保护中心等企业和机构做了多场知识产权保护专题讲座，受众企业达上百家，反响热烈。

从2008年到现在，我已经担任知识产权法庭法官14年。这一路走来有苦亦有累，但我乐在其中，办案是一个双向推动的过程，在帮助别人解决问题的同时，我也在不断更新自我，学习新的知识。

和刑事案件不同，知识产权纠纷案件或许不危害人的生命，但它却涉及对社会创新源泉的保护。从"有法可依"走向"良法善治"，是对知识产权保护的考验，也是我们知识产权法律人的追寻目标。作为一名法官，我敬畏法律，也慎用权力。未来，我将继续以满腔赤忱，在保护创新的法律之路上不遗余力，为辖区经济社会高质量发展贡献自己的力量。

口述者　　**曾艳**

Zeng　Yan

1977 年出生于河北省邯郸市，深圳市福田区人民检
察院党组成员、副检察长、检察委员会委员，四级
高级检察官，深圳市民政局未成年人救助保护专家。

口述时间
2022 年 3 月 1 日

口述地点
深圳市福田区人民检察院

如果说，公诉工作是法律精英的单打独斗，未检工作则需要未检人、社工、家庭、学校、各种爱心力量共同的努力。回望过去的一次次遇见、一次次挑战，我百感交集，始终不变的是法律人对于社会安定和谐、家庭幸福稳定最朴素、最执着的追求和不懈努力。

记得有位帮教专家说过，对于助人的工作，最重要的不是技术和方法，而是人与人之间温暖的支持。未检工作就是这样，温暖着孩子，也温暖了自己。此前，我看到这样一句话：我们所需要做的只有一件事，热爱生命，专注兴趣，把喜欢的事做到极致。我深以为然，到目前为止，我好像只喜欢过法律，也只干过两件事，那就是公诉与未检。

曾艳：
为"大爱福田"帮教工程的
探索发展贡献力量

> **壹** 少年时代，我其实对法律法学没什么概念，直到看见了《你为谁辩护》这本书，我开始对法学有了痴迷。

"法律"是我的第一志愿，也是唯一志愿

从祖辈推算起，我应该是潮汕人，祖籍广东揭西。20 世纪 70 年代，父母因工作调动来到北方，于是我在河北邯郸出生长大了。初中时，因为读了一本《你为谁辩护》，我开始对法学有了痴迷，在心里偷偷播下了法律和公平正义的种子。以至于高考填报志愿时，我几乎把所有的法律院校看了个遍，而"法律"是我的第一志愿，也是唯一的志愿。

1995 年，我如愿考进中国政法大学经济法专业，苦读法律书籍，对未来满怀憧憬。如果没有大三那年在深圳市福田区人民检察院的实习经历，我想自己现在有可能会是一名律师。那次实习让我近距离接触到公诉人这个角色，也第一次对公诉人有了概念，看着他们用最精准的语言指控犯罪，将涉罪被告人绳之以法。我觉得公诉人的职业很神圣，自己以后要做一名检察官，那些在公诉台上的所有唇枪舌剑变成了我的梦想。

1999 年 7 月大学毕业，我怀着公诉人的梦想，考入深圳市福田区人民检察院，在公诉岗位上一干就是二十多年，先后办理各类刑事案件千余件，办理的某证券公司经理江某某挪用公款案获评广东省优秀公诉案件。公诉人的角色让我激情四射，神圣、庄严与正义，在那一刻全凝

结在公诉席上的发言，我很着迷。

其间，我曾客串"教练"带了四届公诉人比赛，小伙伴们先后 17 人次获得全国、省、市十佳优秀公诉人称号，并拿到"全国优秀公诉团队"，我被大家戏称为"魔鬼教练"。

毅然选择由公诉人转变为一名未检人

作为一名公诉人，我认为认真审慎翻阅每一起案件，不放过任何一个指控细节，是一名检察官的神圣使命和终极责任。于是我不断地研读深奥的法律理论，在法庭上毫不留情地斥责犯罪，看到一个个被告人最终受到应有的法律制裁时，就觉得自己是在出色地履行公诉人的职责，直至承办一宗未成年人故意伤害案。

那是十多年前的事情了，当时全国还没有涉罪未成年人帮教概念。提审时，看到铁窗后未成年犯罪嫌疑人尚且稚嫩的双眼时，我愕然了：是什么导致他犯罪的呢？

为了更好地了解这名未成年人犯罪的动机，我走访了他的家庭，父亲死于工伤，与母亲相依为命，生活艰辛。因为缺乏管教和引导，他的法治观念十分淡薄。

他的母亲得知儿子将受到严惩时，泪如雨下，恳请检察官给孩子重新做人的机会。可是被害人的伤痕又该如何抚平呢？我记不清自己是如何发表公诉意见的，只知道当时心情很矛盾，一方面要求法庭根据案情从严惩处，另一方面又希望充分考虑被告人的实际予以从轻量刑。

当听到我的从轻量刑建议时，那孩子当庭流下了眼泪。刑法教科书上有一句话："惩罚只是手段，而预防和教育才是刑罚的最终目的。"我突然发现作为检察官，指控犯罪和简单的法庭教育是远远不够的，尤其是对涉罪未成年人，需要用爱与专业帮助他们顺利回归社会而不再犯罪，检察官应该自觉扛起新时代未成年人保护的检察责任，呵护好每一位孩子的健康成长。

这份缘于未成年人的职业感悟，在当了妈妈后显得更为深刻，自己的职业成就感不再是成功指控，而是挽救。2013 年，福田区人民检察院开始组建专业化办案团队，我毅然选择未成年人检控组，由公诉人转变为一名未检人。

> **贰** 未检工作，概括来说，就是在涉未成年人案件中开展教育、惩治、保护、监督和预防的工作。看似小事，但关系千家万户，需要检察官在一宗宗个案中，诠释好司法为民的理念。

在全国首创未成年人司法保护的"福田模式"

这是一项创新工作，没有经验可参考，也缺乏相应的规章制度。怎么帮教，帮到什么程度，谁都没有底。刚开始的帮教探索之路异常艰难。但看着那些受伤无助的孩子，我温柔地告诉他们："别怕，阿姨会帮助你。"为了让孩子们尽快回归社会，我们未检团队针对性开展亲职教育、心理疏导，以修复破损的家庭关系，为孩子搭建温暖的家庭支持体系。

不知何时起，我在法庭上开始婆婆妈妈、絮絮叨叨，就是希望法庭能考虑涉罪孩子的成长经历、悔改情况等种种可以从轻判处，也是想换种方式让这个孩子知道：我们虽然起诉了你，但从来没有"放弃"你。后来我知道，"啰唆"其实也是一种爱。

有个涉嫌盗窃的女孩刚从看守所取保出来时，曾一度因受他人歧视和找工作困难而产生自杀想法，幸好我们及时发现，通过陪伴、心理慰藉谈话、劝导，并推荐工作，帮助她挺过艰难的过渡期，从而恢复了对生活的信心并找到适合的工作。当这样的事情越来越多时，我们已经可以淡定地处理各种突发情况，"心"也磨炼得越发"稳重"。

做未检工作不仅要与孩子们"斗智斗勇"，还要想尽办法取得这些孩子的信任，让他们相信你是在帮助他们顺利回归正途，而不仅仅是苛以刑罚。然而不同的孩子有着不同的成长环境、不同的心理特点，取得他们的信任真不是件容易的事。每当此时，我发现仅有法律专业是远远不够的，还需要心理学、教育学、行为学。

从 2016 年开始，福田区人民检察院在全国首创"精准诊疗"帮教模式和"精准协同"工作模式，被称为未成年人司法保护的"福田模式"。"精准诊疗"模式前期实现社会调查、心理测评和帮教面谈 100% 全覆盖，找准切入点制定个性化帮教方案；中期运用先进心理学开展分级心理干预和矫治；后期继续采取干预措施，经评估后决定是否起诉。"精准协同"模式则由检察官和社工平行工作转变成检察官、社工和帮教专家"三位一体"的帮教模式,实现"帮教 + 团队合作"相融合;调动帮教对象父母、亲朋和同学参与帮教的积极性,实现"帮教 + 共同成长"相促进;对服从帮教并取得良好成效的依法从宽处理,实现"帮教 + 法律处遇"相关联,同时联合公安、法院、司法局"三方力量",建立由专人负责机制,推动司法局共同组建少年辩护法律援助队伍,探索辩护律师参与帮教机制。

理性的公诉人也可成为"温柔"的未检人

在反反复复的"纠结"和从未放弃的帮助中,有些孩子逐渐走上正轨。

每当与这些孩子交谈,或是看到《调查报告》中他们的成长经历时,我常常会想到自己的孩子:是否曾像他们的父母一样对待过自己的孩子?如果我的孩子违法犯罪了,我会放弃他吗?这些孩子最希望的应该是父母更多的陪伴和理解包容吧。每每在这样的"角色"转化中不断地反省,我就觉得不能"太武断地起诉他们",应该多"拉"这些孩子一把。

有个孩子曾因好奇,参与了少量毒品的贩卖,事实清楚、证据充分。毒品犯罪无论数量多少向来严惩,当我得知,他贩卖毒品给他人后一直处于后悔和自责的情绪中,整晚坐在自家阳台上直到天亮……瞬间我犹豫了,这绝对不是一个坏孩子,是完全可以引导回归正途的,如果起诉判了、贴上"罪犯"的标签,他就真的被世人归为"坏人"了。

在和社工一起做心理疏导、法治引导和亲职教育后,我们决定"大胆"适用附条件不起诉,这应该是福田区人民检察院第一例证据充分而不起诉的贩毒案件。当他拿到《不起诉决定书》时,眼睛里泪光闪闪,后来他考上了一所中专学校。

看着那个十四岁的小女孩从曾经的阴影中走出来,重新读书、走上工作岗位,在我们面前重新展露笑脸时;那个带着二十多个"小弟"到处"惹是生非"的"小混混"重新回到校园,考上大学时;那个曾在看守所里喝肥皂水想自杀的男孩,看到我们几经曲折找到他的妈妈并带到看守所探望时,他紧紧地拥抱着母亲并哭着说:"检察官,我要好好活着,再也不干坏事了!"……当这样的事情越来越多时,我感受到了与公诉工作不一样的成就感。

2017年，一个调离公诉的同事过来找我，说已转行未检过来"取经"。我想了想说，首先是思维的转化，做公诉人时拿到案卷的第一反应是，这个案件能不能起诉？干了未检后拿到案卷则是反复看，想想能不能帮这个孩子，该怎么帮？话音未落，我突然怔住，原来在不知不觉中自己已发生了这么大的变化：从关注案件到关注人，从习惯思维中的"犯罪嫌疑人"到不自觉就脱口而出的"孩子"。原来，理性的公诉人也可以成为"温柔"的未检人。

2019年，福田精准帮教模式被深圳市人民检察院推广升级认定为"深圳标准"，福田区人民检察院也被最高检确定为全国第二批未成年人检察工作创新实践基地之一。九年的坚守，我们的帮教体系已从陪伴式到精准化，从单纯的涉罪帮教拓展到未成年被害人救助与未成年人犯罪预防并举，并率先在全国做到了对每一个进入诉讼程序的未成年人开展帮教和挽救，率先研发未检智慧帮教平台，实现了精准帮教的全流程、智能化。

> **叁** 　不放弃每一个帮教的可能，是因为我们相信：未来，还会有更多改过向善的孩子！

每个涉罪的孩子，我们都不想"放弃"

每办理一个未成年人案件，就能看到每个问题孩子的背后都有一个缺少正确爱的家庭。我曾遇到过形形色色的家长：有衣着光鲜的妈妈，痛哭流涕地请求再给孩子一次机会，但在孩子问题上总是避重就轻；有辛苦劳作的打工父母从外地赶来，看着许久未见的孩子，满心焦虑却只能不知所措地流泪、沉默；还有家长当着孩子面无表情大声呵斥："这个孩子我不想管了，你们爱怎么样就怎么样吧！"

每个涉罪的孩子，我们都不想"放弃"。在接到案件的第一时间，我们先想尽办法联系孩子的家人，不厌其烦地对每一个家长说："请相信我们，我们需要和你们一起来帮助孩子重新走上正途。孩子需要你们的爱与关注……"我们会及时用"亲情会见"的方式，让关在看守所里的孩子感受到父母的爱一直都在，他们在等着自己的孩子回归。

帮教工作中最艰难的事情，就是有的孩子经过帮教后，还是再犯罪了。2019年，我曾办理过一宗十六岁少年多次盗窃案。第一次在看守所，看到他情绪低落，身上到处都是自残伤痕，有自杀倾向。心理测评量表显示，他有重度的创伤压力症状和中度抑郁倾向。

在走访调查时，我发现他童年成长经历悲惨，盗窃动机只是为了上网。虽然他盗窃次数多，但金额不大。我一次次找他谈话，渐渐地，他开始变得开朗起来，并主动向被害人写信赔礼道歉，根据他的良好表现，福田区人民检察院对他作出附条件不起诉决定。接着他很快找到工作，仅一周后又因盗窃被抓了。当得知这个消息时，我特别沮丧，但迅速整理情绪，开始梳理反思帮教中存在的不足，并针对性采取帮教补救措施，并在案件起诉后持续跟进，直到刑满释放后他回到老家。

2020年春天，这位少年通过微信发来一封长长的信，感谢检察官、社工没有放弃他且一直帮助他，并保证以后绝对不会再犯罪了。同年10月，他再次来到深圳，做的第一件事是献血。他在朋友圈这样写道："或许我曾经很不懂事，可我还是很有爱心的，第一次捐血，把健康的血给有需要的人们，这是我能为陌生人提供的一点点爱心，陌生人，快点好起来，加油！"

截至2021年12月，我们团队共帮教涉罪未成年人344人，帮助152人重返工作岗位，62人重新就学，16人考取大学，其中一人获得"天使投资"资金100万元的资助。这些年来，福田区人民检察院秉持"永远不放弃一个孩子"的理念，帮教转化率从2013年不足10%，到2017年已升至50%，到2019年已达到70%以上。

> **肆**　帮教工作收获最大的，是孩子的转变和家长的认可。我也曾有过烦躁、无措甚至想要放弃的时候，每当此时，翻翻这些帮教过的孩子的照片，看看他们写的信件，就会再度燃起前行的信心和勇气。

未检工作，温暖着孩子也温暖了自己

"是你给了我一次改变一生的机会，我一定用优异的成绩和勤奋的

努力去回报。"这个孩子曾是高二学霸，因涉嫌非法侵入计算机信息系统罪而中断学业，一度抑郁。经过我们的帮教，他继续完成学业，收到国外大学的录取通知书后给我写了这封信。当看到落款处写着"您的孩子"四个字时，我瞬间破防了，泪流满面。

如果说，公诉工作是法律精英的单打独斗，未检工作则需要未检人、社工、家庭、学校、各种爱心力量共同的努力。回望过去的一次次遇见、一次次挑战，我百感交集，始终不变的是法律人对于社会安定和谐、家庭幸福稳定最朴素、最执着的追求和不懈努力。

这期间有过心酸、苦闷，也曾偷偷地大哭，但更多的是爱、鼓励与坚持。记得有位帮教专家说过，对于助人的工作，最重要的不是技术和方法，而是人与人之间温暖的支持。未检工作就是这样，温暖着孩子，也温暖了自己。我曾以为是自己影响、改变了孩子的成长轨迹，现在想想又何尝不是这些孩子促使我不断反思和自我重塑！

直到现在，我越来越喜欢这种"积小成大"的感觉，或许是自己当初对"大爱福田"这个名字最钟情的原因吧。此前，我看到这样一句话：我们所需要做的只有一件事，热爱生命，专注兴趣，把喜欢的事做到极致。我深以为然，到目前为止，我好像只喜欢过法律，也只干过两件事，那就是公诉与未检。

口述者　　**马占举**

Ma　Zhanju

1973 年出生于河南省安阳市，毕业于河南大学法律
系，法律硕士，现任深圳前海合作区人民法院审判
委员会委员、审判管理办公室主任、党支部书记，
四级高级法官。

口述时间
2022 年 4 月 21 日

口述地点
深圳前海合作区人民法院

在深圳推进"双区"建设的背景下，前海自贸片区和前海法院的先行示范建设更加时不我待，既然选择了扎根前海，就应该始终保持"奋斗者"的冲劲和闯劲，始终牢记"服务者"的回馈与奉献，为跟我一样的奋斗者和服务者提供更安心的司法保障，为前海、为深圳营造更加法治化、国际化、便利化的营商环境。

马占举：
扎根前海
全身心投入先行示范法院建设

壹　选择深圳的念头源于一场旅行。二十多年前，我和爱人来深圳旅行结婚，当时就住在华侨城，目睹了这座改革开放窗口城市的朝气蓬勃，处处都在火热的建设中，当时给我的触动很大，心里留下了来深发展的种子。

一直梦想有一天，能到深圳施展抱负

我是河南安阳人，从小在农村长大，大学入读河南大学法律系。1996 年大学毕业，我们班大多数同学都到地方上的公检法系统工作，我也不例外，回到安阳市一个基层法院工作，一步步从书记员到审判员、副庭长。2003 年，30 岁的我成长为一名基层法庭的庭长。

2004 年的一天，我在办公室浏览《人民法院报》，偶然看到深圳市宝安区人民法院面向全国招聘 20 名法官的消息。我忽然想起四年前和妻子去深圳旅行结婚时，就梦想有一天能到深圳施展抱负，马上打电话询问自己是否符合条件，对方表示非常欢迎。说实话父母当时对我的选择持反对意见，他们觉得在老家做公务员挺好的，到人生地不熟的地方又要从头开始。我便安抚他们："我去闯闯吧，不行再回来。"

在这种情况下，我来到了深圳，入职宝安区人民法院松岗人民法庭。当时的松岗法庭还是一座三层楼的老建筑，有二三十年的历史，很破旧。报到的第一天，法庭的内勤说："第一天刚来，您先休息休息。"第二天，他抱着一大摞卷宗过来说："马法官，非常不好意思，这批案件已经等你好久了。"我非常诧异："怎么这么多案件？法官一年办理多少案件？"他回答："一位法官一年要处理四五百宗。"

我在安阳当庭长时，一个月处理两宗案件，整个法庭一年才200多宗案件，现在一下分到60多宗，感到压力很大。我不由得感慨，深圳果然是改革开放的前沿阵地。我迅速调整自己进入工作状态，白天开庭，晚上加班写判决。来到深圳之后，除了感觉法院工作的节奏非常快，还有一点不太适应的就是电脑办公。在安阳时法官都是手写判决书，写完交给文印室打印，所以我以前不会用电脑打字。为了尽快适应工作，我专门在外面报班学习五笔字型输入法，一个月后就能熟练运用电脑了。

在松岗法庭工作两年后，我先后调到宝安区人民法院刑事审判庭、经济审判庭（现易名为商事法庭）办案。2010年我被任命为宝安区人民法院民四庭庭长，主要办理知识产权和涉外、涉港澳台案件。涉外案件和知识产权案件的专业性都比较强，我们不断在总结中前进，各项工作走上正轨。

贰 前海是"特区中的特区"，我对前海的法院建设充满憧憬，十多年前选择来到深圳就是想成为经济特区的一个奋斗者，现在这种干劲依然还在，就是想要做一个心中有信念、肩上有担当的新时代特区法官。

冲在改革一线，发挥专长服务社会

2014年，前海合作区人民法院筹建，在深圳市范围内遴选首批员额法官，定位为集中管辖全市涉外、涉港澳台商事一审案件。已是宝安区人民法院民四庭庭长的我又一次主动报名参加。我觉得，前海建设需要法治先行，基于自身涉外案件审判的多年经验，作为一名老党员，冲在改革一线，发挥专长服务社会，责无旁贷。

2015年前海法院成立之际，经过层层选拔，我入选前海法院首批员额法官。建院之初大家在简易房里办公，也没有饭堂，夏天非常热，开着空调都不管用，穿着法袍开庭时满身是汗。虽然当时条件比较艰苦，但大家从不叫苦。

前海法院是最高人民法院明确要求建设的司法改革示范法院，也是内设机构精简设置的新型法院。作为第一批拓荒者，在没有审判业务庭室的情况下，审判团队如何科学管理、如何高效运行，没有经验可以借鉴。我牵头完成了关于加强科学审判团队建设的相关制度，赋予法官对法官助理的管理权、奖惩建议权，明确了法官、法官助理的职责清单，推动审判组织运行更加顺畅和高效。为了更好破解审判权运行机制难题，我带领团队制定完善了关于落实司法责任制配套制度，形成权责利相统一的审判权运行体系。

为了破解涉外案件审判周期长、送达难的问题，我牵头完成"民商事送达机制改革"专题调研，并在此基础上制定了前海法院关于司法文书送达的相关制度，特别是开创性探索在涉港案件中，当事人和律师转交送达法律文书制度，努力破解涉外案件"送达难"的问题，在案件中成功实践并取得明显效果。

在前海法院八年，我始终认为自贸区的法官，司法服务不能停留在个案上，要把眼光放得更加长远，善于总结经验形成机制，发挥司法服务和保障的作用，更好地打造自贸区法治化营商环境。

积极营造保护创新、驱动发展的营商环境

2012 年以来，衍生于国际贸易的商业保理开始在我国试点，为中小企业融资难问题提供了重要解决途径。不过当时这种新类型案件法律规定不完善，给案件审理带来了较大难度。

2017 年，我审理了前海法院首例"暗保理"纠纷案件。前海某保理公司与 A 公司发生保理合同纠纷，双方约定采用隐蔽型保理，即"暗保理"。保理融资期间 A 公司支付 540 万元的溢价回购款，之后未再履行溢价回购义务，前海某保理公司遂将 A 公司告上法庭。对于该"暗保理"应该如何定性，我通过大量调研和分析工作，最后判决 A 公司应继续支付剩余溢价回购款，对"暗保理"的业态创新给出了支持的司法态度，维护和引导商业保理在前海的健康发展。该案入选广东省涉自贸

区司法保障十大典型案例。

随着商业保理业务在前海的蓬勃发展，前海法院受理的保理纠纷案件数量不断增多。由于国内对保理纠纷的裁判缺乏统一标准，我与前海法院几位法官组成调研小组，深入开展保理合同纠纷调查研究，总结审判经验，制定了商业保理纠纷的裁判规范，系统梳理了实务中的常见问题及难点问题，明确保理合同审判实践中对相关问题的裁判思路，具有较强的针对性和可操作性。我们先后多次到深圳市保理协会进行普法宣传，并向深圳市商业保理协会发送司法建议，促进了自贸片区保理新业态的健康发展。近年来，前海商业保理行业规模稳居全国第一，数量占全国的 60% 左右。可以说商业保理在前海的稳健运行，集聚发展，离不开前海法院的司法保障。

在知识产权审判领域，我充分发挥司法职能作用，通过加大对侵权行为的惩罚力度，加强对于知识产权的保护。在一起录音录像制作者权纠纷案中，综合考虑某公司侵权行为的主观过错程度、经营规模和造成的后果等情况，在法定赔偿限额内从重判决赔偿金额，充分体现惩罚性赔偿的精神，落实了最严格的知识产权司法保护，对于营造保护创新、驱动发展的营商环境具有示范性意义。

在新冠疫情防控中，我还积极参与制定了《自贸区疫情防控情势下企业法律风险防范指引》，涉及 316 个法律风险点，全面为自贸区各行业提供法律建议。

肆 前海法院集中管辖深圳市第一审涉外、涉港澳台商事案件，是改革开放最前沿的法院，是国际社会观察我国司法公信力的窗口。

将法治打造成区域发展核心竞争力

一国法院适用本国法律来审判案件，是司法主权的体现和必然要求。但在国际经济贸易日趋频繁的背景下，考虑到在国际贸易交流中需要尊重契约自由、鼓励外来贸易和投资，营造平等开放的营商环境，大多数国家的立法都允许当事人协议选择适用其他国家或地区的法律审理相关案件。

根据我国相关民事法律以及最高人民法院的相关司法解释的规定，在处理涉及外国和我国港澳台地区相关民商事案件时，当事人可依照法律规定选择适用其他国家或地区的法律。也就是说，如果一个案件涉及外国或者我国港澳台地区的因素，当事人可以选择处理争议所适用的法律。由于不同国家和地区法律、文化等方面存在很大差异，商事主体开展贸易或投资活动，会很担忧能否受到平等保护，他们会更愿意选择自己熟悉的法律来解决可能遇到的纠纷，这样有助于他们对纠纷解决结果的预判，也能更好地维护自身的利益。

在涉外、涉港澳台案件审理中，依法保障当事人选择适用法律的权利，一方面体现了人民法院的审判专业能力和司法公信力，有利于彰显中国特色社会主义法治的优越性；另一方面有利于营造开放包容、平等保护的法治环境。域外法律查明与适用是衡量一个国家或地区法治水平和营商环境的重要指标。我们充分保障当事人选择适用域外法的权利，不仅是"让他选"，更要保障他"能够选"，这有利于营造开放包容、公平竞争的营商环境，将法治打造成为区域发展的核心竞争力。

2016年，我审结了前海法院首例适用香港特别行政区法律判决的案件，该案受到社会公众的高度关注，有效增强了港商投资前海的法治信心。该案中被告香港某公司向原告香港东亚银行递交融资租赁申请，双方签订融资租赁协议，随后香港东亚银行履行了融资租赁协议项下购买指定租赁设备等的全部义务，该公司支付了前六期租金，从第七期开始未再支付租金。双方就合同履行发生纠纷，原告香港东亚银行诉至前海法院。

按照原、被告融资租赁协议的约定，如果发生纠纷要依据香港特别行政区法律解决。诉讼中，法院委托相关机构进行法律查明，该机构委托香港律师出具了关于委托查明内容的《法律意见书》。前海法院审查认为，法律查明的内容没有违反我国法律的强制性规定，也无损害社会公共利益的情形，同时结合本案具体情况综合考量，香港律师出具的《法律意见书》符合专业性、客观性和全面性等要求，应予以采纳。最终，前海法院根据查明的香港法律判决解除原、被告双方签订的租赁协议，判令被告支付原告租金港币245万元及逾期利息，被告返还租赁协议项下三套设备。

做一个"奋斗＋服务"型的自贸区法官

我常说法官办理的不只是案件，更是当事人的人生。作为一名法官的初心，就是努力让人民群众在每一个司法案件中感受到公平正义。司法工作成效不仅看你审结了多少案，更要看当事人是否满意，是否感受到了公平正义。

在一起涉台股权收购案件中，台湾地区某公司对于其在深圳独资设立的公司股权变更登记存在异议，称自己对变更登记不知情。从2006年开始，该公司长期到相关部门投诉。2016年该公司起诉至前海法院。我是这个案件的承办人。由于案件已发生十余年，许多证据已经消失。我通过印章鉴定、当庭询问证人等方式展开调查，最终厘清事实，维护了台湾地区投资人的合法权益。

从一名普通法官，到涉外审判团队召集人、审判管理办公室主任、审判委员会委员，前海法院这个平台让我深感责任重大。如果有人问我自贸区法官生涯是怎样的，我会说紧张、充实而有价值。

每当在办案遇到"瓶颈"的时候，每当在司法改革中遇到困难的时候，我都提醒自己：我是一名共产党员，要牢记初心和信念；我也是一名特区法官，要勇于创新和担当；我要全心全意地投身到先行示范法院的建设中，做一个"奋斗＋服务"型的自贸区法官。

朋友经常关心地问这么拼累不累？我觉得这就是自贸区法官该有的样子，就是特区法官该有的改革"拓荒牛"精神。前海是一个比较特殊的地方，我一直在思考自贸区新型法院的法官，究竟应该是什么样子。这些年我审理了不少具有典型意义的新类型案件，也走访调研了自贸区的行业协会，逐渐意识到自贸区法院的法官，在实现司法为民的形式上可能有所不同，需要更有奋斗者的担当和勇气，要有为自贸区经济社会发展服务的信念，去为自贸区法治化、国际化、便利化营商环境走出一条崭新的司法保障之路。

口述者　　**张勇**

Zhang Yong

1959 年生于辽宁省大连市，一级律师，广东仁人律师事务所发起合伙人、主任律师，吉林大学法学学士、国际法硕士，武汉大学国际经济法博士。曾任中国政法大学讲师、武汉大学副教授、深圳市中级人民法院法官、深圳市律师协会会长、深圳市律师协会党委书记，兼任中国国际经济贸易仲裁委员会仲裁员、专家委员会委员。

口述时间
2022 年 9 月 28 日

口述地点
深圳市政协贵宾厅

深圳是改革开放的热土，深圳律师行业的发展与深圳经济发展始终同步前进。在深圳，几乎每一个行业都在进行改革创新，很多领域都走在了全国前列。在感受到深圳经济繁荣、商业活跃的同时，深圳律师牢记自身责任和使命，坚持开拓精神和高度自律性，让深圳成为全国律师重点关注的城市。"唯进取也，故日新。"深圳律师将永葆改革开放的精神，在党和政府的领导下，更加广泛地参与社会政治、经济、生活事务，发挥律师在维护当事人的合法权益等方面的重要作用，在改革创新的浪潮中再创新高。

张勇:
见证深圳律师行业变革创新

作为国际经济法研究者,我预感到深圳这片热土能够让我有机会实现理想。

从法官到律师,博士"下海"创办律所

1959 年,我出生于大连。1977 年中学毕业后,便作为知识青年下乡插队。当年正值恢复高考,我考入吉林大学法律系就读。研究生毕业后,我被分配到中国政法大学工作,不久后,又到武汉大学继续攻读国际经济法博士学位。

1992 年,我博士研究生毕业,邓小平同志的南方谈话深深激励了我,我认为深圳的生机和活力显得尤为突出,作为国际经济法研究者,我预感到深圳这片热土能够让我有机会实现理想,便选择来到深圳市中级人民法院,作为法官工作了两年。

任职法官期间,我看到深圳社会各界对法律服务的需求日益增长,深感自己应该去接触更多的人群,涉猎更多领域。先前读博期间,我曾在海南实习,看到律师的工作富有挑战性,不仅考验着从业者的职业素养,还对从业者的主观判断能力提出了更高要求,这一点深深吸引了我。

带着这样的想法,1996 年,我决定"下海",从法院辞职,并和朋友一起创办了广东仁人律师事务所。

深圳作为改革开放的前沿阵地,在全国率先对律师业务进行了大胆的探索,1983 年,深圳蛇口律师事务所正式挂牌成立,这是国内设立的第一家律师事务所。1993 年 12 月,在广东省司法厅批准深圳成立首批 13 家合伙所后,深圳合伙制律师事务所迅速发展起来。

此前，深圳的律师人数不到 200 人，邓小平同志南方谈话之后，深圳开始了轰轰烈烈的建设热潮，不少人才南下寻找机会。到 1996 年我"下海"时，律师队伍已经达到 600 人，1997 年增长到近 700 人，人数每年增长皆在 2 位数以上，相比其他城市来说，深圳的律师数量是以一种极快的速度在增长。

这一增长并非只存在于人才的数量，在人才质量上深圳也名列前茅。20 世纪 90 年代初期，深圳在改革开放大潮中的优异表现和开拓精神，让全国的法律硕士研究生都注意到了这片土地。许多高学历人才毅然投身深圳的律师队伍，来到当时各方面条件还不完备的深圳经济特区，成为众多建设者之中的一员。

在改革开放大潮涌起的同时，深圳很多写字楼在城市中心拔地而起。我们在江苏大厦创办了深圳首批律师事务所之一的仁人律师事务所，经过多年经营，在 2005 年荣获了全国优秀律师事务所的荣誉称号。

作为深圳第一个"下海"创办律师事务所的博士，我和一大批志同道合的朋友一起走上律师的职业道路，至今已有 26 年。我们欣喜地看到，现在深圳律师从业者数量已经突破了 2 万人。深圳律师无论从人数还是业务水平上，都仅次于北京、上海，位列全国第三，业务规模逐年扩大。

贰 作为律师，我见证了深圳改革开放进程中许多制度性改革。

参与"宝日税案"，维护税收权益和税法尊严

作为律师，我见证了深圳改革开放进程中许多制度性改革，也对一些重要案例印象深刻。

1993 年 2 月，深圳市税务局在对中日合作的宝日高尔夫娱乐观光有限公司进行税务检查过程中，发现其境外发展会员的收入不计入公司账务，也不进行纳税，于是多次要求宝日公司及日方提供有关在境外发展会员的全部资料，并按税法规定补交高达 7000 余万元的税款和相应罚款。

1996 年 9 月 23 日，深圳市地方税务局同时收到宝日公司和宝日公司日方向市局申请的税务行政复议，要求撤销稽查分局作出的关于宝日

公司税务违章问题的处理决定，并将纳税主体由宝日公司变更为宝日公司日方。此后，深圳市地税局又收到宝日公司声明函件，声明以宝日公司名义申请复议是日方的单方面行为。宝日公司日方代表声称，日方会员券的销售收入已在日本纳税3%，为避免重复征税，即使再征也只应缴纳差额部分的2%。

在税务机关依法裁定不予受理宝日公司的行政复议后，宝日公司对税务机关的处理决定置之不理，且对缴税要求置若罔闻。

由于硕士和博士攻读期间曾经专门研究过税法，我参与了这起案件的法律论证，面对涉及宝日公司中外合作双方之间、宝日公司与会员之间和国内外不同税收法律的复杂情况，我和同事出具了这样的论证意见：虽然宝日公司境外会员收入是在国外支付，但他们所购买的服务实际上来源于深圳。因此，其收取的会员费无论在何地支付，都应作为宝日公司的经营收入，须向我国税务机关申报纳税。

经过反复考证相关税法，1997年4月，深圳税务机关依法对宝日公司采取了税务强制执行措施，冻结宝日公司12个存款账户并将存款强行划入国库，同时扣押、拍卖了宝日公司10辆汽车，以所得抵缴部分税款。同年7月，税务机关对宝日公司采取了进一步税务强制执行措施，最终所欠税款全部追缴入库，没有发生行政诉讼。

历时四年，这起涉及中外公司及3000多名境外会员的重大偷抗税案件终于落下帷幕，"宝日税案"也从此成为涉外税案的经典案例。我看到，深圳税务机关和深圳律师在维护国家税法尊严和国家税收权益上，有着不可撼动的决心。

推行"公推直选"，见证深圳制度创新

2003年，我作为深圳市律协的副会长，见证了深圳市第四届律师代表大会产生新的《深圳市律师协会章程》，并首次采取竞选的方式由代表直接选举出会长，这一创举破除了原先由司法局领导兼任律协会长的模式，极大地增强了律协的自律性，全国各地的律协纷纷效仿。

深圳市律师协会在制度改革上一直走在全国前列，1988年8月，深圳市第一届律师代表大会召开，通过了《深圳市律师协会章程》，同年12月，深圳市律师协会正式挂牌成立，自此开始了不断革新之路。

2005年6月，深圳市律协党委召开律师党员代表大会，选举产生了第二届党委委员和纪委委员，我有幸被选为党委书记。这届委员全部由执业律师担任，成为全国第一个律师行业党委。同年12月，深圳市律师协会第五次律师代表大会通过选举，产生了深圳市律师协会的第一届监事会。这时，深圳市律师数量已达3000余人，律师事务所近200家，深圳人均拥有律师数位居全国第一，律师平均年收入也位居全国第一，影响力逐年上升。

在律协民主选举和公推直选逐渐深化的同时，2010年4月17日传来消息，深圳市第五次党代会将于次月召开，律协作为深圳4个公推直选党代表试点单位之一，由近5000名律师协会党员，全员选出2名党代表参会。

"公推直选"指以组织推荐、党员联名推荐和党员个人自荐三种方式推荐党代表，经过确定代表候选人初步人选等多个环节后，召开党员大会直接选举代表。在国内的副省级以上城市中，深圳是率先尝试采取公推直选的方式产生党代表的城市，在律协内部，同样也在探索公推直选的选举方式。

我仍然清晰记得，在市委党校的礼堂第一次召开律师协会全体党员会议时，会场秩序井然，全体党员都保持着认真严谨的态度。党委副书记周新锋同志以及党委委员江定航同志被选为参加深圳市第五次党代会的代表，他们在维护当事人的合法权益、维护法律公平正义等方面展现出了优秀的职业素养和过硬的专业能力，得到了党和人民的信任。

> **叁** 我们呼吁律师重视职业道德、树立职业荣誉感，希望这部职业道德守则和专著能够为深圳和全国律师业的自律管理提供借鉴。

推动律师职业道德守则出台

建设法律职业共同体，我首先倡导律师、检察官和法官形成相互尊重的工作模式，创造和谐的工作场景。例如，建立律师专用的"绿色通道"，让律师可以在进入法院时凭借一卡通刷卡进入，与法院、检察院等工作人员统一通道进出。我和团队经过走访，使这一举措获得了两级法院领导的大力支持，从盐田法院、福田法院开始试行，逐渐在多个法院推广开来。

建设职业共同体不仅要树立职业荣誉感，还要重视解决现实生活问题。我在担任律协副会长、会长和书记期间，曾多次遇到律师由于工作压力大、收入不稳定等导致生活艰难的情况，所以一直带领大家重点推进为全体律协会员免费购买重大疾病保险的工作。为全体律师协会成员购买大病医疗保险需要至少 90 万元，这对协会来说是不小的压力，经过反复论证和重组资金，我们终于落实了为全市律师购买重大疾病保险的举措，为律师们减轻了部分生活压力。

这项普惠性措施引起了广东省律师协会的关注，2 年之后，不仅仅是深圳律师，全省的律师都可以享受大病保险了，这一改变引发了全国的关注，真正增强了全国各地法律职业共同体的理念。

除了工作、生活上提供保障，我们还出台了律师职业道德 38 条规定，这是全国第一份由律师协会制定的专门规范律师职业道德的指引性文件。

2013 年 5 月，我带领律协的团队启动了深圳市律师协会律师职业道德守则草拟工作，先后赴国外 3 家律师协会及 6 家律师事务所进行考察，与当地法官进行交流。在了解国外律师行业和司法实务后，我们完成了国外律师纪律管理工作考察报告，并结合深圳市律师行业发展的特点和现状，起草完成了《深圳市律师职业道德守则（草案）》。

为制定这一部教育和引导律师树立忠于国家、维护法律、追求正义的执业价值导向的律师职业道德规范，我们广泛征求深圳市各级公、检、法、司等部门的意见与建议，同时听取其他省市律协建议，并与香港律师公会、香港律师会两个律师协会进行交流，参照《香港大律师行为守则》进行修改与完善。

律师职业道德 38 条规定出台后，我利用业余时间还出了一本专著《律师职业道德》，第一次从道德角度对律师在与委托人、客户，与法庭，与律师事务所，与律师协会，与同行的关系中应遵守的道德规范进行讲述，呼吁律师重视职业道德、树立职业荣誉感，希望职业道德守则和专著能够为深圳和全国律师业的自律管理提供借鉴。

回望深圳律师行业改革发展之路，可以看到数不清的"全国首创"，深圳是改革开放的热土，深圳律师行业的发展与深圳经济发展始终同步前进。在深圳，几乎每一个行业都在进行改革创新，很多领域都走在了全国前列。在感受到深圳经济繁荣、商业活跃的同时，深圳律师牢记自身责任和使命，坚持开拓精神和高度自律性，让深圳成为全国律师重点关注的城市。"唯进取也，故日新。"深圳律师将永葆改革开放的精神，在党和政府的领导下，更加广泛地参与社会政治、经济、生活事务，发挥律师在维护法律公平正义、解决社会矛盾、维护当事人的合法权益等方面的重要作用，在改革创新的浪潮中再创新高。

口述者　　　**张斌**
Zhang　Bin

1969 年出生于山西省朔州市，吉林大学法理学博士，高级经济师。2007 年，创建广东卓建律师事务所。曾任广东卓建律师事务所主任、中共广东卓建律师事务所委员会副书记、中共广东卓建律师事务所纪律委员会书记等职务。现担任深圳市律师协会会长、广东卓建律师事务所创始合伙人。

口述时间
2022 年 6 月 3 日

口述地点
广东卓建律师事务所

三十载律师路栉风沐雨，从 1994 年进入律师行业以来，我为自己的职业自豪，我深深地热爱着法律事业。作为一名法律工作者，只有恪守服从和信仰法治的态度，杜绝违法违纪，践行社会责任，坚守底线正义，才能在法律服务工作中享受职业荣誉感，不辜负自己在法学院的青葱岁月和法治梦想。

四十年征途砥砺前行。深圳的发展，一靠创新，二靠法治。一个城市的法治建设水平直接影响着营商环境，也影响着人们生活的环境。法治建设为我们创造了一个很好的社会环境。"来了就是深圳人"，是一种包容，更是一种接纳，深圳这片热土让我们感受到更多美好。

张斌：
人民律师应该成为深圳法治建设的推动者

> **壹** 深圳是一座尊重人才、重用人才的城市。它给我的最大感受就是只要你想干、敢干、能干，你就有出类拔萃的机会。

力排众议，坚定选择南下深圳

1994 年的夏天，我从吉林大学法学院硕士毕业，怀抱着"永不言败的恒心和舍我其谁的自信"，背起行囊，南下深圳，开启了鹏城之旅。

来深圳前，我面临着不少阻力。我是山西人，家里人希望我毕业后回到山西工作。吉林大学领导希望我能留校当老师，我的很多朋友去了北京、上海等城市工作。在他们看来，当时的深圳发展前景还不明朗。但我觉得这座遥远的南方城市潜藏着一股巨大的力量。我相信，我能在这片热土上发挥出自己的力量。凭着一腔热血，我来到了深圳。

那时候买不起飞机票，我坐在火车上憧憬着即将展开的新生活。一下火车，一股热浪袭来，内心却隐藏不住喜悦。在我的眼中，东方风来，满眼都是春潮涌动，一派生机勃勃的景象。

当时恰逢广州有一个招聘会，很多深圳的企业都在那里招聘，我在最后一天赶到了广州的人才市场。在摩肩接踵的人群中，我看到深圳的一家国企在招法务人员，恰巧那天总经理亲自过来招聘，我递上简历，他看了后觉得我是个人才，马上让我周一去单位进行第二轮面试。第二天，我从广州赶到深圳，面试完，人事部门的人跟我说，单位有指标，毕业了马上可以落户深圳。就这样，我正式开始了在深圳的人生之旅。

我给自己定了个小目标，在深圳这个新兴的城市站稳脚跟，生存下来。

种下一粒开律师事务所梦想的种子

入职伊始，公司正在进行股份制改革，需要学法律的人才，我恰好能发挥所长。深圳是一座尊重人才、重用人才的城市。它给我的最大感受就是只要你想干、敢干、能干，你就有出类拔萃的机会。我的能力在一次又一次的实践中锻炼出来。实习期间，我每个月的工资为 2500 元左右，到了年底，我收到了 1 万多元的年终奖。一下子成了万元户，我觉得自己的"小目标"实现了。

那一年，我拿着奖金为自己置办了一套西装，还没穿上，就有一个同学来跟我借西装。他说："大哥，我要穿着西装，找一份像样的工作，没有西装不行。"结果他就穿着我的西装，找了大半年的工作，如今他已经是国内基金管理人行业里响当当的人物了。后来聚会，我们做了一首小诗专门调侃这件事。

1994 年正式入职没多久，我跟着领导加入了深华集团法律部，一做就是十几年。开始的时候，每天都要打官司，一年有几百起案件，熬夜加班更是家常便饭，甚至我的太太也要陪着加班，做我的打字员。但是也得益于这段经历，我迅速成长了起来，让我对法律行业有了更加深入的思考，对于未来也有了更长远的规划。

虽然在企业中担任的职位越来越高，但是我总觉得距离法律一线的工作越来越远。我给自己定下了又一个小目标，开一家属于自己的律师事务所。

> **贰** 文化建设一定要像种树一样，不断去浇灌。就这样，我们逐渐形成了以家文化为基础，以团队文化为核心，以学习文化为支撑的律所文化体系。

辞职创业，创建广东卓建律师事务所

2007 年，我从企业辞职，决定二次创业，创建广东卓建律师事务所。做出这个决定后，很多人阻拦我，他们认为我太实在，脸皮还薄，社交能力也不强，怎么拓展业务？但我还是坚持自己的梦想。那一年，我38岁。如果说，二十几岁凭着一腔孤勇南下深圳，那在临近四十岁的节点，辞职创业，可以说是破釜沉舟了。那时候我们只有三个人，当时深圳的户外气温最高能达到40℃，我们顶着烈日跑了一整天，陪客户联系业务到深夜更是家常便饭，回到家里也不敢跟太太讲，只能硬着头皮一个劲地往前冲。

所幸，深圳是一座包容性极强的城市。"来了就是深圳人"这句口号鼓舞了很多人，大家来自五湖四海，为了不同的梦想，共同拼搏。在不断跑业务的过程中，我们渐渐发现，只要我们能用真心去对待对方，用专业能力去帮助别人，不辜负客户的期望，一定能够打开一片新天地。

像培育树苗一样，锻造律师事务所深厚的文化底蕴

也是在这时候，我逐渐发现律师行业也存在着"文化沙漠"，从前在企业所领略到的文化建设引发了我的思考，一家律师事务所的灵魂是什么？渐渐地，一个答案浮现在我的脑海中："我想创立一个有文化品位的律师事务所。"后来，我在团队中定下了家文化、团队文化、学习文化三个核心文化理念。

作为一名律师，大多数时候都是单打独斗的，对组织缺乏归属感和依赖感，最开始提出家文化的概念，是因为我希望每一位在卓建的律师都能感受到家庭般的温暖。当年我们只要有年轻人结婚，整个律所的人都要表演节目，帮忙操办婚礼。如果碰上实习律师拿到执业证，我们也会吆喝着聚餐。大家其乐融融聚在一起，在家庭的氛围中感受团队的力量、学习的喜悦。

我一直认为进行文化建设，一定要像种树一样，不断去浇灌，当它长成参天大树的时候，就会变成一种生态。这不是一朝一夕，而是每时每刻悉心浇灌出来的成果。就这样，我们逐渐形成了以家文化为基础、以团队文化为核心、以学习文化为支撑的律所文化体系。现在，这个文化体系已经内化于心、外化于行，成为卓建律所发展强大的软实力。

从2007年7月16日创立卓建律所至今，当初的"三杆枪"已经发展到了如今的五百多人，我们也从小小的办公空间搬到了位于市中心福田的办公楼。在我看来，卓建的发展离不开五大因素：一是卓越的领导

团队，作为领导，不仅要能够鼓舞团队的干劲，也要带着团队实现个人利益与整体利益的协调共生；二是我们有着独特的文化体系，共建文化是实现一体化经营的强力支撑；三是"无规矩不成方圆"，一家大律师事务所靠的是制度管理，健全的制度体系为卓建一体化运营发挥了积极作用；四是创新为律所生存和发展带来了更多的可能；五是尽可能地提供一流的软硬件设施，通过多种高科技手段来满足快速的商业节奏和客户法律服务的需求。

"做一个好人，尽律师责任"，是卓建律所的核心价值理念。首先，法律是有温度的，法律服务应该充满善意，积极去消解矛盾。其次，我们要勤勉尽职、规范专业且全心全意为当事人服务，尽一名律师的责任。作为卓建律所的律师，我一直强调，我们要有"三心"，即"仁心""热心""匠心"。这是我们的核心价值理念，也是律师一辈子的修行。

叁 参与推动法治建设是我们的梦想，科学立法、严格执法、公正司法、全民守法是我们千千万万法律人追求的终极目标，更是每一个普通公民的期望。

创新普法模式，让法治理念深入人们心中

在深圳这座中国改革开放的前沿城市，我们逐渐强烈地意识到与科技兴国之路并行的，应该有一条法治建设之途，国家的复兴需要对法治的追求和信仰。

建设法治社会最难的是如何让法治和法律意识深入老百姓的心中。在我过往的职业生涯里，遇到过许多被法律问题困扰的人，无论是世俗意义上的"成功人士"，还是寻常家庭的普通百姓，很多人其实不知道怎么利用法律的武器解决问题。我觉得法律人不仅要做好专业服务，也应该进行公益普法。

我萌生了传播法律文化、推动全民普法，将法治推广到全社会的想法。我要成为法治普及传播的宣传员。这个时候，我的大梦想逐渐成形：在中国的法治建设之路上，汇聚一群真正愿意为深圳法治乃至全国法治建设作出努力的人。

2014 年，卓建律所发起了大型公益普法活动"民断是非"，汇集了深圳一批热衷公益的法律人。每期"民断是非"都会在确定一个法律辩题后邀请不同代表组成辩论队，以正反双方辩论比赛的形式就议题进行辩论，结束后由专家评审和大众评委就该法律问题与辩论队表现进行点评，最终投票决定结果。我们把市民请进辩论场，倾听他们的声音，解答他们的问题。这种创新的普法模式，深受市民的喜爱。有时候我们因为一些原因无法如期举办，市民还会在微信公众号留言询问。

"民断是非"举办至今，有 8 年多的时间了，这些年里我们风雨无阻，来往于深圳图书馆的报告厅，为市民朋友带来一场场法律界的思想盛宴。在我看来，"民断是非"之所以能获得成功，很重要的一个因素是它具备创新性和交互性。以往的普法活动大多是单向输出，老百姓的接受度低，只能肤浅地了解法条，但"民断是非"活动能够让老百姓参与进来，围绕感兴趣的话题，实时交互，并能通过辩论揭示背后的法理，让大家能够更好地理解法律。以辩论的形式展开，有助于培养法律人的法治思维，更好地理解当事人的诉求。

"民断是非"作为律师界的品牌活动，获得了高度认可：2014 年，入选深圳"十大法治事件"提名；2018 年，被纳为深圳市"公民法律素质提升"资助计划项目。后来，"民断是非"活动还被写进了深圳法治建设规划中，并向中央政法委做了汇报，成为全国经典的普法栏目。

2015 年，卓越律商法律文化公司正式成立，全面接管法律文化传播活动，成了我们法制宣传的一面旗帜。我们建立的微信公众号每天都会推出法律宣传的帖子。"民断是非"的线上微缩版"每日一段"，每一天都会提出一个热点新闻征求广泛意见，并且形成调查报告呈送政府部门，用民声来辅助法治建设，也用法治来回馈民声。

以绵薄之力推动法治建设是我们的梦想，科学立法、严格执法、公正司法、全民守法是我们千千万万法律人的终极目标，更是每一个普通公民的期望。很多朋友说，我为了做公益普法耗费了大量的时间和精力，有时候甚至得不到应有的理解和回报。但我觉得，普法是一种公益行为，正是因为有不理解我们的人，普法工作才有必要不断坚持下去。我相信我们的努力会让法治观念逐渐深入每一个人的心中，让法治成为一种社会风尚。

> 一个城市的法治建设水平直接影响着营商环境，也影响着人们生活的环境。法治建设为我们创造了一个很好的社会环境。

法治是最好的营商环境

2019年，为贯彻落实《司法部关于充分发挥职能作用为民营企业发展营造良好法治环境的意见》，深圳市司法局提出要求，为企业进行法治体检。但从实际出发，如果由律师上门进行体检服务，大部分企业都不愿意提供详细的企业材料，这为工作的开展带来了一定难度。

当时的深圳市司法局领导提出，深圳是一个高新技术企业云集的城市，是科技之都，我们要创造一种新的模式，将现代信息技术和法律科技相结合，开发一个民营企业家的自测系统。

那一年春节前夕，我正在整理年末的工作，突然接到了市司法局领导的电话："张斌同志，你有创新精神，能不能牵头开发一个民营企业法治体检自测系统，春节后上线。"当时我在内心迅速盘算了一下，不到一个月的时间，研发一个新系统，实现从零到一的应用突破，中间还隔着春节假期，难度可想而知，但我还是一口答应了下来。

挂完电话，我开始紧锣密鼓地组建团队，调了一批精兵强将，除了除夕当天放假，近三十人的队伍，每一天都在全力冲刺。从最开始的策划构思，到大数据内容的搜集整理，再到最终技术层面的落地测试，每一步，我们都是摸着石头过河，却走得十分坚定。我们一定要把这个事情做成。

围绕深圳市司法局的要求，团队融合了人工智能、云计算、移动互联网等新技术，借助吉林大学、卓建律所、聚法科技有限公司、卓越律商法律文化公司等社会力量，逐步完成了自测系统的开发。2019年2月，"民营企业法治体检自测系统"正式上线，在全国率先推出普惠式、可选择、便捷化的"民营企业法治体检自测系统"。

这个系统一经推出就受到了广大民营企业的热烈欢迎，他们通过该系统，可以智能检测涉诉风险，并能即时看到公司的法律风险在同业中的水平，这对于企业工作的开展有很大的指导意义。深圳要打造服务民营经济的城市法治范例，改善营商环境是着力点。法治是最好的营商环境。后来，我们开发的系统还获得了司法部的法治创新奖。

让人民群众感受到美好生活的多种可能

三十载律师路栉风沐雨，从 1994 年进入律师行业以来，我为自己的职业自豪，我深深地热爱着法律事业。2021 年底，我辞去了卓建律所的主任职务，把律师证交给了市司法局保管，不再接任何案子，成为深圳市律师协会首个全职会长。

接过律协会长这一棒，对我来说，既是莫大的鼓舞，也是巨大的挑战。刚上任时，我每天只睡几个小时，很多时候总是在思考，在任期内我要怎样带领律协更上一个台阶，向广大会员交出一份满意的答卷。开局就是冲刺，我们只能只争朝夕地奋斗。

2022 年，深圳制定并发布了《深圳市建设营商环境创新试点城市实施方案》，其中对法治环境提出了要求。一个城市的法治化营商环境好不好？我觉得一个核心的指标是要看这个城市的律师队伍够不够强大，服务质量高不高。它是检验法治化营商环境的重要组成部分。律师是没有独立利益的，律师背后站着的是人民群众。因此律师的权利如果得到了保障，那么当事人，也就是人民的权利也就得到了保障。

2022 年 5 月，《深圳律师行业"十四五"发展规划》正式发布。我们团队从规划起草、研讨定调，到最终完稿，用了整整三个月的时间。在规划中，我们提出了"持续推进深圳律师业由高速增长向高质量发展转型，强力推动'四军八化'建设，打造以标准、质量、品牌为核心的竞争新优势。要把深圳律师队伍建设成为一支政治立场坚定、职业水准一流、专业水平卓越、市场认可充分、国际声誉领先、社会责任彰显的人民律师队伍"，这是未来几年的总目标。

四十年征途砥砺前行。深圳的发展，一靠创新，二靠法治。一个城市的法治建设水平直接影响着一个城市的营商环境，也影响着人们生活的环境。法治建设为我们创造了一个很好的社会环境。"来了就是深圳人"，是一种包容，更是一种接纳，深圳这片热土让我们感受到更多美好。

作为一名法律工作者，只有恪守服从和信仰法治的态度，杜绝违法违纪，践行社会责任，坚守底线正义，才能在未来漫长的法律服务工作中享受职业荣誉感，不辜负自己在法学院的青葱岁月和法治梦想。

口述者　　**王丽娜**

Wang Lina

1967 年出生于浙江省。广东连越（深圳）律师事务
所主任。曾任中华全国律师协会理事、广东省律师
协会常务理事、深圳市律师协会副会长、深圳市新
的社会阶层人士联合会副会长兼律师分会会长、深
圳市女企业家协会副会长。

口述时间
2021 年 11 月 24 日

口述地点
广东连越（深圳）律师事务所

来深 26 年，我见证着深圳法律服务走在全国前列，见证着深圳的律师队伍日益发展壮大，见证着深圳创造中国法律界的数个"第一"……一直以来，我都为自己是"深圳人"感到骄傲和自豪，深圳开放、多元、包容的氛围给了我不断学习、拼搏的动力。随着时间的推移，我已人至中年，在新阶段和深圳一同激情重燃再创辉煌是我当下努力的方向。

王丽娜:
把青春献给深圳
为打造法治城市建言献策

> **壹** 在深圳住酒店一晚就花掉我一个月的工资。也就是那个时候,我意识到了其他地方和深圳的差距。

深圳是律师行业改制最早的城市,法律服务走在前列

1994 年我第一次来深圳的时候,住晶都酒店每晚就要 300 多元,当时不到 30 岁的我在老家政府部门工作,每月工资就 300 多元。一个晚上,就几乎花掉了我一个月的工资。

我出生于浙江,父母都是公职人员,有一个弟弟,大学毕业后进入老家所在地的司法局工作,那时候工资每月 90 多元。1990 年我通过了两年一次的全国律师资格考试,取得了律师执业证,成为当地新中国成立以来的第一位女律师。

1994 年我因公出差来到了深圳后,了解到深圳律师业的改革和发展是走在全国前列的。20 世纪 80 年代初深圳成立了中国第一家律师事务所,20 世纪 90 年代初深圳就已经开始将国办律师所改制为合伙制律师所。当时深圳承担着很多内地和香港合作交流的事项,包括法律服务的沟通和交流,特别是深圳当时的"三来一补"企业比较多,更需要用法律来保护港商和外商的权益。

辞去公职来到深圳,用心用情赢得口碑

1995 年我辞去公职背水一战来到了深圳,前途未卜,不敢告诉家人已经辞职,只能暗暗发誓要干出一番名堂。当时的深圳南洋律师事务所刚好在招聘律师,我就顺利入职正式成为深圳市的一名执业律师。

此时的我才突然感到出门只能靠 BP 机和公交的年代，想要在陌生的地方打开局面是件多么困难的事情。我首先去寻找和拜访了浙江省驻深办事处和其他地区县市驻深办事处，拿着办事处给的老乡通讯录，逐个亲自上门拜访，或者寄带有名片的信函过去，一个月磨破了两双鞋。我接到的第一个案子就是浙江老乡的货款纠纷案件，此后有同事介绍担任外贸中心等企业的法律顾问，同时我又到处免费给一些企业讲课，不但承接了一些企业的法律服务，还承接了企业员工介绍来的很多案子。我发誓一定兢兢业业、用心用情去承办每一个案件。获得口碑后朋友多了，我也就渐渐在深圳站稳了脚跟。

在深圳，我第一次见识了摩天大楼顶层的旋转餐厅，第一次吃到了辣椒面，第一次买到了"大哥大"，第一次学会了唱卡拉 OK。那时候，深圳市以国贸大厦为中心的区域非常热闹，但上海宾馆以西基本是农田和小土坡，一到晚上便是一片漆黑。真不敢想象深圳的发展一路西行，现在的福田区和前海片区比世界一流城市还漂亮。

> **贰** 深圳，从来都是先行先试的典型代表，敢于创新便是深圳人的代名词，这也是吸引着我义无反顾冲向深圳的原因。

做深圳法律服务先行者，见证历史

1987 年，深圳市政府在深圳会堂首次公开拍卖一宗编号为 H409-4 的土地，这标志着土地使用权在新中国第一次作为资产进入市场。土地拍卖"第一槌"引发新中国土地使用制度的"第一场革命"，为我国实行国有土地使用权有偿转让提供法律依据和保障。不实行土地使用权有偿转让制度，就没有完善的商品经济制度。这为深圳的住房改革创造了良好的条件。1997 年初，深圳市被国务院房改办评为"全国房改先进城市"。那时候，我就被深圳敢闯敢试的气质所折服，此后房地产业务成为我的主打服务业务，从商品房买卖合同到房地产开发再到建筑工程领域，我为自己的执业找到了专业方向和专业领域。

1998 年我承接了当时媒体炒得最热闹的一个商标抢注案件。当时我国商标法律制度两个基本原则为申请在先和分类注册。从 1995 年 12

月开始，我作为法律顾问的中国（深圳）对外贸易中心有限公司（以下简称"中外贸"）向国家工商行政管理局提出 200 多件商标的注册申请。这次申请的特别之处在于中外贸将公众熟知商标的相同文字在非类似商品或服务上注册，如"凤凰""长虹"等，同时又将与 48 家上市公司简称（含字号和简称的主体部分）相同的文字进行商标注册。到 1998 年 7 月 2 日，中外贸的 200 多件注册申请已有 156 件被核准注册。随后中外贸开始联系商标转让事宜。最终中外贸准备有偿转让的 67 个注册商标被国家商标局撤销。当时，我是深圳海埠律师事务所的创始合伙人之一，作为法律顾问，我在各大媒体上发表文章跟一些学者和专家展开讨论，当时深圳多位法律界人士支持我的观点，认为中外贸的合法注册行为应受法律保护。此案出现后，才有了驰名商标的概念，并规定驰名商标可得到全类别保护。2003 年 4 月国家出台了《驰名商标认定和保护规定》。

成立广东瑞霆律师事务所，参与众多法律服务项目

2000 年，我迎来了人生中的重要节点——我的儿子出生了，为此我休息了一年。2002 年，我的"第二个儿子"出生了——广东瑞霆律师事务所（以下简称"瑞霆所"）。我常常对儿子说："妈妈有两个儿子，一个是你，另一个是瑞霆"。

2002 年 8 月，我和另外三位律师共同创建了瑞霆所。成立之初，律所不过五六名执业律师。我从扎着马尾上庭的小丫头，长成了瑞霆所主任和首席合伙人。我一直认为律师是高端专业服务人员，法律只是解决问题的一种手段和工具，当事人去进行诉讼是最无奈和最不得已的最后方式。我穿上律师袍就应该在法律框架下和服务范围内，为当事人依法争取最大的权益。多年来，我经手的案件超过 1000 件，为了能与当事人更好地交流和沟通，避免被对方情绪左右，我考取了国家二级心理咨询师。律师工作独立性较强，同时又需要密切合作，在发挥个人专长的基础上要整合资源，实现共赢是一个律师事务所凝聚力和战斗力的表现。每次遇到重大案件，我总会组织大家一起参与，这不仅是解决案件的过程，也是为年轻律师积累经验的过程。

在重大事件和社会公益活动中，瑞霆所从不缺席，多年来参与了多项政府法律服务项目。从 2010 年到 2020 年，瑞霆所连续十年担任深圳市妇联的法律顾问和服务团成员；也是第八届中国（深圳）国际文化产业博览交易会公益法律服务机构。十九年来，瑞霆所也从当初十几人的规模扩充到后来一百多名人员，先后获得广东省优秀律师事务所、深圳市优秀律师事务所、第十四届深圳知名品牌等多项荣誉。

叁　2010年，我有幸成为深圳市政协第五届委员。从不缺乏改革故事的深圳，那一年尝试从律师协会和会计师协会公推产生政协委员，这是全国首例。

积极参与公共事务建言献策，推进城市法治建设

　　我是家里的长女，从小性格外向，学校演讲、唱歌跳舞等各种表演中都有我的身影，由此养成了不怯场的习惯，也正因如此不论在深圳市律师协会任职还是作为深圳市政协委员，我始终坚持自我，活跃在各个现场，始终关注着深圳律师行业的发展。从成为政协委员的那一刻起，我就告诉自己一定要认真学习，发挥法律人的专业优势，为深圳的法治建设添砖加瓦。在两届政协任期内，我提交了近20份提案，参加了三次大会发言，参加了首期"委员议事厅"，参加了两次"委员社区讲堂"，参加了多次专题协商议政会和政协热线、政协论坛等节目，通过不同形式积极认真履职。

　　2013年市政协五届五次会议期间，我"赶场"赴三个专题议政会发言，议题包括"法治城市建设""生态环境建设""文化强市建设"。同年在参加建设一流法治城市专题议政会上，我作了《制度建设是树立法律权威、建设法治城市的重要环节和必要保障》的专题发言。2014年在参加建设一流法治政府专题议政会上，我作了《构建政府与民众互信，提高政府公信力》的发言。2016年在参加提升城市公共安全专题协商会上我作了《高层楼宇电梯与消防安全》的重点发言。每次为了做好发言准备，我查阅大量国内外资料，和同事一起给相关政府部门打电话，在网上咨询第一手资料，了解政府公务人员对民众办事的态度、效率和是否依法行政等。只有这样才能在发言时用数字说话、用证据说话，让更多的委员和广大的社会公众了解深圳的行政执法状况和执法水平。

最后，我的努力没白费，每次的发言都得到很多的关注和鼓励。

我是学法律的，作为深圳市政协第五届委员我却是文化文史和学习委员会的委员。为了能在文化文史委的调研工作中做到有的放矢地发言，我从一个对文化产业不太熟悉的门外汉，成为一名目前在律所已经组建文化产业法律服务团队的专业律师。我们还为文博会汇编了《文化产业法律法规政策指引》手册，并在现场免费赠送。

2015 年，我成为深圳市政协第六届委员。敏感地捕捉信息并洞察其中的社会问题，是政协委员的基本素养，而律师的话语体系十分适合参政议政和建言献策。作为一名曾经在体制内工作过的人员，我始终关注机关单位雇员们的切身利益和各项权益。2004 年深圳市政府颁布了《深圳市机关事业单位雇员管理试行办法》，这标志着一项创新的人事制度得以创立。政府雇员制度，本意是为了改革僵化的人事体制，引入企业人事管理体制，实施合同化管理。但是雇员制实施十几年来，虽起到预期成效，但还是带来了雇员身份定位尴尬、与公务员"同工不同酬"等诸多新的问题，深圳政府雇员制亟须进行改革。

针对这种情况，2017 年我在深圳两会期间提交了《关于尽快推行"以事定岗，以岗定人"政府雇员制度的建议》，这是一份承载着深圳市数千名雇员期盼的提案，立刻引起了强烈反响。《人民政协报》全文刊登后，雇员问题得到妥善解决。我还收到了雇员们给我送来的锦旗。

多年来，我始终秉持放下私心，坚守社会公共利益的理念，在政协委员的位置上发出真实的声音。

热心公益发起爱心接力，带动深圳律师捐资助学

从担任全国律协理事、广东省律协常务理事到深圳市律协副会长，十多年间，我见证了深圳律师队伍的发展壮大过程，2016 年深圳市执业律师人数突破万名，至今已突破两万人，多年来我见证着深圳法律服务业务稳步推进，也见证着深圳律师们在公益事业上发光发热。

捐资助学是深圳律师的良好传统，从 1997 年以来，除集体捐助外我也时常进行个人捐助。2003 年的一天，我正在观看电视台播出的《真实故事》。节目讲述安徽青年教师周老师放弃留城机会，回到金寨县燕子河镇小学教书育人的故事。学校只有他一个老师，同时教一至三年级共 30 多名学生。除了教学，他还要给孩子们做饭吃。这些学生每周要背一袋米从 10 里以外的家中来学校。为了学生，周老师很少回家，妻子分娩时他也不在身边，最后妻子因为难产去世。从此他与幼小的儿子相依为命。节目结束后，我立即拨通电视台电话，打听周老师的联系方式。根据电视台提供的地址，我给老师汇去了 4000 元，其中 3000 元给他自己生活用，1000 元用于资助贫困学生。但是，周老师将全部费用都用来资助贫困学生。此后，我每年都汇去一定费用资助 10 名孩子到小学毕业。2007 年 3 月，我提出在金寨捐建希望小学，这一想法得到律协会员，特别是女律师们的热烈响应，我也被授予希望小学名誉校长称号。

2010 年 10 月，我担任深圳市律师协会第七届副会长，带领深圳市律师协会 15 名女律师驱车 400 公里，到粤北山区的翁源县龙仙中学捐资助学，捐款总额超 21 万元，用于资助该校 42 名贫困女高中生完成学业。多年来，爱心接力从未停止，每逢节假日，各种深圳律师公益助学的新闻屡见报端。2012 年瑞霆所被授予第九期深圳关爱行动"十佳爱心企业"提名奖。

肆 如今深圳经济特区已经走过 40 多年，我也同样到了中年，人到中年，最应该做的就是把结构调整好，带领年轻人二次创业。

把青春年华献给深圳，跟深圳同步二次创业

回首来深的 26 年，我深刻地感受到了什么叫作"来了就是深圳人"。有一段时间，无论去哪里出差，我始终觉得还是深圳好，回到深圳就是回到了家。在我的工作时间里，三分之一的时间给了参政议政和行业服务，三分之一的时间给了律所管理和发展，其余三分之一的时间都在办案。我的丈夫是公务人员，儿子在国外留学，本科快毕业了，多年来一家三口呈三角形三地分居。幸好现在交通便利、科技发达，即便我和儿子有着 12 个小时的时差，每天视频也没觉得距离遥远。从二十几岁来到深圳，我将青春年华都献给了深圳，我特别喜欢、特别爱护也特别感谢深圳这座城市。

一直以来，我个人奋斗已经到了瓶颈和极限阶段，常言道一个人走

得快，但一群人走得远。2020 年，我选择将瑞霆所与连越律师事务所合并，试图让年轻的律师们在更大的舞台上施展才华，这应该是一种使命。人到中年，渐渐失去激情，只有找到新的兴趣点和爆发点，才能热情重燃。一直以来，法律和生活始终息息相关，只有继续着力打造诚信服务政府，全面提升全民法治意识，才能实现真正的文化驱动，不断点燃"新深圳人"的热情。

口述者　　**张丽杰**

Zhang　Lijie

1964 年出生于河北省唐山市。1992 年来到深圳，成为一位执业律师；1996 年创立广东万商律师事务所；2010 年 2 月加入北京市金杜律师事务所深圳分所，任党支部书记、管理合伙人。现为万商天勤律师事务所合伙人、深圳市律师行业党委第一副书记。

口述时间

2022 年 4 月 27 日

口述地点

深圳市福田区荣超商务中心

1992 年我因工作来到深圳调研，被这片充满激情的热土感染。回去之后我毅然辞职，开启了自己在深圳的律法工作生涯。这些年来，我亲历着深圳法治建设进程的突飞猛进，也见证着城市面貌变化的翻天覆地。未来希望深圳可以更多地引进和培养立法、执法、司法人才，为建设法治先行示范城市贡献力量。

张丽杰：
扎根深圳律师界 30 年
以专业与坚持践行初心

壹 我的心还留在南海之滨，那片充满阳光的热土让年轻的我魂牵梦绕，于是我决定遵从内心，做出了人生最重要的一个决定。

初入职场，参与对乡镇企业的立法工作

我的家乡是渤海边上的一个小县城。1981 年我参加了全国高考，当时我的第一专业意向是复旦大学新闻系，因为很想成为那种"铁肩担道义"的新闻人。但命运弄人，最终我被第二志愿的北京政法学院（现为中国政法大学）录取，自此开启了与法律同行的生涯。

1987 年研究生毕业后，我被分配到了农牧渔业部（1988 年根据国务院机构改革方案，改为农业部）企业局政策法规处工作。正值改革开放后经济建设的热潮时期，在江浙地区，乡镇企业如雨后春笋般遍地生长，出了"傻子"瓜子年广久、万向集团鲁冠球等知名民营企业家，这在当时是一种崭新的经济形态，是法律层面的"无人区"。由于我研读的是经济法，便参与到乡镇企业的立法工作当中。在农业部那几年的工作经历让我受益匪浅，我接触到许多宏观层面的东西，每一项立法工作的推进都需要征求很多部门的意见，这也为我日后的工作打下了一定的实践基础。

回首来看，我的新闻梦想虽然落空了，但仗义执言的律师梦却以另一种方式得以实现，这还有赖于我的一个重要决定。

南下深圳，为其城市活力所震撼

1992 年，我参与到一个股份制合作企业条例的制定工作之中，有机会来到了广州、深圳、东莞等地调研。其中我们对深圳是最期待的，因为它是经济特区，是一座"奇迹之城"，深圳"三天一层楼"的速度轰动一时。待身临其境之后，我们更是被她的活力所震撼。

我记得当时我们住在宝安的新安招待所，需驱车前往罗湖，路上多数地方还未开发，保留着原有的旧城景象，但大概到达当时的上步地界时，远远地就可看见国贸大厦楼顶的旋转餐厅，真的有一种万丈高楼平地起的感觉。鳞次栉比的高楼之下，更多大楼正欲"破土而出"，机器、工程车的轰鸣声不绝于耳，站在路边，就像置身于一场波澜壮阔的建设狂潮之中。

更触动我的是这座城里的人。他们总是步履匆匆，我从每个人的脸上看到了希望和朝气，这里处处透着创业的激情和对未来的憧憬。回到北京之后，我的心还留在南海之滨，那片充满阳光的热土让年轻的我魂牵梦绕，于是我决定遵从内心，做出了人生最重要的一个决定：辞职南下深圳。

做这个决定时我没有和家人商量，因为预料他们断不会同意，我只告诉他们单位需要外派我到深圳工作。此后，我孤身一人来到南方，来到深圳，开始经历一段"水土不服"的阵痛期。

> **贰** 我能够用自己的专业能力为一些不公伸张正义，维护当事人的合法权益，这也是我在法律行业坚持至今的原生动力。

未言放弃，认真应对新一天的挑战

当时深圳的口号是"时间就是金钱，效率就是生命"。人们说话、办事都很务实，这与国内其他地方相比，似乎少了点"人情味"。虽然我很认同这种城市文化，但毕竟在一个环境待了多年，每天都是按部就班地工作，基本没有太大的不确定性。而深圳每天都在变，你永远无法预知接下来你会面对什么，置身于这种陡变的环境之中，让我一度感到十分疲惫。

此外，一个女孩子，离家两千公里，那种对亲人、朋友的思念是深刻且清晰的。那时候不像现在，通信这么发达，平时能电话沟通已属实不易。思念至深时，深夜我还会躲在被窝里哭泣。

1993 年初，我迎来了在深圳的第一个春节，人们大多返乡过年了，平时热闹的城市，突然显得有些空荡。我一个人在红岭路滨河新村的宿舍里，想着家人应当正热火朝天地包着饺子，其乐融融地吃着团圆饭，徒有我孤身一人在南方举目无亲，思乡之情愈发强烈。隔天，父亲打电话问我在深圳是否习惯时，我立马感觉鼻子一酸，心里的委屈顷刻涌现，眼泪哗哗地流下来。为了不让父母担心，我硬是憋住哭声，草草地挂了电话。

好在我是一个内心坚强的人，尽管有诸多不易，我始终未言放弃。情绪崩溃后的第二天，我都会整理好心情，精神饱满地出门，去应对新一天的未知和挑战。

崭露头角，以专业能力获得行业认可

刚来深圳的时候，我是到农业部在深圳的一家国际贸易集团任办公室主任。后来我发现深圳的企业对于法律服务有着很强烈的需求，于是我便申请了律师执业资格证，成为一位职业律师，当时整个深圳只有八家律师事务所和百余位专业律师。

执业不久，我就接到一个比较棘手的案子。当时深圳一家国际贸易公司与沈阳一家企业产生了纠纷，他们聘请我做代理律师。当时所有人、包括这家公司自身都不看好这起诉讼，但我仔细翻阅了所有材料，终于在双方的合同里找到了一个关键证据，通过这一点实现了逆风翻盘，最终在外地法院取得胜诉。后来经过口口相传，我接的案件越来越多，专业能力得到了检验和认可，这让我内心感到极大的满足，因为我能够用自己的专业能力为一些不公伸张正义，维护当事人的合法权益，这也是我在法律行业坚持至今的原生动力。

很庆幸，我当初选择了深圳，让我的所学、所长能有用武之地。深圳最早大多是外贸企业、"三来一补"企业，有很多港资公司，具有极强的法律意识，为律师行业的成长提供了一个良好的发展环境。这种崇尚法律、尊重规则的城市文化也一直延续至今。

除了为行业发展提供法律助力之外，我还参与到了深圳的城市更新当中，是深圳较早介入政府法律业务、城市更新法律业务的律师之一。当时东门进行城市更新改造，要建设我们现在看到的太阳广场和万象城，我协助完成了其中的一些产权确认工作。在执业期间，我参与过几十个企业改制重组项目、政府投资项目、房地产开发项目、城市更新项目等。

> **叁** 深圳有着"慈善之都"的美名，在这里我很容易找到志同道合的人，大家凝聚力量，将深圳公益这颗希望的种子播撒得更高、更远。

带领"深圳律师妈妈团"，资助困难学生

2003 年，我们律师事务所去江西赣州开展红色教育，到了宁都县的土围村，我们目睹了当地艰苦的教学条件：村级小学里缺乏完好的课桌椅，缺乏平整的操场，甚至有的教室还存在漏雨的情况。

那年，我和两位深圳律师同行共同捐资筹建了"赛金希望小学"。在学校建成之后的数年里，我们一直给学校捐资捐物，如今这所希望小学已升级扩建成"宁都县第四小学"，拥有超过 3000 名学生。

这些年来，我一直与"赛金希望小学"的教师和学生保持着联系，孩子们那一封封笔迹稚嫩的来信，是我们这一善举最生动的脚注。孩子们写道："收到了阿姨们寄来的图书，我们很高兴""我们一定要好好学习，长大后回报社会，做一个愿意帮助他人的人"……每次收到来信，我都会用孩子们看得懂的语言耐心回复，鼓励他们勇敢进取，祝愿他们健康成长，这也是我投身公益事业最大的回报。

但是在公益的道路上，一个人的力量始终有限，需要"聚沙成塔"。2019 年 3 月，我与胡宁可、闵齐双、郭丽三位热心公益的女律师一道，成立了"深圳律师妈妈团"，形成更大的公益合力。

2019 年 5 月，"深圳律师妈妈团"远赴西藏，五天辗转上万公里，一路吸氧进藏，走进日喀则市第一高级中学，采用"一对一"或"一对多"的方式，开展捐资助学活动，资助当地学习成绩优秀的贫困女高中生。有的家长甚至走了一天山路赶过来，我的内心百感交集。

热爱公益，或许和我的性格有关，在家里兄弟姐妹中，我排行老大，从小需要照顾弟弟和妹妹，使我养成负责任的性格；另外，深圳有着"慈善之都"的美名，在这里我很容易找到志同道合的人，大家凝聚力量，将深圳公益这颗希望的种子播撒得更高、更远。

> **肆** 我们相信，这座城市会有一个美好的未来，但无论如何也想象不到她能出落得如此美丽动人。

城市生态与人文辉映之美令人陶醉

今年正好是我来深圳的第 30 年，站在我办公室所在的荣超商务中心，可以看到不远处的地王大厦和更远处的南山科技园，公园点缀于高楼之间。回望我第一次"遇见"的深圳，恍如隔世。

刚来深圳时我在罗湖粤海酒店办公，从住所到办公室一路要经过十几个大酒店，比如京基大酒店、南方大酒店等，气派辉煌。我一路数过来，心里想，这就是大城市该有的样子吧。我们相信，这座城市会有一个美好的未来，但无论如何也想象不到它能出落得如此美丽动人。

我还记得 20 世纪 90 年代的时候我有朋友住在蛇口，开车找他途中需要经过南海大道，每次车子都会发出"簌簌"的响声，因为路旁的芦苇太茂盛了，会刮到路上的车辆，两旁都是荒地和小山冈。朋友和我见面常会打趣说："你们从深圳过来啦。"如今，茂盛的芦苇早已变成挺拔的大楼，曾经的荒地上建起了科技园和海上世界。在这里的每一寸土地上，你都能感知到，这就是深圳。

我是一个喜爱运动的人，平时喜欢瑜伽等室内运动，也喜欢徒步、爬山等户外运动。当在盐田海滨栈道聆听波涛的低吟、在深圳湾公园看着群鸟翱翔时，我陶醉于这座城市的生态与人文辉映之美。有时我在路上看到那些匆忙而又热情洋溢的脸庞，就仿佛穿越到了 30 年前，这还是我熟悉的那个深圳。

将改革融入立法，将立法贯穿始终

与城市外在的变化相比，深圳的制度、文化建设也经历着翻天覆地的变革。

我对深圳感知最深刻的，就是永不满足的创新精神和劲头。对一个人来说，生活条件优渥之后，难免安逸享乐；对一个家族来说，有"富不过三代"之说；对一个企业来说，一旦发展壮大后，难免陷入"大企业病"的怪圈，这也是我们经常说到的"创业难守业更难"。

但是，深圳就好比一个永动机，在创新发展的道路上永不停歇、永不满足，劲头十足。深圳真正的核心竞争力是开拓创新的城市精神，而这种精神已根植于城市血脉，内化为城市的气质，这才是深圳之根、深圳之魂。

深圳能取得如今的成就，离不开其在法律建设上所取得的成就。作为全国第一批经济特区，深圳在司法改革方面有许多优势。首先，1992年7月1日，第七届全国人大常委会第二十六次会议通过《关于授权深圳市人大常委会及其常务委员会和深圳市人民政府分别制定法规和规章在深圳经济特区实施的决定》，授予深圳立法权。这使得深圳可以充分发挥"试验田"的作用，积极借鉴国外、境外先进的立法理念和制度安排，结合实际，创造性地开展立法工作，深圳从此拥有了敢为人先的法治基础。多年来，深圳始终坚持做改革开放的先锋，将改革融入立法，将立法贯穿始终，不追求"大而全"，始终以问题为导向，追求"管用""实用"。

其次，深圳市政府充分放权，坚持依法用权，敢于自我限权、自我纠错，做法治政府的楷模。在案件审判方面，深圳始终抓住案件质量，创新司法体制，例如率先"执行转破产""三审合一"，最早推行审判机构专业化改革。经过多年实践探索，法治精神已经成为深圳的城市基因，在纠纷解决机制方面的很多领域均实现了率先示范，并在全国推广。

依托人才，助力建设法治先行示范城市

2021年5月25日，中央全面依法治国委员会印发《关于支持深圳建设中国特色社会主义法治先行示范城市的意见》，这是继1992年取得经济特区立法权后，深圳法治建设历史上又一具有里程碑意义的大事，赋予深圳新的重大战略机遇和历史使命。

在立法方面，我期待深圳继续用好经济特区立法权，推动改革，满足民之所需，急民之所急，想民之所想，用立法服务于社会民生。希望深圳商事法院和深圳海事法院尽早落地，涉外法律更好地发展，发挥深圳"窗口""试验田"的作用，司法水平进一步提升，为企业和经济发展保驾护航。

在普法方面，希望深圳能够持续推进创新实践，进一步做好普法教

育，将遵法守法的理念嵌入每一个市民的基因，共建法治社会。

我们每一个人来到这里，都曾怀揣一个"深圳梦"。深圳必将更多地引进和培养立法、执法、司法的人才，为深圳建设法治先行示范城市贡献力量。

口述者　　**郑学定**

Zheng　Xueding

1963 年出生于江西省赣州市，高级会计师、注册会计师。兼任国信证券公司独立董事、国银金融租赁股份有限公司独立董事、甬兴证券公司独立董事、赣州龙邦材料科技有限公司董事。曾连任第三届至第六届深圳市人大代表。曾任深圳市注册会计师协会秘书长，开元信德会计师事务所合伙人、大华会计师事务所深圳分所合伙人。

口述时间
2022 年 5 月 11 日

口述地点
深圳市福田区新媒体大厦

经常有人问我, 为什么我一直是这样一种直言不讳的风格。因为我始终认为, 人大代表不仅是一个荣誉, 更是一份沉甸甸的责任。我们每个人都需要安全的食品、干净的河流、清洁的空气、更好的教育医疗条件, 而这些不是空谈就能解决的, 需要有实实在在的调查和了解, 要有人去推动。其实从我的身上也可以看出深圳这座城市的性格: 敢闯敢试, 能够容纳敢于提意见的人, 还能够尊重意见, 最后解决实际的问题, 我觉得这也是这座城市的魅力和精神力量所在。

郑学定：
尽心尽力履职 敢言善言为民

> **壹** 我在深圳市注册会计师协会的 15 年，见证了协会起步、发展、完善的过程，也参与了许多历史性的事件。

奔赴深圳，参与会计制度改革

20 世纪 80 年代，改革开放的春风吹遍全国，当时有想法的年轻人都想到改革开放的最前沿城市去看一看、闯一闯。当时我还在江西财经学院读研究生，有一年暑假和同学一起到深圳玩，那是我第一次来到深圳，虽然当时整个城市还在建设中，但那种火热的氛围给我留下了非常深刻的印象。一天晚上，我和同学坐在深圳大剧院门口的路沿上，望着灯火通明的城市夜景，忍不住感慨："深圳真是开放又繁华。"当时我的脑海里就迸出了"要来深圳"的想法。

1990 年，研究生毕业前夕，我就来到了当时的深圳市财政局会计处。那时，深圳经过十几年的发展，经济结构已经发生了深刻变化，传统的会计制度已经无法满足当时的经济社会需求，必须进行改革，建立起现代会计制度，统一会计语言，接轨世界标准。

那个时候，整个会计处只有五六个工作人员，大家正在酝酿深圳经济特区会计制度改革，刚好我的研究生方向就是西方财务会计。1990 年，深圳开始在全市 35 个集团（总）公司、股份公司共计 1332 家独立核算企业开展会计改革试点，试行与国际会计准则接轨的企业会计制度。一直到第二年，我那段时间主要的工作就是给各个行业、企业培训会计制度。与此同时，受局里委派，我开始参与深圳市注册会计师协会紧锣密鼓的筹建工作。

筹建深圳市注册会计师协会

深圳的注册会计师事业起步于 20 世纪 80 年代。当时，为了适应经济特区市场经济发展，满足外商投资企业对会计鉴证服务的需要，1982年，深圳市第一家会计师事务所——广州会计师事务所深圳分所成立。当时只有 4 名注册会计师，10 余名工作人员，且大多为广州到深圳的临时工作人员。此后一直到 20 世纪 80 年代末期，共有 9 家会计师事务所先后成立。

为了规范会计师事务所及注册会计师的执业行为，依法对注册会计师行业履行服务、协调、管理、监督职责，从 1990 年开始，深圳市财政局就开始了深圳市注册会计师协会（以下简称"深注协"）的筹建工作。1991 年春节一过，局里就委派我和另外两名同事协助参与协会的成立工作，同年 10 月，深注协正式成立，由我担任协会副秘书长一职。

从 1990 年到 2005 年，我在深注协的 15 年间，见证了协会起步、发展、完善的过程，也参与了其中许多历史性的事件，比如实现注册会计师协会和注册审计师协会的联合、脱钩改制，率先进行注册会计师行业清理整顿等，这些创造性的举措让深注协获得了全国注册会计师行业发展历史上的许多第一，为我国注册会计师行业发展做了许多创新性探索和制度性贡献。

贰 通过改革，深圳逐渐建立起适应深圳市注册会计师行业发展需要、符合国际惯例的行业自律机制，创造了全国独树一帜的注册会计师行业管理模式。

在全国率先实现社会审计行业统一管理

1992 年之后，深圳经济特区掀起了新一轮改革开放的浪潮。由于市场需要，深圳市注册会计师行业如雨后春笋般发展起来，到 1995 年，深圳市会计师事务所发展到 47 家，注册会计师 489 名，从业人员 1452名。与此同时，深圳市社会审计行业在 20 世纪 80 年代末 90 年代初又形成了一支新的力量——审计师事务所和注册审计师，并成立了深圳市社会审计协会，隶属于深圳市审计局管理，从事与市财政局管理的注册会计师相同的业务，形成"两所"（会计师事务所和审计师事务所）、"两师"（注册会计师和注册审计师）、"两会"（注册会计师协会和社会审计协会）并存的局面，在一定程度上造成了社会审计行业重复，影响了注册会计师事业的健康规范发展。

当时深圳市决定在全国先行先试，将"两会"合并，结束"混战"局面，但这并不是一件易事。有一次在深圳市政府常务会议上，市领导专门研究了"两会"合并的事。当时市领导觉得，必须立法先行。从1994年开始，我和市财政局，市人大常委会法工委、经济工委的同志一起参与起草了《深圳经济特区注册会计师管理条例》（以下简称《条例》）。1995年2月24日，《条例》颁布，在事务所的组织形式、行业管理、注册会计师法律责任等方面都有重大突破，为深圳市注册会计师行业的进一步规范提供了法律依据，标志着深圳市注册会计师行业管理进一步迈入法制化、规范化、国际化的轨道。

在这样的背景下，1995年4月21日，深圳市注册会计师协会和深圳市社会审计协会联合，在市委市政府的领导下，依照《条例》规定，成立了新的深圳市注册会计师协会，结束了"两所、两师、两会"分割管理、各自为战的历史，在全国率先实现了社会审计行业的统一管理。

推进行业协会体制改革

1995年6月，根据《条例》规定，深圳市部署了全市会计师事务所体制改革工作，将深圳市当时的全民所有制会计师事务所改为由注册会计师发起设立的合伙制或具有法人资格的会计师事务所。1997年12月31日，深圳市会计师事务所完成体制改革。

但是，在会计师事务所运作体制向民间化、市场化转变时，对行业命运和走向负有重大责任的注册会计师协会自身却仍沿袭过去的行政化体制，从而使协会缺少履行"监督、管理、协调、服务"法定职责的动力机制与制约机制，行业深层次、根本性的制度创新问题无法得到解决。当时，注册会计师行业面临的形势十分严峻，如行业自身权益难以保护、注册会计师道德素质滑坡、执业质量不高、社会公信力下降、监督管理不力等，都给行业带来严重的负面影响，所以，在深圳市会计师事务所完成体制改革后，深圳市注册会计师协会也不失时机地开始进行行业协会自身体制的改革。1998年，我担任深注协秘书长后，开始着手推进此事。

当时，我们从几个方面对协会进行了体制改革：一是选举理事和聘任秘书长；二是决策和执行分开，形成决策者和执行者相互制衡的机制；三是民主决策；四是建立委员会制度，充分发挥理事作用；五是重新定位秘书处，在行业管理中发挥基础性和推动性作用。

通过改革，深圳逐渐建立起适应深圳市注册会计师行业发展需要、符合国际惯例的行业自律机制，创造了全国独树一帜的注册会计师行业管理模式。

在改革之前，从1991年到1997年，协会只对7家事务所及20名注册会计师进行过处罚，不少违法违规的事务所及注册会计师没有得到处理，而在协会体制改革后，由于对违法违规行为是由理事会采取无记名投票方式决定是否处罚，不再受外在原因影响，从而使注册会计师的执业行为更加规范。在抓治理整顿的同时，协会还开展了大量的专业培训和服务协调工作。

当时，在深圳召开了一个全国注册会计师协会秘书长工作会议，中国注册会计师协会秘书长李勇在会上号召全国向深圳学习，实现行业自律监管。

> **叁** 履职人大代表20年，我们一路见证了政府的财政预算由粗到细，由代表看不懂到代表如何审的过程，这代表了深圳民主法治水平的不断提高。

成为人大代表，推动政府预算的公开和详尽

1998年，我作为专业人士被吸收为市人大计划预算委员会委员。当时，市人大常委会的两位副主任觉得我做事认真专业，而且为人也正派，就推荐我参选市第三届人大代表。2000年，我作为注册会计师行业的代表当选深圳市第三届人大代表，这在我们行业是首次。

当时第一次参加市人大代表会议时，坐在庄严的会场里，我深切体会到这个身份肩上神圣的使命感。那次，我带了两个议案，一个是跟我们行业相关的，另外一个是对外来务工人员实行进城培训的。

从2005年开始，深圳市每年选取几家政府部门，将这些部门的财政预算提交给市人大计划预算委员会审查。2000年我刚担任人大代表，

深圳当时还没有一本完整的预算。那时候，社会公众包括很多人大代表，看不懂公开的财政预算，大家其实十分关心。我作为财务人员出身，当时就一个想法：行使管住"钱袋子"的权力，向政府传达人民的意志——纳税人的钱必须花得有成效，必须服务于公共利益。因此在担任市人大代表期间，我对政府的财政预算提出了很多意见和建议。

2008 年，在审议深圳市科技和信息局、深圳市食品药品监管局的部门预算时，发现账目就只有一个数字，没有具体说明，所以我们当时就对"超支安排的 19 个亿花到了哪里"提出了质疑，最终，深圳市财政局出具了详细的解释。

其实不仅是我，很多人大代表都为推动政府预算的公开详尽以及财政支出结构合理化、财政资金利用高效化做出了努力。2015 年，新《中华人民共和国预算法》实施，深圳预算公开程度明显提高，当时最直接的变化就是代表们开会时拿到的预算由薄变厚、由粗疏变精细。我们一路见证了政府的财政预算由粗到细，由代表看不懂到代表如何审的过程，这代表了深圳民主法治水平的不断提高。

关注食品安全，发起市人大常委会会议首次动议案

我曾在一家环保农药公司担任了 6 年的独立董事，在那段时间，我有机会到一些蔬菜基地和农药市场考察，在这个过程中，我发现果蔬的农药滥用、残留超标现象非常严重。此后，食品安全相关问题成了我重点关注的内容。

2014 年，我和另外 9 位市人大代表自掏腰包购买了 40 余家超市和菜场的 473 个蔬菜样品，交到供港蔬菜基地检测，发现 52 个样品农药残留超标，这样的结果让我们非常惊讶。在此之前，我已经关注食品安全 10 年了，就食品安全问题我和其他人大代表提过无数次建议议案。这次结果让我下定决心把食品安全问题跟到底。

2016 年 4 月 26 日，市第六届人大常委会第七次会议的全体会议召开，在审议《深圳经济特区食品安全条例（草案）》议程时，我提出异议："建议重新修改再提交！"后来才知道，这是市人大常委会会议中首次启用动议权。

由于没有事先沟通，委员附议不够，此次动议没被通过，但结果还是被改变了。之后，在当时深圳市人大常委会领导的牵头下，重新成立

了一个立法领导小组，由市人大常委会主导立法，一年半后，《深圳经济特区食品安全监督条例》正式出台。当时，在一次座谈会上，深圳市主要领导对人大代表长期监督食品安全问题的行为给予了极高的评价。

肆 我始终认为，人大代表不仅是一个荣誉，更是一份沉甸甸的责任。

关注民生，积极履职，让人们看到人大监督的力量

履职人大代表 20 年来，我先后提了百余件议案和建议，涉及环境保护、食品安全、交通、医疗卫生、教育、政府投资项目预算安排等关乎民生和公共利益的重大问题。

经常有人问我，为什么我一直是这样一种直言不讳的风格。

在我个人看来，是因为我始终认为，人大代表不仅是一个荣誉，更是一份沉甸甸的责任。我们每个人都需要安全的食品、干净的河流、清洁的空气、更好的教育医疗条件，而这些不是空谈就能解决的，需要有实实在在的调查和了解，要有人去推动。

其实从我的身上也可以看出深圳这座城市的性格：敢闯敢试，能够容纳敢于提意见的人，还能够尊重意见，最后解决实际的问题，我觉得这也是这座城市的魅力和精神力量所在。

口述者　　　**孙蕴**

Sun Yun

1963 年出生于山西省太原市，深圳市政协第五、六、七届委员，深圳市海外联谊会副会长。1989 年任职深圳市团委《深圳青年》杂志记者、专稿部主任、执行主编。1994 年到香港东方报业集团担任记者。曾获聘深圳国际仲裁院仲裁员逾十年。现任安永（中国）企业咨询有限公司核心业务部合伙人。

口述时间
2022 年 2 月 11 日

口述地点
深圳市龙岗区坂田街道

改革开放不断推进、市场经济飞速发展，香港回归祖国所造就的新机遇，为法律行业及从业者带来新的机遇和挑战。曾经，我和团队以法律专业知识和服务能力，不仅为有需要的企业提供帮助，还为粤港澳大湾区战略下的深港合作、法治融合尽了一份绵薄之力，此生无憾。深圳是我的第二故乡，记载着我人生最精彩的奋斗历程。我热爱脚下这片土地和那些充满激情、梦想的同行者，并愿为新的时代继续奋斗。

孙蕴:
与深港法治合作融合并肩同行

壹　深圳有一种特别的魔力，让初来乍到的我一见倾心。

南下深圳，从此没有回头

我出生于山西太原。中学时，我特别热衷于看小说。那时图书种类和物质条件都很匮乏，同学之间为了抢看一本小说手抄本，甚至 24 小时轮流排队传阅。像《第二次握手》《苦菜花》等小说我都是在那个时期阅读的。文学作品与唐诗宋词的魅力让我萌生了当一名作家的想法。怀着对文学的热爱，高中毕业后，我走进了山西大学中文系的大门。

大学毕业后，我成为山西出版社的一名编辑。1989 年，改革开放的热潮从南方席卷到北方，也让我平淡的生活起了一丝波澜，仿佛内心有一股强烈的力量推动着我，思考再三，我打算去"外面的世界"闯一闯。

起初是想去海南的。当时在文坛，韩少功主编的《海南纪实》特别受追捧，吸引了全国各地的文学青年去海南圆梦。然而，在我准备去海南的前一个星期，在一次聚会上，偶然遇到刚从深圳回太原探亲的朋友。他对深圳经济特区工作环境、生活氛围的描述和分析，深深吸引了我。我决定去深圳试试——哪知这一走便再也没有回头。

曲折圆梦，成为一名记者

来深之前我曾去过许多城市，见识了不同的自然风光与人文历史，但深圳给我的那种震撼完全不同。每天来自不同渠道的故事和新闻，令人应接不暇，兴奋不已。比如当时闻名的"深圳速度"，三天建一层楼；深圳东门全国第一家麦当劳开业；全国第一支义工队伍在这里诞生；全国首次优秀文稿公开竞价在深圳举行；AA制消费观念也是从这里开始流行。

我在深圳的第一份工作是在一家外资公司做秘书，恰逢香港商业贸易繁荣之时，每天都有许多香港人往来两地经商、生活，他们操着香港腔的广东话，时常会带来新潮的思想和新的生活观念。这种特别的环境，让初来乍到的我领略了完全别样的工作和生活体验。

在外资企业工作的三个月，我一直在寻找重回编辑、记者岗位工作的机会。得益于朋友的推荐，1989年9月，我被《深圳青年》杂志社正式聘用，从此开启了我在深圳激情澎湃、多姿多彩的记者生涯。

在《深圳青年》的那段日子，是我最难忘的时光。我和一群来自全国各地的热血青年同事策划采访了一系列重大新闻，采写了诸多创业者可歌可泣的奋斗故事，传播了令全国青年备受关注的新观念、新思想，每天都在奋斗中成长。1990年，深圳诞生了我国第一家依法登记成立的志愿者服务组织——深圳市义务工作者联合会，身为记者的我第一时间前往采访。在采访过程中，我深深地被他们无私奉献的情怀与精神打动，在他们的感染下，我也加入了这支队伍，幸运地成为深圳义工联百名义工之一。

随着《深圳青年》杂志销量由1万份直线上升至30万份，《深圳青年》成为深圳年轻人必看、全国青年热捧的杂志之一，我也从一名普通记者成长为杂志社主任、执行主编。离职赴港前，现国务院参事、时任《深圳青年》社长、总编辑的王京生及同事们和我一起聚餐，并专门定制了一个奖牌，上刻"孙蕴同志：《深圳青年》忘不了与你共有的岁月"。这一份沉甸甸的礼物和那首《掌声响起》的共鸣，让我永远铭记，这份感动一直伴随着我，鼓励我在任何时候不畏艰难，风雨兼程，为梦想奋斗。

> **贰** 市场经济的有序发展，需要法律作为依托，内地法律界正迎来前所未有的历史机遇。

转行法律，创办律师事务所

告别《深圳青年》杂志，我到香港东方报业集团担任记者。香港媒体编辑和记者采写、报道新闻的角度，新闻运作的方式，给了我全新的认知和体验，也给了我很大的发挥空间，但面对全新的世界，每日挖空心思寻找热点主题的要求，也给了我莫大的挑战。

除了工作方式和要求，香港的生活、文化、衣着打扮与内地差异较大。单是香港人的粤语已让我困扰不已。在当时的香港街头、火车上，你的一句普通话腔调，可能聚焦附近所有好奇的目光。在刚到香港的半年里，我一边工作一边学习粤语，以各种方式努力适应香港的节奏，改变自己的生活习惯，包括衣着、交友、饮食等。半年后，我逐渐融入香港社会，从一个蹩脚粤语报题的新人变成可以流利地以粤语交流采访，熟知香港大街小巷的"香港通"。

1997 年，香港回归前夕，社会氛围异常特殊，各种思潮交织。"一国两制""香港基本法""特别行政区政府"等话题成了香港人每日关注的焦点。当时我采访了许多香港法律界人士，在他们身上，我感受到了法律的力量，也敏感地察觉到市场经济有序发展的社会，需要法律作为依托。我预感到，随着内地改革开放的不断深入，深圳及内地法律界正迎来前所未有的发展机遇。

个人的命运与时代、国家息息相关。香港回归祖国的新时代号角即将吹响，自己的人生下半场应如何布局？香港回归的第二天，我向老板提交了辞呈，放弃高薪，打定了转行法律及商界的主意。我认为，进入法律行业，"进"可以参与企业、社会及国家的制度建设，"退"可以帮助身边的家人朋友，提升生活品质。

然而转行并不容易，更何况要转入专业门槛极高的法律行业。为此，我考入中国人民大学法学院攻读法学硕士。在这难得的读研阶段，我系统地读完了法学硕士全部科目，并如期获得硕士学位。中国人民大学法学院民法、刑法、诉讼法、知识产权法等专业名师云集，专业研究水平在国内外法学界闻名。高铭暄、龙翼飞、陈卫东等教授的指导也让我终身受益。

在读书的同时，我和朋友着手筹划在深圳创办律师事务所。每个星期在香港、北京上完课之后，我便再回到深圳，处理筹办事务所的相关事务。1999 年底，孙罗雷律师事务所（于 2004 年改名为"雅尔德律师事务所"）正式开业。

摸着石头过河，与国家法律同步前进

初创的律师事务所还未形成规模化，大家都是摸着石头过河。为节省成本，当时许多律师事务所普遍没有前台和专职财务人员，律师事务所管理、接待、服务流程、装修风格等，都与香港律师事务所相差甚远。

那时律师在办公室办公不定时，也不习惯提前与客户预约见面时间。有时香港的客户来了，律师事务所里甚至没人接待，常常要打电话叫律师回来。律师的衣着也较为随意，记得我曾经约了一位香港客户在咖啡店谈案件，有位律师骑着单车，穿着短裤与拖鞋就来了。客户与我四目相视时，彼此面露尴尬，不知如何介绍。

90年代初，孙罗雷律师事务所初创之时，根据市场经济的需求及世贸组织的规则，国家处于各类法律法规高速颁布和修订期。我读研所学的法律条文几乎都是新修订的，这为我赢得了发展和上升的时间和空间，增强了对未来法律行业前景的信心。商场上打拼的逻辑，从来都是不进则退。于是我们一鼓作气，两年内合并了海南一家律师事务所。2004年底，我们再度吸收合伙人，扩大投资，重新定位，共同创办了广东雅尔德律师事务所。为了进一步打造律师事务所品牌，形成律师特有的专业服务能力，扩大客户群，我抱着破釜沉舟的决心，把深圳中心区一套160平方米房产变卖，将资金全部投入律师事务所的运营。

内地的法律市场未来是一片蓝海，在这片蓝海之下，我和伙伴们更加坚定了目标：以前瞻性眼光，率先组建粤港合作律师事务所，成为助力市场经济发展、服务跨境企业的专业机构，成为法律行业的前行者、领军者之一。

 我们希望立足于内地，通过粤港澳跨区域和跨法域的合作，充分发挥深圳、香港及大湾区地缘及专业服务优势。

促进粤港澳台交流，探索"一站式服务"新模式

长期以来，由于历史原因以及语言习惯的差异，内地与港澳现行的法律制度、法律体系，对法律的理解、运用及对证据的认定规则，甚至执行程序等，都有着极大的差异。香港回归数年后，两地法律行业交流

合作极其有限。一方面，内地的客户寻找香港律师受托案件普遍存在障碍。例如关于服务方式、收费等问题的交流，常常会出现香港律师不会说普通话，双方无法交流的情况。又比如香港律师按小时收费，内地的客户则无法接受这一收费模式，因为他们无法预测律师处理案件合理需要的时间。另一方面，越来越多港澳台人士在内地经商、生活时，也会遇到一些法律纠纷，比如遗产继承问题，涉及境内外物业和公司投资、财产、合作、合同纠纷等问题。

我们看到了市场的需求，也希望能通过深港律师事务所合作的"一站式服务"新模式服务企业，给深港两地企业和商业活动提供更多便利和帮助。在此目标驱动下，雅尔德律师事务所先后与100多家香港律师事务所、会计师事务所等专业机构建立了合作关系。融合两地律师事务所各自的优势，以专业、互信、方式趋同的专业服务，解决客户实际问题，以期达到共赢。

当时我们60%的客户都来自港澳台地区。最早创立"一站式"法律服务的构想，与律师、会计师、金融机构等组成的跨行业合作模式，发挥了积极作用，并受到深港两地政府、企业、专业人士的关注。这也为之后前海联营律师事务所合作，延伸彼此的合作空间，提高合作成效，律师事务所运营管理以及专业服务国际化，开启了有益的探索和实践。

挺进前海，打造法律桥梁与枢纽

2010年，在深圳经济特区30岁生日当天，国务院批复同意《前海深港现代服务业合作区总体发展规划》，明确把前海建设成为粤港现代服务业创新合作示范区。看到这一消息，我非常振奋，为新时代深圳改革开放再次迎来的空前机遇感到自豪和荣耀。

香港和内地分属不同的法系，法律颁布实施的程序大相径庭。成文法和普通法难以相融的事实，对大湾区未来发展影响深远，同时直接关系到境外投资机构在前海、大湾区投资、生活的信心。国家司法机关经多年研究，决定在前海批准设立香港、澳门与内地联营律师事务所，在前海推动律师事务所先行先试。

于是我邀请合作多年的曾陈胡律师事务所，一起创立联营律师事务所。2015年，几经商讨策划，雅尔德曾陈胡（前海）联营律师事务所成立，成为当时首批落户前海自贸片区的粤港联营律师事务所之一。

创办前海联营所对我们来说，是一个全新的尝试。为了尽快提升服务能力，支持联营所做大做强，我们建立了与香港律师长效沟通、共同管理机制，定期商讨市场策略，共同维护客户服务。雅尔德总所把涉外的全部客户交给前海联营所负责继续提供服务，助力联营所律师积累更多经验，进一步提升服务境外客户能力，发展壮大。

我们利用前海吸引外资的各种优惠政策，积极与前海管理局、前海服务中心对接，并在香港举行午餐讲座，推介境外投资者落户前海优惠政策，努力尝试践行深港法律实务合作新路径。

我们配合前海管理局举办讲座，让更多人了解前海的政策，助力外企外资进入前海。同时也积极建立海外资源，协助深圳的企业走出去，致力于将前海联营所打造成粤港澳大湾区、"一带一路"企业"走出去，引进来"的法律桥梁与枢纽。我们坚信，法治社会的建立和完善，法律行业的稳健、成熟是市场经济繁荣的保障。立足于内地，通过粤港澳跨区域和跨法域的合作，才能充分发挥深圳、香港及大湾区地缘及专业服务合作的优势。

> **肆** 聘任香港地区陪审员既为深港法治融合、优化营商环境创造了有利的条件，更推动深圳建设成为社会主义法治先行示范城市。

前海法治创新，成为港籍陪审员

2010 年，我当选深圳市第五届政协委员。我和政协港澳台侨委员会的领导同事，深港澳法律界、会计界等专家，利用工作便利，聚焦服务行业提升，对标国际的要素，就如何进一步完善营商环境、知识产权保护、如何推动深港法律合作、前海国际仲裁中心建立等一系列课题做了二十多次调研、考察、访谈。

调研后，我先后撰写了十多篇提案，以个人或委员联名形式提交给深圳市政协。这些提案得到了领导的高度重视和赞赏。之后我们欣喜地看到委员提案中的不少建议得到了有关部门的认可和采纳，例如：服务行业境外人才、专家个人所得税 15% 优惠，港籍陪审员、调解员制度的创新，国际仲裁中心的建立等。

2018 年 6 月 24 日，我生日的当天，深圳前海法院举办开放日活动，我和十几位香港人正式获聘前海法院港籍陪审员。港籍陪审员主要通过参与案件审理，将港籍人士的专业知识与内地法官的法律判断相结合，在处理涉港案件中，能更好地消除香港同胞因制度理念和生活环境差异等因素造成对内地司法的距离感，增加裁判透明度，从而提升内地法院的国际、区际公信力。

作为港籍陪审员，我参与了前海法院数起涉港的知识产权等商事案件审理，并按照我国司法程序、陪审员制度，就案件开庭过程中涉及香港当事人或案件涉香港证据方面发表了意见。聘任港籍陪审员是前海法治的创新，与前海国际仲裁中心异曲同工，既为深港法治融合、优化营商环境创造了有利的条件，更推动深圳建设成为社会主义法治先行示范城市。

热心社团，情系深港

2019 年，为更快适应粤港澳大湾区的发展需求，提升律所整体的国际服务能力，雅尔德律师事务所加盟上海瑛明律师事务所，成立上海瑛明（深圳）律师事务所。踏入 2022 年，随着国家相关政策的要求，个人职业规划的调整，带着新的希望和梦想，我加入安永（中国）企业咨询有限公司，成为核心业务部合伙人。

如今我还是游走于深港两地。工作之余，一如既往地参与社会工作，履行香港深圳社团总会的常务副会长、狮子会前会长等公益慈善服务组织的义务，服务他人，成就自己。

改革开放不断推进、市场经济飞速发展、香港回归祖国所造就的新机遇，为所有法律从业者带来新的机遇和挑战。过往二十年，我从事法律服务行业，为有需要的人们提供帮助，也为粤港澳大湾区战略下的深港合作、法治融合尽一份绵薄之力，倍感人生不虚此行。深圳是我的第二故乡，记录着我大半生最精彩的奋斗历程。我热爱脚下这片土地，敬仰在这片土地上与时俱进、前赴后继、永不放弃、充满激情的逐梦者。

口述者　　**许宜群**

Xu Yiqun

1967 年出生于安徽省宣城市，现任广东鑫涌律师事
务所主任，前海深港合作区律师专家服务团金融类
专家律师，政协深圳市第六、七届委员，深圳市律
协第十、十一届理事。

口述时间
2022 年 8 月 3 日

口述地点
广东鑫涌律师事务所

我的命运与深圳、与改革开放是分不开的。我从一名电工，到担任法律顾问，再到拥有自己的事务所，好时代赋予每个人平等的机会，让没有基础和背景的人能够凭借自己的知识和努力获得成功。来深二十余年，我的一切都已融入这座城市的呼吸与脉搏中，深圳是我的第二故乡，我永远感恩这个城市。

许宜群:
崇尚法治意识
以公益普法推动法治进程

> **壹** 我至今仍保存着当年学习法律时用的课本，上面密密麻麻的笔记谱写了我的新生。

职高学子，不满现状力求改变

20世纪60年代末，我出生在安徽南部泾县的一户农家。家里兄弟姐妹多，仅靠父亲行医、母亲务农的微薄收入养活一家老小。为了尽快赚钱补贴家用，初中毕业后，我上了泾县技工学校，报了当时最热门的机电专业，并以优异的成绩毕业。

技校毕业后，我被分配到县水泥厂，成为一名技术工人。县水泥厂的工作任务重，薪水却很微薄，新人往往做最脏最累的工作，待遇却远不如其他工人。一年多的电工工作让我对个人价值产生了怀疑，这期间我无数次地想过，难道我的人生就止步于一个小小的电工？我对职业方向的选择也开始了新的思索。

1992年，我决定放手一搏，拿出自己的积蓄报了一个法律培训班。由于厂里缺人手，我一边学习一边工作。那里的同窗全部都来自全国各地的名牌大学，只有职校学历的我倍感压力。但我没有退缩，别人看三四遍的书，我就看十几遍。我把自己当做一个立法者，从法律的源头思考如何制定法案。就这样，三个月后我一次性通过了全国律师资格考试。我至今仍保存着当年学习时用的课本，上面密密麻麻的笔记谱写了我的新生。

举步维艰，南下深圳谋出路

通过司法考试后，1993年，我正式成为一名律师。

起初我在家乡泾县一间律师事务所工作，一段时间后，我发现这里信息落后闭塞，经济发展缓慢，对律师的需求量不大。在同行的挤压竞争下，1997年我决定南下深圳。

这年恰逢香港回归祖国，我揣着借来的几千块钱只身来到深圳。第一次来到深圳，胸中充满豪情，可豪情归豪情，解决生计才能解燃眉之急。初到深圳的两个月里，我每天徘徊在人力市场，始终找不到工作。人力市场一张入场券是五块钱，为了省钱，我就在人力市场里从早待到晚。晚上我借住在朋友宿舍，不到一米宽的铁板床，一住就是两个月。当时身边有许多这样的外地青年，他们和我一样，聚集在这里，一边忍受着糟糕的环境，一边对未来充满憧憬，希望能早日实现梦想，或许，这就是深圳的魅力。

在一次次碰壁后，我决定换一种策略。我进去人力市场后不急着投简历，而是仔细研究招聘单位的招聘公告，认真选择与自己能力和要求相符的单位，再有针对性地现场制作简历。这样我的求职效率高了很多，一天就有好几个单位要面试我。很快，我得到宝安集团下属工业公司法律顾问职位的面试机会。

在最后一轮面试时，主考官问到了薪酬待遇问题，我当时回答道："具体的薪酬待遇我先不谈，一个员工薪酬多少，取决于他能给公司创造多大的价值。如果我能够给贵公司创造更大的价值，那我理应拿到更多的工资，如果我不能给公司创造价值，那么我一分钱不要，立马走人。"或许是被我这番话打动了，面试官当场就录用了我。就这样，我在深圳找到了工作，成为一名法律顾问。

> **贰** 当时律师行业的处境很尴尬，律师队伍"二八倒挂"，20%的律师掌握着80%的资源，年轻的律师生存窘迫，资深律师的业务却源源不断。

创办律所，改变思路寻找出路

刚到宝安集团，我就接到一个中外合资的案件，其中涉及股权转让。因为之前从来没有遇到过类似的案件，为了解这方面的知识，我在报纸上找到一家专门做股权转让的公司，假装外行跟他们请教、探讨。最后我把整个流程学了一遍，并结合经验，顺利处理好自己手上的案件。正是这个案件，让我在宝安集团立稳脚跟。

后来我又陆续接了不少案件，其中包括森林王地板和圣象地板的知识产权案件，这个案件在全国引起轰动，也让我在律师界打响了知名度。在宝安集团拿到工资的第一个月，我忐忑地跑到卫生间偷偷翻看：五千四百块，是我从前一个月工资的十倍，这也证明我的能力终于被认可了。

2000年，我在宝安集团工作三年之际，决定辞职创业。那年我成为启仁律师事务所的合伙人。在这个过程当中，我办理了各种各样的重大案件。

当时律师行业的处境很尴尬，律师队伍"二八倒挂"，20%的律师掌握着80%的资源，年轻的律师生存窘迫，资深律师的业务却源源不断。造成这种现象主要原因是大多数律师都是挂靠在律师事务所单打独斗，职业素养参差不齐，服务过程无使命意识，管理者则缺乏经营理念。

为了改变这个现状，我决定创办一家属于自己的全新律所。2010年，我并购了一家律所，并更名为广东鑫涌律师事务所。我大胆突破了传统的服务模式与合作模式，工作中，我重视法律服务效果与服务质量，有效地树立新风，引入先进的企业管理理念与移动互联网技术。在律所经营过程中，我坚持选贤任能，效率为先，以人为本，并坚持无效果不收费。这种新式的经营理念得到了其他同行和客户的认同。

敢为天下先，是深圳精神最好的体现。打破旧有的局面树立行业新标杆，同样需要敢为敢当的勇气。鑫涌律所建立后，我将其业务范围进行专业的定位细化，包括婚姻家事、公益援助、未成年人保护、刑事辩护、法律顾问、置业护权六方面，希望能将我们最擅长的领域发挥到极致，提供最专业的法律服务。

叁　任何行为都是受意识决定的，我们公益普法、自媒体普法就是要唤醒人们的法治意识，只有法治意识提高才能促进法治进程的发展。

公益普法，唤醒人们的法治意识

我曾接手过这样一个案件，那是1996年，一名犯罪嫌疑人假借招工之名，对前来应聘的妇女在山路上实施强奸、故意杀人未遂，最后被判死刑。这件事对我触动很大，正因为犯罪嫌疑人的无知，其行为才没有规范。人们应该珍惜自己的前程，做有意义的事情。从那时起我意识到全民普法，任重道远。

任何行为都是受意识决定的，我们公益普法、自媒体普法就是要唤醒人们的法治意识，只有提高法治意识才能促进法治进步。我们坚持了八年公众号普法，我每天早上用一个微小的案例写一篇短文，推到微信朋友圈、微信群里，向近十万粉丝进行线上普法。另外，我们还推出了"以案说法""每日一典""法条解析"等栏目，希望能通过这些简单案例和朴实的语言，用一种老百姓能听懂的方式，用切实的经历和体会，启发更多的人遵从法制、讲规则、讲意识、讲规矩。

2013年，我们还发起成立了深圳新闻网公益律师团，开展普法讲座。2014年，"鑫涌法律大讲堂"相继在深圳宝安、龙岗、罗湖、福田、光明、大鹏等区以及中山、东莞、广州等城市开讲，8年来已经成功开展360余场。

提供法律援助，帮助更多有需要的人

公益普法的同时，我们还为条件困难的家庭提供法律援助。

我们曾遇到这样一个案件，受害人曾在宝安一家工厂打工，因劝阻他人斗殴，不幸身亡。案发半个月后，派出所民警告诉受害人的妹妹黄某，凶手已经落网并移交到检察院，如果要求对方赔偿损失，最好委托律师处理相关法律问题，但请律师要花很多钱，黄家无力负担。

我了解到这一信息后，建议她去申请法律援助，并表示愿意担任他们一家的援助律师。市法律援助处经过审核，委派我帮助黄某向凶手要求追讨赔偿。我认真接待了黄某，听取了她及家人关于赔偿的要求，最后根据相关法律规定，向法院提出了多项赔偿请求，让受害人家属得到了赔偿。结案后我还将自己的交通补贴，捐给了这个失去亲人的贫困家庭。

这些困难群体或个人，由于经济原因请不起律师，合法权利得不到保障。每次遇到这类案件，我都愿意出手，尽力帮上一把。只要敞开心扉，哪怕一个小小机遇，也许就能改变一个人的一生。

此前宝安有个残疾人非因公死亡，却得不到赔偿，其家庭成员全部都是残疾人。因为没钱，连遗体都未入土为安，为此，他们辗转找到我。

在了解情况后，我当场决定给他们提供免费的法律援助。

遗体不能放太长时间，但这一家人连生活费都拿不出来。我二话没说便给了他们几千元用于料理后事。经过我们的努力争取，最后，受害者弟弟如期拿到了丧葬补助费、供养直系亲属生活补助费以及一次性抚恤金十几万元。同时，基于我提出的要求，受害者所在的单位把弟弟也安排在他们单位工作，让这位失业很久的弟弟自食其力，重拾对生活的信心。这件事情一直留在那个弟弟的心中，他说，每次遇到了需要帮助的人，只要力所能及，他都会伸出援手，因为曾经有一位律师，是那么真诚、无私地帮助过自己。

其实我们只是做了一件微不足道的事情，但是对于他们却至关重要。所以在之后的律师执业生涯当中，社会责任感在我的心中茁壮成长，"帮助更多需要帮助的人"，成为我的又一人生目标。从2008年的汶川地震，到2010年的玉树地震，我都尽自己的能力捐款捐物。爱心的旅程让我走得越来越远，越来越有力量。

> **肆** 我们有责任、有义务告知更多的人，要崇尚法治意识，把这种规则从开始就落实下去。

政协履职，关注社会民生

2015年，我当选了深圳市政协委员。在政协履职期间，我提出了"法律进校园"的建议，反对校园暴力，让法治也关注未成年人。此外，我还提出律师进社区、律师会见预约制度、公共法律服务体系建设、多元协商调解机制等相关建议，都得到了回应与落实。

我们常说法治是最好的营商环境，其实法治也是生产力。华为就是把法治思维贯穿全程的典型企业。华为在成立之初，就聘请了许多全球知名律师制定规章制度，他们把制度管理渗透到华为的每一个细胞、每一个角落。也正因为如此，华为才会发展到今天的规模。我们有责任、有义务告知更多的人，要崇尚法治意识，把这种规则从开始就落实下去。

深圳是经过改革开放四十多年发展创造的世界奇迹。在这里，众多创新性法律条文开创先河，许多重大、疑难的法律案件随之被解决，这些都是深圳法治不断发展、走向国际化的重要基础。

我的命运与深圳、与改革开放是分不开的。我从一名电工，到担任法律顾问，再到拥有自己的事务所，好时代赋予每个人平等的机会，让没有基础和背景的人能够凭借自己的知识和努力获得成功。来深二十余年，我的一切都已融入这座城市的呼吸与脉搏中，深圳是我的第二故乡，我永远感恩这个城市。

口述者　　**赵艳青**

Zhao Yanqing

1964 年出生于广西壮族自治区柳州市，1987 年毕业于中国政法大学法律系，在职研究生学历，曾任山西省第二人民警察学校讲师。1995 年 12 月调入深圳市龙岗区妇联，2000 年 4 月加入中国民主促进会，2004 年 2 月任深圳市龙岗区司法局法制宣传教育科主任科员，2006 年 6 月到深圳市龙岗区大鹏街道办事处任副主任，现为大鹏新区葵涌办事处三级调研员，公职律师，民进深圳市委会法制委员会主任。

口述时间
2021 年 11 月 16 日

口述地点
深圳市大鹏新区葵涌办事处

作为一名在区级工作岗位上工作多年的法治干部，我感恩深圳对我的培养和教育，无论是在一线从事法治工作，还是在领导岗位分管法治和退居二线，我都一如既往地竭尽所能，兢兢业业地工作，以高度的事业心和责任感对待每一个岗位。面对深圳建设中国特色社会主义法治先行示范城市的新使命，葵涌办事处的法治工作任务仍然艰巨与繁重。我将一如既往地发挥法律专长的优势，积极完成党工委、办事处交给我的各项工作任务，为葵涌的法治建设继续出一分力、发一分光。

赵艳青：
让法治在城市治理中发挥更大作用

壹 当时的深圳经济特区正在日新月异、朝气蓬勃地生长，对我充满了吸引力。我那时候刚三十出头，业务能力正强，很希望投身一线，在法治建设方面做出更实在的贡献。

投身基层，用法律知识化解矛盾

我是在广西的部队大院里长大的，天性中就有一种敢闯敢试、顽强拼搏的劲头。1987 年从中国政法大学毕业后，我被分配到山西省第二人民警察学校当老师。学校教师当然是很不错的工作，太原这座城市也非常美丽。当了 8 年的老师以后，我很想到外面的世界闯一闯。而当时的深圳经济特区正在日新月异、朝气蓬勃地生长，对我充满了吸引力。我那时候刚三十出头，业务能力正强，很希望投身一线，在法治建设方面做出更实在的贡献。我参加了深圳市公务员招考，荣幸地成为经济特区法治建设中的一员，参与深圳的发展和建设，跟深圳一起共同成长。

我来深圳的第一个工作单位是深圳市龙岗区妇联，作为律师承担维护妇女权益工作。当时龙岗区在妇女权益方面，市民反映了一个普遍的社会问题：出嫁女、招郎女权益的保护。当时龙岗区不少村民观念陈旧，认为嫁出去的姑娘就是泼出去的水，女性在股份分红等方面根本就不应该享受跟男村民一样的权益，这就引发了一些社会问题。

当时龙岗区妇联主席非常能干，工作很有魄力。在她的领导下，我们根据国家有关法律条款修改了龙岗区农村股份分红的章程，把出嫁女、招郎女的权益保护直接写进了章程里，首先从政策层面来保护妇女权益。

但是政策法规制定颁布以后，实施起来还是困难重重。龙岗区刚刚开始城市化，男尊女卑的观念根深蒂固，即使有政策也很难执行。我们每个镇每个村一户一户地做工作，进了村从白天谈到晚上，有时候感觉"寡不敌众"，从村干部到村民都很排斥我们。

虽然我已经从事法律工作多年，具备了法律讲师的职称和律师资格，但我仍然深感原有的知识和经验不能满足工作的需要，只有不断地加强业务学习，才能把工作做得更好。工作之余，我参加了法学专业在职研究生班的学习，以优秀成绩完成了三年的学习任务。我自费购买了《婚姻法》《刑法》《中国律师》等大量书刊，利用闲暇时间通读精读，较好地掌握了维护妇女权益方面的最新法律知识，为做好维护妇女权益工作奠定了坚实的基础。

我们坚持耐心工作、苦口婆心地宣传，因为具备较强的法律政策水平和丰富的法律专业知识，司法工作经验丰富，工作渐渐打开了局面。矛盾一个个被化解，一户户的问题也都解决了。

我在实践的同时不断总结、提出解决实际问题的理论思考。我代表民进龙岗总支撰写的《关于城市化进程中"出嫁女""招郎女"权益保障问题的思考》，获全区城市化专题调研优秀论文"二等奖"；我提交的《预防和制止家庭暴力问题的建议》获龙岗区政协优秀提案表彰。

贰 把维权、普法与"四自"教育结合起来，把每一次信访当作进行普法教育和提高妇女素质的机会，为妇女提供实实在在的帮助。

坚守信访工作岗位，维护妇女合法权益

我坚守龙岗区妇联信访工作岗位，为妇女排忧解难。两年之中，接待来信来访803宗，办结率为95%。对每一宗来信、来访和来电，我都做到了认真对待、及时处理，用爱心、热心、耐心和责任心去解答法律咨询，进行心理疏导，并积极协调解决妇女的实际困难。

在接待来访的同时，我注意把维权、普法与"四自"教育结合起来，把每一次信访当作进行普法教育和提高妇女素质的机会，为妇女提供实实在在的帮助。

当遇到侵害妇女权益的重大案件时，我较好地运用专业特长，积极协调配合有关部门给予严厉的惩处。我协助处理重大案件17宗，其中，

重婚案 5 宗、家庭暴力案 3 宗、离婚案 7 宗、治安案件 2 宗。如代某诉江某离婚一案，在妇联领导的支持下，我几经周折，反复调查，积极协调省、镇妇联及有关部门关注此案，并赴广东省紫金县为代某出庭辩护，经过两年多的不懈努力，终于使这宗蒙冤两年之久的假离婚案平反昭雪，代某母子三人结束被扫地出门、居无定所的生活，为他们争取到了 25 万元财产及精神损害赔偿金，使他们母子三人的生活有了基本的保障。

1996 年，我协助深圳市公安局龙岗分局"打拐"行动组赴陆丰市抓获人贩子，成功地解救被拐卖妇女 16 人，认真做好被解救妇女的善后安置工作，在广东省引起较大反响。

我积极探索，大胆实践，动员社会力量实现全方位维权，组建了妇联陪审员队伍，特邀了 5 名政治素质高、作风正派、热衷维护妇女权益工作、熟悉法律的妇女干部担任陪审员。我作为陪审员之一，参与审理了侵害妇女儿童权益案件 9 宗；与区司法局联合成立"区法律援助中心妇女维权站"；联合法院开展"议案学法"活动，组织各界妇女旁听受到侵害时如何拿起法律武器维护自己的权益。

我将青春热血和满怀抱负投入工作，各级主管部门也对我们基层的法治工作给予了充分的肯定。

> **叁** 我们当时在电视台开设普法栏目，在报纸办普法专栏，开辟龙岗区十大法治教育基地，建设龙城广场法制长廊，让普法从天上到地下，无处不在。

深耕普法宣传，让法治观念深入人心

2004 年，我调到龙岗区司法局法制宣传科，从事普法宣传教育工作。当时全国都很重视普法教育，我们法制宣传科只有 3 个人，我是主任科员。在科长的带领下，我们发挥主观能动性，丰富普法宣传的形式，从龙岗的领导干部到企业再到村民，开展了全方位、多角度、深入的普法宣传。

我做过 8 年的法律教员，是法学讲师，所以我牵头成立了普法讲师团，深入街道社区、学校及区直机关，举办法律知识讲座 100 多场，近 3 万名居民、青少年学生、外来务工人员接受了辅导。作为区司法局专职普法工作者，我们完成了普法讲师团"送法下乡"活动培训计划的制订和落实，起草了外来务工人员普法骨干培训方案，并创新地把有奖问答活动引进课堂，深受外来务工人员的欢迎。

我还参与或独立完成了六套普法宣传资料的编辑工作，包括《中华人民共和国行政许可法》《中华人民共和国信访条例》等法律法规的宣传折页，扫黑除恶宣传挂图的设计；居民常用法律法规手册的编写，劳动法律法规宣传挂图的设计；参与了普法漫画周历的编辑，完成普法漫画 20 余张，并亲笔起草了漫画后记。

我们当时在龙岗电视台做了个普法栏目叫《与法同行》，在《龙岗报》也有一个同题普法宣传专栏，还开辟了龙岗区十大法治教育基地，在龙城广场建设了法制长廊，让普法活动从天上到地下，无处不在。龙岗区的《中华人民共和国行政许可法》法律知识竞赛开展得有声有色，影响很大；《龙岗区社区居民法律知识答题》《外来流动人员法律知识调查问卷》让普通居民有了更多参与的动力；"12·4"法制论坛、法制谜语有奖竞猜等方式我们都将普法有机地融入其中。

在普法工作中我认真履行自己的职责，为龙岗区法律常识的普及尽了自己的一份力量，我本人也通过工作实践得到了很好的学习和锻炼，思想水平和工作能力都有了较大的提高。

应该说，当时龙岗区的普法宣传确实搞得轰轰烈烈，由于同志们工作努力，成绩突出，龙岗区被评为全国普法先进单位。我自己也于2001 年、2006 年先后被深圳市委市政府评为"三五"普法、"四五"普法先进工作者。

> **肆** 我克服刚做完手术、身体尚未恢复的不便，抽调 3 名司法工作人员配合谈判、证据保全，为下沙整体搬迁顺利完成提供了坚强有力的司法保障。

履行行政职责，深化司法行政职能

我们把青春、知识和能力挥洒在深圳经济特区这片热土上，深圳也给了我们充分的展示才能的机会。2006 年，我被选拔到大鹏街道办事处担任副主任，分管司法工作。

当年，大鹏街道办事处司法工作任务极为繁重，一方面要继续深化司法的行政职能，另一方面要积极配合完成下沙等地的整体搬迁工作。

位于大鹏街道办事处的下沙村整村搬迁是当时的一项中心工作，按照党工委的安排，我接手了油草棚拆迁组组长的工作。我克服刚做完手术、身体尚未恢复的不便，带领全体拆迁工作人员走村入户，熟悉掌握情况。在人手少、任务重的情况下，我抽调了3名司法工作人员配合下沙搬迁的谈判及证据保全，为下沙整体搬迁工作顺利完成提供了坚强有力的司法保障。

2014年我转任副调研员来到葵涌办事处，为发挥专业所长，为办事处出一份力，2017年我主动提出分管司法工作。三年的时间里，我充分发挥自己的专业特长和常年基层司法工作的经验，积极为办事处把好"法律关"。在葵涌党工委的高度重视和坚强领导下，2020年初葵涌司法所被司法部授予"全国公共法律服务工作先进集体"称号，是全省唯一获此殊荣的司法所。

从31岁来到深圳经济特区，至今已经过去了26年。如今，我虽然已经退居二线，但依然兢兢业业地奋战在工作岗位上，为我们共同的家园贡献力量。我牵头制定了《"法治葵涌"三年行动计划》，计划在党工委的坚强领导下，带领司法所全体工作人员，力争用3年左右时间争创"全国先进司法所"，打造"全国先进法治街道"。制定了《办事处涉诉案件管理办法》《办事处合同管理办法》，从源头上杜绝诉讼案件的发生，将诉讼风险控制到最低，最大程度维护办事处的利益。我还引进市一流的律师团队，为坝光搬迁案件的扫尾谈判工作打开了局面。我和律师团队一起制定了周密的谈判解决方案，协助完成了十多年信访大案——"金葵丰花园信访案"。

在疫情防控期间，我下到社区后当即意识到依法防控的重要性，立即组织司法所，编印二万册依法防控的法治宣传资料发放到每家每户，还通过微信、电子屏、广播的形式广泛宣传，在全市率先启动疫情的依法防控工作，为办事处的疫情防控提供了有力的法治保障。

未来，我希望大鹏新区包括葵涌办事处在法治建设方面，机制更加健全，核心作用更加凸显，让法治在城市治理中发挥更大的作用。希望执法司法的质量、效率和公信力能得到进一步提升，公民的法律意识和法律素养进一步提高，社会的公平正义进一步彰显，我们共建一个更加美好和谐的深圳家园。

口述者　　**张西文**

Zhang Xiwen

1963 年出生于辽宁省鞍山市，民建深圳市委法律委
员会副主任、监察委委员，政协深圳市福田区第四、
五届委员，深圳市律师协会第四、五届监事，深圳
市政协立法协商专家，深圳市住房和建设局法律顾
问专家库专家。2002 年于深圳福田创立了广东鼎义
律师事务所，担任主任至今。

口述时间
2022 年 8 月 3 日

口述地点
广东鼎义律师事务所

成为律师 30 年，岁月峥嵘终不悔。作为一名职业律师，我只是做了我擅长且应做的工作。"能用众力，则无敌于天下矣；能用众智，则无畏于圣人矣"，我相信在未来，深圳的法治发展一定不会辜负众人的期许。

张西文：
在专业领域做自己擅长且应做的事

> **壹** 冥冥之中仿佛注定我几十年来跟工程施工息息相关的缘分开始了。

人生经历缘牵工程项目

我从小跟随父母搬迁过很多地方。我的老家在山东省菏泽市定陶县。1963 年，我出生在"钢都"鞍山，父亲当时是在鞍山钢铁建设集团工作，冥冥之中仿佛注定我几十年来跟工程施工息息相关的缘分开始了。

我父亲是基建工程兵的一员，小时候我跟着父母从鞍山到了嘉峪关、酒泉等地。

1969 年，我在嘉峪关酒钢第一小学（现更名为嘉峪关实验小学）就读，父母在嘉峪关主要是参与酒泉钢厂的建设。1971 年，钢厂建成后，作为基建工程兵的父亲转业到冶金部黄金矿山建设公司，我们一家先后搬迁到了陕西西安和潼关，后来父母的单位又转移到河南三门峡。

我的孩童岁月大都在大西北度过，那时候的生活条件比较艰苦。我对嘉峪关的记忆是大漠戈壁、人烟稀少。我们家住在嘉峪关城楼附近，放学后就可以登上城楼玩耍，地上有骆驼，天上有苍鹰，悠扬的驼铃声至今还常在耳边回响。在嘉峪关城楼下，一眼望去是茫茫的戈壁滩，微风掠过已是黄沙漫漫，阳光照耀时热浪袭人，天色初暗便寒意阵阵。当时我们居住的房子，当地人叫"地窝子"，是一种在沙漠化地区较简陋的居住方式，也是我们经常在影视剧中看到的早期新疆生产建设兵团职工的住房。好在这种艰苦生活的时间也不长，后来居住等各方面条件有所改善。

我的小学、初中、高中都是在部队或厂矿的子弟学校就读的。1979年高中毕业后，就在父母所在的单位参加了工作。1983年来到了中国能源建设集团西北电力建设局第一工程有限公司（以下简称"西北电建"）。参加工作后一边工作，一边参加了西北政法学院法律专业的自学考试。

1991年底我调入深圳，参加妈湾电厂的施工建设，负责总包方的施工现场生产调度，每天起早贪黑地忙碌着。这段工作经历对我后来的律师执业乃至一生都产生了很大的影响。

1994年底，妈湾电厂一期两台发电机组相继并网发电。我决定"下海"，离开了工作11年的西北电建。在西北电建的工作是我人生重要的工作经历之一，至今仍格外怀念。这11年间，我听从单位分配，辗转过几个重要的电厂建设，参与建设过福州马尾华能电厂、湖南岳阳华能电厂、深圳妈湾电厂等。

1996年至1998年我又进修了中国社科院研究生院的在职研究生课程，在求学路上奋勇前进。

虽然我离开了电建企业这么多年，但是我的办公室里还是留存着一顶西北电建安全帽，因为它承载了我对"老东家"西北电建的深深感情和美好记忆。在西北电建学习到的宝贵精神始终熏陶着我，激励着我。今天，每到闲暇时看到夜晚的灯光、奔驰的电动车等，我都会有一种油然而生的自豪感，我感恩并怀念那个火红的年代与全体电力建设者为国家的电力建设洒下的青春和汗水。

贰 让我留在深圳的，是一本名为《深圳青年》的杂志。

留在深圳，勇敢追逐"律师梦"

我的工作地点随着工作需要几经变化，来到深圳定居是因为一个契机。20世纪八九十年代，深圳作为经济特区发展迅猛，用电需求量大。

过去都是小型燃油电厂，存在着电力供应严重不足的问题，不能与深圳经济发展相适应，城市的电力水平成为制约深圳发展的瓶颈。

于是 1991 年底，单位指派我来深圳，参加妈湾电厂一期工程建设。当时深圳市委市政府组建了能源办，为电厂投资数十亿元，可见深圳对能源基础建设之重视、解决该问题之迫切。

在如此大的投资强度下，我们每天都在"抢发电"，为了能提前完成妈湾电厂的建设，我们夜以继日地工作，完全没有工作日与休息日的概念，只有距离并网发电还有多长时间的概念。在我看来，当时哪怕是提前一天，甚至一小时，都是为经济特区建设贡献出自己的一份力量，因此我在建设过程中满怀着干劲与激情。

1992 年，在单位领导的支持批准下，我在深圳参加了律师资格考试，取得了律师资格。1994 年申请到了我律师执业生涯中的第一本律师（兼职）执业证。

时间来到了 1995 年上半年，在当时广东省最大的火力发电厂——妈湾电厂一期竣工投产后，我做出人生中一个至关重要的决定：我要留在深圳，"下海"做律师。随后在深圳开启了我的律师执业生涯。

而让我下决心留在深圳的，是一本名为《深圳青年》的杂志。杂志上刊登了各种各样如火如荼建设深圳的故事，记录了深圳青年奋斗者真实的生活状态，让我如痴如醉。通过杂志，我看到了来自全国各地的青年奋斗者怀着期待的心情，前来建设深圳，大胆追梦，他们饱满的激情与昂扬的精神鼓舞了我。因此，这本杂志也成为我下定决心留在深圳发展的重要契机。

1993 年，我在首家以"律师事务所"命名的蛇口律师事务所任兼职律师。由于当时我的工作重心仍是生产一线的调度工作，一线的工作压力大，我虽取得了律所的律师（兼职）执业证，但没有时间和精力从事律师工作，也没有办过一个案子。

律师制度恢复 40 余年，我有幸亲历了大部分时间。1995 年 3 月份，那是我印象较为深刻的时间点，那是一个阳光明媚的春天，我从蛇口律师事务所"转战"到深圳律师事务所任专职律师，并由此正式加入了深圳律师的大家庭。

2002 年，我和另外两位合伙人组建了现在的广东鼎义律师事务所。由于我之前具有施工经验，接触过工程类大型基础设施项目，因此，从执业之初，我代理或介入的案件大都是与建筑工程、地产开发以及大型基础设施相关的。

术业有专攻，在我看来，律师应当走专业化的特色道路，用过硬的专业本领塑造自己，并且将在某一领域的专业知识与所学法律知识扎实结合，才能更好解决该领域里难以处理的重大或疑难案件。专业律师的发展和需求与城市的经济发展密切相关。因此，我始终认为，我之所以能够成为一名具有特色的专业律师，无疑是幸运的，是时代格局与城市发展支撑共同成就的。

 曾代理过的 1996 年至 1999 年东门步行街拆迁重建工作的案件，是我的律师职业生涯中较为浓墨重彩的一笔。

东门老街改造，积累宝贵经验

时间一晃，我从事专业律师工作已经 27 年了。

27 年弹指一挥间，在这 27 年的律师职业生涯中，我办理过许多案件、接触过各阶层的人，经历过的事都那样令人难忘。打开记忆的闸门，回首这些年来个人在深圳的成长、深圳律师行业的发展、国家法制的完善和进步，我颇多感慨。

曾经代理过的 1996 年至 1999 年东门步行街拆迁重建工作的案件，是我的律师职业生涯中较为浓墨重彩的一笔。在深圳，常年流传着这句话："没去东门老街，就不算来过深圳。"东门老街这条历史商业街区，不仅见证了改革开放以来深圳翻天覆地的变化，也是深圳最具代表性的商圈。

东门老街，旧称"深圳墟"。东门，指旧时深圳墟的四个门之一的东门，位于深圳市罗湖区，是深圳市最早的商业中心之一，东门老街总占地面积 17.6 万平方米，北至立新路，南至深南路，东到东门中路，西至新园路。其历史可以追溯至明末清初，距今有 300 多年历史，可以说这是深圳形成时间最早、最成熟和最具规模的商业街区。

20 世纪 90 年代初，深圳市提出改造东门老街的计划。1996 年，东门老街开始了大规模的拆除重建工程。我当时在项目开发企业担任法律顾问，东门步行街拆迁重建的工作，对我们来说，是一个不小的考验。

改造前东门老街建筑多且复杂，以砖瓦房为主，还有大量的铁皮房，人们的主要营生是摆地摊。印象中东门老街的地摊生意非常兴旺，小巷子里人来人往，通常围得水泄不通。而且，这里建筑物所有权的界定判断以及业主情况的复杂程度也为改造工作带来前所未有的挑战，拆迁重建工作涉及多方利益。

拆迁工作有"天下第一难"之称，牵涉到法律、法规、政策，利益之争和博弈无处不在、无时不在，情、理、法渗透在每一寸土地上。那段时间，我参与了大量的协调会、协商会、听证会，参与代理多起拆迁、裁决和诉讼以及拆迁、执行和安置工作。虽说工作辛苦，但最终圆满完成了所承担的法律顾问工作，获得了各方面的好评。经历了这段执业生涯后，我对国家的拆迁建设、拆迁补偿都有了从内涵到外延更深刻、更进一步的认识，并为以后律师的执业工作奠定了更扎实的基础。

得益于市委市政府的大力支持，作为市里第一个拆迁项目，总体来说进展还是顺利的。经过几年的建设，1999 年 10 月 1 日，东门商圈改造后正式称为东门步行街。

如今，我在形形色色的案件中已积累了大量关于房地产、建筑工程、大型城市基础设施及公用事业领域的实践经验。2016 年 7 月 12 日，最高人民法院开庭审理我所律师代理的中建某局某公司与江苏某地产公司建设工程施工合同纠纷一案，在最高法院通过中国法院庭审直播网进行了全程在线现场直播，该案为最高法院首例现场直播的案件。

> **肆** 　深圳律协绩效考核制度在全国是首次尝试，具有一定的引领示范作用，之后其他省市的律协也陆续进行尝试并建立了律协绩效考核制度。

大胆探索律协绩效考核制度

深圳经济特区建立 42 年，律师制度也随之蓬勃发展，从我刚来深圳时，深圳律师人数不到 300 人，发展到如今专职律师人数超过 2 万人的庞大队伍；从初期的单一国办所，到合作、合伙、个人所遍地开花；

从单一的刑事辩护业务，到民事、经济案件代理齐头并进；从以诉讼业务为主发展到涉外、非诉业务如雨后春笋般增长，律师已经成为我国民主法治建设进程中一支不可或缺的重要力量。

我做律师将近 30 年。做一件事情 30 年，要保持同样的热情是很有难度的。所以我没有停止学习的脚步，也没有丧失自己的热情与激情。

近十余年来，我先后参加了清华大学、北京大学、中国人民大学、四川大学、西安交通大学、安徽大学等高校的学习培训。

我在学习上没有丝毫懈怠，在工作上更加兢兢业业，还加入了深圳市律师协会。深圳改革开放的窗口作用体现在方方面面。国家恢复律师制度后，深圳律师管理体制的重要变革在许多方面都走在全国的前列。例如，深圳市第四次律师代表大会选举产生新一任会长，这是全国首次由律师代表选会长；深圳律师行业由司法行政管理为主导向行业自律管理转型的"两结合"管理模式的尝试等。

2012 年，我有幸参加了深圳市律师协会监事会的工作，成为协会的一名监事，同时兼任监事会绩效考核委员会主任。2013 年，在律师协会和监事会的领导下，绩效考核委员会制定了《深圳律师协会监事会绩效考核办法》，成为全国律师行业第一份考核律师协会组成人员的考核办法，推动了深圳市律师行业更好发展。同时我将自己对律协的现状分析和未来探索的思考撰写成了《深圳市律师协会绩效考核制度的探索和建设》，在广东省律师协会征文中获得优秀奖。律协绩效考核制度的建设可以量化客观、量化公正，对律协班子的工作有了一把评判的"尺子"，并对律协的工作起到推动作用。深圳律协绩效考核制度在全国是首次尝试，具有一定的引领作用，之后其他省市的律协也陆续进行尝试并建立了律协绩效考核制度。

2015 年 5 月 1 日，我获得"深圳市五一劳动奖章"，有幸成为目前深圳市律师界唯一获此殊荣的律师，为深圳律师界争得了荣誉。

虽然来深圳已逾 30 年，但我只是作为一名职业律师做了我擅长且应做的工作。

成为律师近 30 年，岁月峥嵘终不悔。我相信在未来，深圳法治的建设与发展一定不会辜负众人的期许。面对法律服务市场不断提出的新要求以及新挑战，我坚信深圳全体同行能够胜任这份使命，慎始而敬终，行稳而致远，不忘初心，笃定前行。

口述者　　**赵明昕**

Zhao Mingxin

1972 年出生于辽宁省凌海市。西南政法大学法学博士，中国人民财产保险股份有限公司与武汉大学合作培养博士后，美国肯特州立大学访问学者。现任深圳大学法学院副教授、硕士研究生导师，深圳市南山区政协委员，深圳国际仲裁院仲裁员，中国证券法研究会理事，中国保险法研究会理事。

口述时间
2022 年 8 月 24 日

口述地点
深圳市福田区新媒体大厦

1992 年 7 月全国人大常委会授予深圳经济特区立法权，至今已整整 30 年。这 30 年，深圳在地方立法，尤其是特区立法方面取得了突出的成绩，这些立法在深圳经济特区不同发展时期为深圳市场经济体制建设、改革创新和城市建设发挥着极大促进和保障作用，同时也为国家立法提供了有益的经验，其成效有目共睹。回望这座"改革之城"，可以看见，深圳的立法与城市同向同行，与改革相辅相成。在新的发展时期，深圳要继续用足用好特区立法权，继续推动更多法规落地施行，继续让这座"改革之城"因法治而兴，从而推进中国特色社会主义法治先行示范城市建设。

赵明昕：
用足用好特区立法权
为"双区"建设提供法治保障

> **壹** 由于深圳有经济特区立法权，所以深圳的法治建设是走在全国前列的，甚至在很多领域都是领先于全国的。

从理科生向文科生转变

我在辽宁省沈阳市出生和成长，本科就读于沈阳大学财经学院的统计学专业。其实我的数学成绩并不突出，而统计学恰恰需要运用数学，所以在考研的时候我就琢磨着要选择一个不需要考数学的专业。通过对多个文科专业的调查了解，我觉得自己适合学法学，于是后来考上了沈阳师范大学法律系的民商法专业研究生。现在回想起来，其实本科期间学习过高数对我后来学法学还是有帮助的，因为法学是一门很讲逻辑的学科，而数学对于培养人的逻辑思维又很有价值。

2004 年，我从西南政法大学民商法学院毕业，获得法学博士学位。接下来两年，我去了北京，成为中国人民财产保险股份有限公司博士后工作站和武汉大学博士后流动站合作培养的博士后，从事保险学和保险法学的研究工作，并在 2006 年获得经济学博士后资格。

深圳法治建设走在全国前列

因为来自东北，我个人是比较倾向于在北京安家落户的。可当时我的女朋友，也就是我现在的太太，她研究生毕业后就南下到了深圳，并考上了深圳的公务员。从与我女朋友日常交流中，我了解到深圳是中国南方一座非常年轻的、有活力的城市。2006 年，我来到了深圳，一方面是为了将爱情进行到底，另一方面自己也想到深圳"开开眼界"。随后，我进入深圳大学法学院从事法律教学和研究工作，一直到今天。

来到深圳后，出于工作和专业研究的需要，我对深圳的法治建设进行了详细了解和细致研究。当时深圳的法治建设正处于全方位探索期，存在着不少急待开拓的空间，但由于深圳有经济特区立法权，所以当时深圳的法治建设是走在全国前列的，甚至在很多领域都是领先于全国的。比如土地使用权拍卖、物业管理等条例，这些都是深圳先制定出来，在地方实施后，看到效果好再推广到全国。我想，这也是深圳作为中国改革开放"试验田"担当的使命吧。

> **贰** 随着新条例的推行，深圳市民运动健身有了更好的场地保障，全民健身的良好氛围也逐渐显露。

修订旧条例势在必行

2008 年，北京举办了夏季奥运会，我国的竞技体育水平达到了一个新的高度。看到这么多体育健儿在国际赛场上为国争光，全国人民参与体育运动的热情再次被点燃。但其实对绝大多数人来说，体育运动的目的不是拿金牌，而是强身健体。乘着北京奥运会的东风，2009 年 8 月 8 日，中国全民健身日应运而生。

作为中国改革开放的先锋，深圳在开展全民健身运动方面自然不会甘居人后。在立法保障全民健身运动方面，深圳也是领先全国的。1999年，深圳市人大常委会就制定了《深圳经济特区促进全民健身若干规定》（以下简称《全民健身若干规定》），确立了相对科学的全民健身活动的管理体制和运行机制，明确了各类执法机关在推进和监督全民健身运动中的职能权限，确定了体育设施的管理和维护主体，在调整全民健身运动相关主体之间的关系、维护全民健身运动秩序和促进全民健身运动健康发展方面发挥了不可替代的作用。

然而，经过十余年，深圳的实际情况和群众的认知都发生了变化，《全民健身若干规定》赖以存在的社会整体环境发生了巨大变化。首先，法律环境的变化。随着国家相继制定或修订了一系列与全民健身运动有关的法律法规，如《全民健身条例》《中华人民共和国行政许可法》《公共文化体育设施条例》等，《全民健身若干规定》中的那些不符合上位法的内容在事实上被废止。其次，体育事业本身的变化。除竞技性体育运动快速发展外，群众性体育事业发展也非常迅速，各种新生事物层出不穷，远远超出了《全民健身若干规定》调整的范围。这些变化导致《全民健身若干规定》已经不能适应现实需要，进行修订势在必行。

深入开展立法调研，广泛听取各方意见

2011 年底，深圳市文体旅游局联系到深圳大学法学院，希望学院能安排教授负责《全民健身若干规定》替代法规的起草工作。学院经过考虑推荐了我，因此我就成了《深圳经济特区促进全民健身条例》（以下简称《全民健身条例》）草案的起草者之一。这是我第一次主持地方性法规的起草工作，想到能够有机会利用自己的专业所学去提高深圳市民的健康水平，我心里非常兴奋。

开展全民健身运动的物质保障主要是公共体育运动场所和设施的建设与完善。如果没有运动场所和设施的保障，促进全民健身完全是一句空话。在广泛调研过程中，我们走访了很多体育场馆，也对深圳市民展开了问卷调查。我们发现，深圳在运动场所和设施建设方面比国内很多城市都要完善，不仅有市属的运动场馆，各个区也都有体育场馆，甚至很多学校、单位的运动场馆、体育设施都是非常好的。但问题是这些运动场馆、体育设施，市民群众能够真正使用的却不是太多。因此，我们在《全民健身条例》草案中提出，鼓励运动场馆、设施免费向公众开放，其中规定由财政资金投资建设的体育场馆必须定期向社会开放，且开放时间每周不得少于 56 个小时，从而满足群众需求。

但是，这些体育场馆向社会免费开放又会带来一系列的问题，比如学校的体育场馆周末向公众开放，那么学校是不是得安排人员进行管理？这些体育设施的损坏和折旧的费用谁来承担？更重要的是，如果在运动期间，发生运动伤害谁来承担责任？面对这一系列问题，我们也广泛听取了各方意见。同时，对国内其他大城市和国外的相关规则进行了借鉴参考。最终，我们在《全民健身条例》草案中提出，对于非财政资金投资建设的体育场所的维护费用可以由政府进行补贴，一些体育场馆也可以按照相关收费标准适当收取费用。运动伤害方面，

则按照过错来区分，如果体育场馆维护者不存在维护不力等原因导致的伤害，则不需要承担责任，由场馆管理者和政府购买"安全责任保险"等方式分担风险。

为深圳营造全民健身氛围提供保障

在条例修订过程中，我们还根据全国人大"立法能具体尽量具体，能明确尽量明确"的要求，删减了原则性、理论性的条文，加入权责明晰的制度和具有法律责任的刚性处罚等内容，使《全民健身条例》具有更强的可操作性。2014 年 8 月 28 日，《深圳经济特区促进全民健身条例》经深圳市第五届人大常委会第三十一次会议通过并公布，自 2015 年 1 月 1 日起施行。

《全民健身条例》是深圳率先以地方立法形式确立了全民健身活动的细则。随着该条例的推行，深圳市民运动健身有了场地和设施的保障，全民健身的良好氛围也逐渐显露，比如我们深圳大学的很多体育馆，在疫情防控之前，每天傍晚和周末都向市民开放，非常热闹。此外，在深圳每年的全民健身活动月，除了坚持举办长跑日、青少年棒球精英赛、"深圳杯"足球赛、太极拳、网球、极限运动嘉年华等形式多样的健身活动也开展得如火如荼，大大丰富了群众的体育文化生活，增强了市民的体质。

> 叁 事实证明，《文明促进条例》对于促进深圳市民文明行为养成具有重要意义，该条例实施以来，深圳市民的文明水平明显提高。

为提高深圳市民文明水平立法

为了进一步推动城市文明的建设，不少法学专家认为，有必要通过立法的形式，确定"好心人免责"的规则，为救助人规避可能遭受的法律风险，从而促进社会良善风气的养成。

在这种氛围的影响下，深圳市人大常委会也提出能否在促进文明行为方面进行立法。对此，我们学院的教授和专家、人大代表进行了深入的讨论。大家认为市民的文明行为大多数属于道德层面，无法靠法律去约束。但从反面来说，法律是可以对不文明的行为进行惩戒的，一座城市的不文明行为减少了，那这座城市的文明水平自然就提升了。

确定了统一思路后，我们便着手起草《深圳经济特区文明促进条例》（以下简称《文明促进条例》）。起草工作主要分为两个方向：一方面是在立法的时候择其高点，也就是大家常说的"顶格处罚"，从重处罚违法的不文明行为。比如我们列举了随地吐痰、乱扔垃圾等十大不文明行为，按照有关法律、法规规定的最高罚款额度予以处罚，从而提高违法成本；另一方面，我们立法的初衷是以教育为主，要让市民真正养成文明习惯，所以不能一罚了事。为此，我们在条例中规定，违法行为人受到罚款处罚的，参加社会服务实践可以折抵罚款。比如有行人闯红灯了，他可以选择交罚款，也可以选择帮助警察维持交通秩序的方式折抵罚款，从而让其对自身的不文明行为有更深刻的反省。这也是《文明促进条例》立法的创新之一。

国内率先通过立法规范市民文明行为

很多新的立法都是历经艰辛，过程曲折。从 2012 年 8 月 28 日《深圳经济特区文明行为促进条例（草案）》送审，到 2013 年 3 月 1 日《深圳经济特区文明行为促进条例》经市人大常委会审议通过得以实施。作为国内首次针对市民文明行为规范进行立法的法规，《文明促进条例》从草案开始就在全国引起了关注和讨论，在"何种行为该罚、罚的尺度如何掌握以及由谁来罚"上更是成为舆论争议的焦点。其实，在法规草案未形成前，市人大常委会就公开向社会征求意见，从行为、处罚、执法三个角度分重点、分阶段进行三轮民意调查，民意调查的结果作为法规草案形成之基础。

除了对不文明行为进行处罚，我们更着眼于鼓励和促进市民文明行为习惯的养成。《文明促进条例》提出市、区人民政府及有关单位应当建立、健全文明行为奖励表彰制度，要探索建立文明行为记录档案，对个人的文明行为给予奖金、荣誉表彰、积分入户加分等奖励。比如对捐赠骨髓、器官和无偿献血的个人，其本人和配偶、子女、父母可以在骨髓和器官移植、血液使用方面获得优先或者优惠待遇。

事实证明，《文明促进条例》对于促进深圳市民文明行为养成具有重要意义，该条例实施以来，深圳市民的文明水平明显提高。我认为，这是深圳以法治促进文明的更深层次探索，也是深圳在推进法治建设方面力争先行示范的创新尝试。

肆 过去 30 年，经济特区立法权为深圳改革开放和特区发展起到了保驾护航的作用，为国家立法的完善提供了有价值的经验借鉴。

法律的修订适应于社会的进步

众所周知，1992 年 7 月 1 日，第七届全国人大常委会第二十六次会议通过《关于授权深圳市人大常委会及其常务委员会和深圳市人民政府分别制定法规和规章在深圳经济特区实施的决定》，正式授予深圳经济特区立法权。此后，深圳乘势而上，立法权得到充分运用，立法优势转化为法治优势，制定了许多突破全国性立法的地方性法规。这些法规覆盖了经济社会发展各个方面，贯穿了改革开放的全过程，在深圳经济特区发展中发挥了不可替代的作用。同时，这些地方性法规通过在深圳的实验，再推广到全国各地，为国家立法和其他地方立法提供了可复制、可推广的经验。

与此同时，随着国家的法治建设日趋完善，基本上各个领域都有了全国性立法。作为法律研究工作者，我们能明显感觉到，深圳经济特区立法权的创新空间需要更有力度的拓展。但近年来，随着社会的快速发展，新的事物层出不穷，以前的法律、法规存在着一定的滞后性，很多领域的法律又面临着修改。在这个修法过程中，深圳将又一次走在全国的前面。随着社会的不断进步，深圳以后肯定还会继续对地方性法规进行修订，我希望自己能够继续为深圳的法治建设贡献一份力量。

深圳要用足用好经济特区立法权

法治建设，立法先行。过去 30 年，经济特区立法为改革开放和深圳经济特区发展起到了保驾护航的作用，为国家立法的完善提供了有价值的经验借鉴。随着全面依法治国的推进，深圳经济特区立法要适应时代发展的要求，提升它应有的作用和地位。

2019 年 8 月，《中共中央、国务院关于支持深圳建设中国特色社会主义先行示范区的意见》（以下简称《意见》）发布。《意见》提出，深圳要"用足用好经济特区立法权"。因此，我们看到，近年来深圳市人大常委会聚焦人工智能、无人驾驶、大数据、生物医药等新兴领域积极开展立法，其中不少为全国首创。我相信，未来深圳一定能继续用足、用好经济特区立法权，为粤港澳大湾区和中国特色社会主义先行示范区建设提供有力法治保障。

口述者　　**徐代化**

Xu Daihua

1953 年出生于重庆市，毕业于华西医科大学，副主任法医师。现任广东南天司法鉴定所所长、广东省司法鉴定协会副会长、深圳市司法鉴定协会副会长、深圳市医院管理者协会医事法学专委会副主任委员、中国国家认证认可监督管理委员会资质认定国家级评审员、中国合格评定国家认可委员会检查机构 /实验室技术评审员。中国政法大学校外硕士生导师，西南政法大学兼职教授，华南师范大学法学院兼职教授。

口述时间
2022 年 4 月 14 日

口述地点
深圳市福田区爱地大厦

自南天所成立以来，我们不断积累经验、提高技术水平，开拓创新，攻破一个又一个难关，从被外界质疑到成为广东省司法鉴定门类最多的综合性司法鉴定机构之一，南天所经历了许多。在建设中国特色社会主义先行示范区的道路上，深圳的法制改革一直走在时代前列。

正是因为深圳提供了深厚的法治土壤和宽松的创新环境，我们作为首批社会司法鉴定机构才得以茁壮成长。而身为一名司法鉴定人，我服务于人民，希望能用司法鉴定专业技术对诉讼涉及的相关问题进行鉴别和判断，保持客观，还原真相，让每一个老百姓都感受到司法的公正。

徐代化:
深耕司法鉴定领域
做客观事实的还原者

> **壹** 那时我国司法鉴定机构大都由公检法设立,极少有社会机构。我由此萌生了一个想法: 既然司法鉴定服务有痛点,我们为什么不抓住这个痛点,成立一家社会司法鉴定机构?

来到深圳,创立社会司法鉴定机构

我成长于一个特殊的年代,曾作为知识青年下乡。18 岁,我从农村出来,调入企业成为一名医生。20 世纪 80 年代末,正逢检察事业大发展,法医人手紧缺,借此机会,我调入了四川省人民检察院万县分院从事法医鉴定工作。

伴随着改革开放的春风,深圳迅速发展,从报纸、电视的新闻里,我开始留意这座城市。短短几年时间,我去深圳考察了两三次,不禁被这里的氛围所吸引,走在路上,每个人都朝气蓬勃、活力十足,于是我决心成为其中一员。1992 年,通过调干考试,我成功来到了深圳。

起初的几年,我当过营业员、做过项目材料采购经理,在不同的公司辗转。直到 2001 年,我听法院的朋友抱怨,由于深圳的鉴定技术力量较薄弱,法院审判案件如涉及笔迹、印章、印文鉴定,需送到重庆、上海等地鉴定,导致不少案件久拖不决。那时我国司法鉴定机构大都设在公检法三家,极少有社会司法鉴定机构,这是计划经济时代的产物,是在几十年的司法实践中自然形成的体制。

我由此萌生了一个想法: 既然司法鉴定服务有痛点,我们为什么不抓住这个痛点,成立一家社会司法鉴定机构? 当时我国并没有任何法律就司法鉴定的体制做出规定。那一年,《深圳市司法鉴定条例》出台,尽管这个条例主要是规范面向社会的鉴定活动，没有触及现行司法鉴定体制，但是它为今后成立新的司法鉴定机构提供了法律依据。在此之前，广东有唯一一家由企业设立的司法鉴定机构——广东太太法医物证司法鉴定所，主要运用分子生物学及遗传学等高新技术手段，对民事及刑事案件中涉及的生物样品进行核酸（DNA）指纹图谱的技术鉴定，没有涉及文书鉴定等业务。

为了实现这个想法，我特意去北京咨询了司法部，得到了上级领导的支持，回来后我们信心大增。经过一番筹备，终于在 2003 年 8 月，广东南天司法鉴定所（以下简称"南天所"）成立了，当时我们是广东省司法厅核准设立的首批社会司法鉴定机构，主要涉及法医病理、法医临床、法医精神病、文书、建筑工程造价 5 类司法鉴定工作。

> **贰** 2005 年，全国人大常委会通过《关于司法鉴定管理问题的决定》，至此，我国司法鉴定步入规范化管理。

努力生存与发展，开拓交通事故鉴定业务

鉴定所是建立起来了，但与公安司法机关鉴定部门和高校、科研单位组建的司法鉴定机构相比，社会司法鉴定机构底子薄，如何建构自己的公信力是关键，如何生存与发展更是摆在眼前的现实问题。

为了保证司法鉴定工作的质量，我跑了很多地方，寻找这方面的人才。我们早期的员工多数是公安机关的退休人员，拥有专业的技术背景和丰富的工作经验。刚成立时，我们只有 25 个人，跑到法院自我推荐时，对方都持怀疑态度，认为社会机构不太可靠，很难达成委托意向。

直到有一天，深圳市中级人民法院主动找到我们，说有个棘手的案件，问我们接不接。我第一反应就是：接！无论多难都接！这是一个挑战，但也是我们的"敲门砖"。

这是一起医患纠纷案件，医患纠纷涉及赔偿案件一直是疑难案件，如果鉴定不科学，双方可能都不服。这个案子主要人员是一名腰椎间盘突出的患者，他在深圳一家医院做牵引治疗时，因医务人员操作失误，被挤压到神经。后患者自称治疗导致了他性功能障碍，向医院索赔 320

万元。当时我们接手这个案件时，患者已去深圳、广州两家医院做了鉴定，都证实了患者的观点。但涉案医院不服，法院就找到我们鉴定。经过我们认真地调查和验证，最终证实患者没有性功能障碍，最后法院判决医院赔偿患者 3 万元，双方均无异议。这个案件得到深圳市中院的技术人员和审判人员的高度认可，也为我们在司法鉴定领域占得一席之地。

随着机构的不断发展，我们开拓了交通事故鉴定业务。踏入 21 世纪，道路交通事故呈多发态势，针对交通事故鉴定的需求持续增长。我们率先联系深圳交警，表达了承接交通事故鉴定的意愿。经过一番考察，他们认可了我们。从 2004 年开始，南天所就接受深圳市交警局的委托，负责全市道路交通事故相关鉴定，广东省此前没有任何一家社会司法鉴定机构涉足这一领域，我们算是走在了前头。

制定多项管理制度，保证司法鉴定质量

司法鉴定是一项非常严谨的工作，南天所成立伊始，国内尚没有明确的法律规范司法鉴定业务，面对法制环境的诸多制约因素，我们反复讨论最终达成共识：保持司法鉴定机构的活力，最根本的一点就是要保证鉴定结论的客观、公正、准确，获得社会公认。只有社会公信力提高了，司法鉴定机构的生存才有保障。而这一切必须用制度和程序来规范，只有通过严格的管理才能实现。

为此，我们先后制定了《法医学鉴定程序》等 30 多项规章制度，对司法鉴定从接受委托到送达鉴定文书、档案归档的每个步骤、动作进行规范，使鉴定的实施有章可循，司法鉴定质量有了基本的保障。

我们内部的规章制度实施没多久后，在 2005 年，全国人大常委会通过《关于司法鉴定管理问题的决定》，对司法鉴定管理体制的完善和健全起到重要指引性作用，至此，我国司法鉴定步入规范化管理。

为进一步提高司法鉴定技术水平，规范本机构从业人员的执业活动，与国际司法鉴定行业接轨，我们开展认证认可工作。2007 年 12 月，我们成为全国第一家获得中国合格评定国家认可委员会（CNAS）实验室认可的社会司法鉴定机构，鉴定结论被全球 74 个国家和地区多边互认；2008 年，我们又获中国国家认证认可监督管理委员会（CMA）的检验检测资质认定，成为全国第一家既通过 CNAS 又通过 CMA 认定的司法鉴定机构，同年，司法部开始在全国范围内大力推进司法鉴定机构的认证认可工作。自 2005 年国家认可委开始开展能力验证工作以来，我们连续 17 年参加了涉及 9 个鉴定门类的 229 项能力验证，能力验证通过率 100%。

> **叁** 这一项具有开创意义的"利用计算机检验文件制成时间的方法及计算机系统"专利最终完成，成功攻克了文件制成时间检验鉴定这一世界性难题。

突破"文件制成时间鉴定"难题，取得多国专利

在司法鉴定实践中，文件制成时间的结论往往决定诉讼案件审判的结局，涉及诉讼双方的刑事责任和经济利益，所以文件制成时间鉴定是法庭科学技术的重要组成部分。

"文件制成时间鉴定"一直是世界性的难题，对于这项内容的研究已有一个世纪的历史。近年来，我国涉及文书鉴定的司法案件日益增加，不法分子经常通过倒签合同时间、添加合同内容等手段，逃避法律责任。由于以往的文件制成时间鉴定的方法较少，且对碳的颜料型墨水检测不够敏感，导致无法鉴定出某些经过蓄意谋划的伪造、变更的材料，让受害者蒙受了损失。同时，以化学方法来鉴定笔迹，工艺复杂，对原文件会有损坏。

为了解决这个问题，我们也在不断研究。2005 年 8 月，我突然想到，既然化学方法鉴定不行，能不能换个思路，用物理的方式去检验，让计算机'算'出制成时间呢？我开始与所里的工作人员一起研究，后来发现依据字迹和纸张随着放置时间的褪色程度，可以利用计算机系统和相关分析平台，鉴别文件的真伪。

为更好地完成研发工作，我们购买了包括科研级显微分光光度计、显微激光拉曼光谱仪、文件检测设备 VSC800 等在内的大量相关仪器。从 2008 年开始，我着手搜集样本，包括不同种类的打印机、书写工具、印油印章等，还配备环境模拟设备，满足不同环境下存放的检材的比对需求。如今，样本采集工作已经成为本所墨迹数据中心的常规工作，每天都有专员制作打印、书写印文等文件样本，加上不断搜集各类如机票等零散样本，我们建立了一个全世界独一无二的具有 1100 多种墨迹样本的数据库。这正是在十年间一点一滴积累下来的。

经过大量数据测试，这一项具有开创意义的"利用计算机检验文件制成时间的方法及计算机系统"专利最终完成，成功攻克了文件制成时间检验鉴定这一世界性难题，不仅帮助我们解决了数千件疑难案件，还先后获"广东省科学技术奖""深圳市科技进步奖"。此后，我们分别在中国、日本、美国等国家取得专利。

用技术展现客观事实，还被告一个清白

伪造签名、变造股权转让协议、在借据上添上一个笔画将一万变成四万……这些常人难以想象的戏剧化情节，其实时常在我们的案件中上演。

我们就曾接到过一个这样的案子。2004 年，广东阳春从事建筑业的林老板突然收到一份承诺书，里面说他欠对方 2000 多万元，还有自己的签名和捺印。林老板立刻否认了这份承诺书，并以涉嫌伪造证据向阳春市公安局报了案。立案之后，经阳春市公安局刑事技术中心、省公安厅刑事技术中心、中国刑事警察学院物证鉴定中心鉴定，均认为签名和捺印都是林老板的。阳江市中院委托北京华夏物证鉴定中心进行第四次鉴定，该中心经过检验后认为：承诺书存在裁剪、对接、撕扯、污染、裱糊、印油成分等不同瑕疵，但没有发现变造痕迹。

2010 年 9 月，阳江市中院一审判决林老板败诉。林老板不服，又上诉到广东省高院要求重新审理，要求法庭进行第五次鉴定。也正是这时，我们接到了广东省高院的委托，要求我们对承诺书再次进行鉴定。

我们拿到这个承诺书后，先做了文件形成时间鉴定，结果发现上面打印的字和下面的印章日期时间不一致，下面的印章先形成，上面的文字是后形成的。这引起了我们的怀疑，怎么可能先盖章，后打印？于是我们用检测仪器将承诺书放大到 1000 倍，逐个字检查，发现纸上面的纤维大面积翘起来，翘起的纤维上还有碳粉残留。正常的纸纤维是光滑、平整的，我们推断纸张应该是用工具刮过。

经过我们仔细研究，发现下面的签名和公章指印确实是真的，但上面的内容是假的。伪造者极有可能拿了一张打印好的文件，把上面的内容用非常精密的方法刮掉，并重新打印上捏造的内容。我们将这个鉴定结果交给广东省高院，法院采信了我们的鉴定结论，这才恢复了案件的

本来面目。后来这起案件引起了全国的关注，由于我们秉承着严谨、细致的鉴定方案，还原了客观事实，也终于还了被告一个清白。

肆 经过十几年的发展，曾经被人质疑的社会司法鉴定机构如今得到了社会的广泛认可。

秉承公正之心，做客观事实的还原者

司法鉴定是我国在诉讼活动中的一项证明活动，其具有客观、中立、科学的基本属性。司法鉴定意见作为法官"敲槌定案"的重要依据，有时甚至可以"一纸定生死"。

这也是为什么在司法鉴定所工作，会随时面临着来自各方面的诱惑，一些委托人会试图通过贿赂去左右司法鉴定结论，变相影响审判结果。为了避免机构员工误入歧途，我严格要求全体员工必须廉洁自律，犯错一次，立即开除，更会在整个司法鉴定行业进行通报，使其不得再进入司法鉴定这一领域。在每年新年第一天，我会带领全所百余名鉴定人共同签署"廉洁自律管理公约"，约束南天所全体司法鉴定人遵纪守法，严格遵照保密法规，杜绝徇私舞弊，不得收取委托方及当事人任何馈赠。

前年，我们所里有个入职不到五年的鉴定人顶住了 100 万元的诱惑，发扬了我们所的优良传统。这 100 万元是他当时年薪的六七倍，如果没有树立正确的价值观，很难抵住诱惑。我很高兴我们的员工都能秉承着廉洁之心，没有收取任何贿赂，这就是南天所这么多年一直保持着廉洁、零投诉的原因。

2019 年，深圳市司法鉴定协会成立，标志着司法鉴定管理工作进入了行政管理与行业管理"两结合"的新阶段。我接过这重大的责任，成为协会副会长，同时，我还兼任广东省司法鉴定协会副会长。

回望过去的 2021 年，广东省社会司法鉴定机构经手案件有 26 万多件，而我们深圳的鉴定案件有 9 万多件，占全广东省的 35%，这也意味着经过十几年的发展，曾经被人质疑的社会司法鉴定机构如今得到了社会的广泛认可。深圳市也从一件笔迹鉴定案件都需要送到外省鉴定，发展到如今所有鉴定项目齐全，有些外省重大疑难案件甚至专门求助深圳司法鉴定机构。

社会司法鉴定机构迅速发展的同时，也出现了一些问题。为此，司法行政机关加强对司法鉴定机构的管理，加大处罚力度。2021年，深圳就有两家机构因不符合程序规则，被撤销了鉴定机构资格。除此之外，司法鉴定业务开展得不够充分，还有很多领域可以引入司法鉴定，比如食品、药品、化妆品等领域的鉴定，都等待着我们去开拓。

自南天所成立以来，我们不断积累经验、提高技术水平，开拓创新，攻破一个又一个难关，从被外界质疑到成为广东省司法鉴定门类最多的综合性司法鉴定机构之一，南天所经历了许多。在建设中国特色社会主义先行示范区的道路上，深圳的法制改革一直走在时代前列。正是因为深圳提供了深厚的法治土壤和宽松的创新环境，我们作为首批社会司法鉴定机构才得以茁壮成长。身为一名司法鉴定人，我服务于人民，希望能用司法鉴定专业技术对诉讼涉及的相关问题进行鉴别和判断，保持客观，还原真相，让每一个老百姓都感受到司法的公正与光辉。

口述者　**葛兴安**

Ge　Xing'an

1976 年出生于江苏省扬州市，2012 年来到深圳，
国内绿色低碳领域资深从业者。现任盟浪可持续数
字科技（深圳）有限责任公司首席咨询官、深圳市
先行示范区生态组专家。曾任深圳排放权交易所总
裁、深圳经济特区金融学会绿色金融专业委员会秘
书长、联合国开发计划署可持续发展金融顾问委员
会委员。

口述时间
2022 年 1 月 21 日

口述地点
盟浪可持续数字科技（深圳）有限责任公司

2012 年，我从北京来到深圳。在这里，我与深圳这座城市一同成长，开启了奋斗征程。这些年，我亲历并见证了深圳碳市场创下了多项全国第一：深圳碳排放权交易市场率先在全国启动；中国第一部规范碳排放权交易的地方性法规《深圳经济特区碳排放管理若干规定》颁布；全国首发"碳债券"……这些成绩背后离不开深圳的一系列制度建设和法治创新。

葛兴安：
见证深圳碳市场创下多项全国第一

壹

深圳给我的第一印象是"热"：天气是热的，气氛也是"热"的，深圳人在工作上的热血，对待外地人的热心与热情，无不让我感慨万千——这是一个适合奋斗的地方。

结缘

研究碳市场法律法规，来深圳实践所学

1976 年，我出生于江苏扬州。扬州是著名的鱼米之乡，水深江阔，河湖密布。在这里，我度过了幸福的童年。

我仍记得第一次听到"深圳"这两个字的情形：那是 1992 年，在高中政治课上，老师和我们讲起了邓小平。讲起那一个春天，邓小平如何为深圳改革开放带来无限的活力与闯劲。深圳，这个神秘又开放的城市，在我的心中埋了一颗种子。

高考后，我进入了南京大学法律系学习。本科毕业后，我来到了江苏省交通厅公路局工作，负责为江苏省交通公路系统行政执法人员进行依法行政知识培训。

2002 年，我前往美国麻省大学阿默斯特分校继续深造，主要研究方向是公共政策与管理，这段求学经历为我未来的工作打下了坚实的学术基础。2007 年，我回国来到了北京工作，成为国内首批聚焦绿色低碳与碳交易领域的从业者。

当时，国内掀起了"环境友好型社会"建设的热潮。我觉得我们

应有所学，更该有所思，于是，我反复研究发达国家碳市场的法律法规和制度体系，并立足本土化发展，与王毅刚等人合作编写了《碳排放交易制度的中国道路——国际实践与中国应用》一书（2011年5月经济管理出版社出版）。这本书成为国内第一本介绍全世界碳交易、环境交易与能源交易体系的书。

没想到，这本书也无意间促成了我与深圳的不解之缘。

2010年9月30日，深圳排放权交易所正式挂牌成立。2011年10月，我国碳交易试点工作正式启动，深圳成为试点城市之一。这一年，随着国家发改委《关于开展碳排放权交易试点工作的通知》的印发，深圳排放权交易所成为全国碳交易试点交易所。

深圳作为全国碳交易试点城市，迫切需要熟悉碳交易体系的人才。2012年，深圳排放权交易所原总裁陈海鸥通过朋友，邀请我前往深圳排放权交易所工作。思考再三，我决定来到深圳这座改革开放的前沿城市一探究竟。

刚下飞机，深圳给我的第一印象是"热"：天气是热的，深圳地处亚热带，对于江苏人而言，十分炎热；深圳的气氛也是"热"的，深圳人在工作上的热血，对待外地人的热心与热情，无不让我感慨万千——这是一个适合奋斗的地方。

贰 深圳碳市场率先在全国启动，这意味着深圳成为我国碳排放权交易制度的勇敢先行者和积极探索者，同时也向全国乃至世界展示了深圳这座改革开放城市的时代风采和创新禀赋，这让我们十分振奋。

亲历

深圳启动国内首个碳交易市场

2012年，来到深圳后，我担任深圳排放权交易所（以下简称"排放所"）副总裁，主要负责公司的研发工作与市场管理，参与深圳碳市场的设计和筹备。

彼时，深圳碳排放权交易领域可以说是一张白纸——深圳没有碳排放权交易相关法律法规，国内也没有相关法律可以参考借鉴。关于碳市场建设，更没有先例，大家只能凭借对绿色发展的一腔热情，深入学习借鉴研究国际同行的实践经验，并思考如何在国内应用、转化、融合。

于是，研究关于碳排放权交易相关法律法规成为我来深圳要做的第一件事。2012 年 10 月 30 日，深圳市第五届人民代表大会常务委员会第十八次会议通过了《深圳经济特区碳排放管理若干规定》，成为国内首部确立碳排放权交易制度的地方性法规。

我到深圳排放权交易所时，《深圳经济特区碳排放管理若干规定》的起草已接近尾声，我有幸参与并见证了这项法规的最终出台。不久后，我深度参与并主笔起草《深圳市碳排放权交易管理暂行办法》。

有了法律法规，碳交易信息化平台建设是我们面临的另一大挑战。起初，我带着同事一起研究国际上相关系统平台的功能。经过一段时间的学习与研究，我们提出了交易系统、登记系统和数据报送三大系统的分工以及连接的架构。架构提出后，我们又赴德国排放交易管理局进行考察，并聘请相关专家不断对现有设想进行研究、优化，终于顺利地建立了碳交易信息化平台。

让我印象深刻的是，深圳市领导对这项工作十分重视。我仍记得，最忙的那段时间，每天深夜都会收到市领导发来的关于碳排放权交易相关的建议和思考。而我们也在这种督促与鼓励下倾力寻找这些问题的答案。这样的日子持续了一年多，终于，我们迎来了新的节点。

2013 年 6 月 18 日，深圳启动国内首个碳交易市场。那一天，深圳完成了 8 笔交易，成交了 21112 吨配额。

深圳碳市场率先在全国启动，这意味着深圳成为我国碳排放权交易制度的勇敢先行者和积极探索者，为全国统一碳市场建设累积了丰富而有益的经验，同时也向全国乃至世界展示了深圳这座改革开放城市的时代风采和创新禀赋，这让我们十分振奋。

当时，深圳碳排放权交易启动仪式设在了深圳市龙岗区国际低碳城，引起了全国乃至海外的关注。时任国家发改委副主任解振华，时任广东省委常委、常务副省长徐少华等人亲赴现场。国际知名媒体派出记者报道。500 多名行业代表汇聚现场，共同探讨深圳碳排放权交易的现在与未来。

看到如此热闹的场景，我知道，这仅仅只是一个开始，对于深圳而言，还有很大的市场等待挖掘，还有很多里程碑等待跨越。

从深圳碳市场建设的经验来看，碳交易市场成功运转离不开碳交易法律法规、部门行政规章、碳交易制度规则，这三个层次环环相扣，有效链接。

创新
见证碳金融创下 7 项全国第一

深圳碳市场启动后，我和深圳排放权交易所同事开始在碳金融领域持续探索。2014 年 5 月，深圳排放权交易所与中广核风电、浦发银行及国开行合作，成功发行国内首单"碳债券"。这是国内首个金融与绿色低碳结合的"绿色债券"，被业内称为"我国碳金融市场的破冰之举"。

不过，"碳债券"的发行并非一帆风顺。在债券设计发行之初，我们就遇到了难题。通常情况下，债券应该有实物进行抵押，并由权威资产评估机构定价说明，作为债券发行的担保。对于"碳债券"而言，深圳碳市场既没有先前的市场价格信号，又没有针对碳资产的评估机构，如何估值定价这些看不见摸不着的碳资产，成为我们不得不面对的首个问题。

为此，我们想了很多办法，和许多专业碳核查机构与碳贸易企业进行多次协商，用了近 1 年时间，才找到了碳资产评估与定价的方法。最终，"碳债券"得以发行。

在随后几年里，深圳碳排放权交易在碳金融领域持续创新，先后创下多项全国第一：2014 年 8 月，国家外汇管理局发文同意为排交所及境内外投资者办理跨境碳排放权交易的相关外汇业务，深圳碳市场成为全国首个引进境外投资者的碳市场；2014 年 11 月，支持成立首个私募"碳基金"；2014 年 12 月，支持推出首个"绿色结构性存款"产品，推出国内首个配额托管模式；2015 年，完成首个纯配额"碳质押"业务。

2015 年，我出任深圳排放权交易所总裁。令我印象深刻的是，当时，国家提出计划在 2017 年启动全国碳排放权交易体系。我心想，国内碳交易试点城市才刚启动不久，可以说，即便是全国首批碳交易试点城市，对于碳市场的探索也还停留在起步阶段。放眼试点城市以外的地区，很多城市对"绿色低碳"还十分陌生，更别提"碳交易""碳市场""碳核查"等新概念。要想建设起全国碳交易体系，挑战依然巨大。

深圳率先在全国启动碳交易市场，为国家分忧解难，义不容辞。于是，我们找到了国家发改委。经过反复争取与筹备，2016年3月19日，"全国碳市场能力建设深圳中心"顺利揭牌。

为了保证"全国碳市场能力建设深圳中心"顺利运行，深圳排放权交易所拿出每年营收的三分之一作为经费，无偿支援其他省市碳市场、碳交易能力提升建设。不到两年时间，我们开展了超百场培训活动，培训了政府官员、企业管理人员、第三方专业机构人员等近6000人，这几千人汇聚成的磅礴力量，播撒到全国各地，积极地推动整个中国碳市场的建设。

全国碳排放权交易市场终于在2021年7月正式启动，深圳共有8家企业被纳入全国碳交易市场。

完善碳市场法律法规、加强顶层设计、解决有关配套政策和技术问题……从深圳启动国内首个碳市场，到全国碳市场启动，深圳自始至终扮演着至关重要的角色，为全国碳排放权交易市场的建设积累宝贵经验。

挑战
起草撰写碳交易领域多项领先法律文件

从深圳碳市场建设的经验来看，我觉得，碳交易市场成功运转离不开碳交易法律法规、部门行政规章、碳交易制度规则，这三个层次环环相扣，有效链接。

完善的制度体系是保障碳市场运行的基础。深圳碳市场顺利运行、成功履约的重要保障之一在于建立了强有力的法律基础、完善的配套规则和严格的执法力度。

这些年，我有幸先后参与深圳碳交易领域多项领先法律文件的起草撰写。2012年，我刚到深圳排放权交易所。这一年，深圳率先使用地方立法权，制定并通过了《深圳经济特区碳排放管理若干规定》。

2014年，我深度参与，起草了《深圳市碳排放权交易管理暂行办法》。该办法对碳排放交易市场的制度设计和实施运行做了全面、详尽的规定，是国内碳交易试点中内容最为详尽的一部管理办法。

当时，在前两年精心研究国际碳市场法律、规则、设计、运营经验的基础上，我仅花了一整夜的时间，便起草了内容100多条的《深圳市碳排放权交易管理暂行办法》，受到了主管部门的高度认可。不久后，我们上报到市政府法制办，并根据建议做修改，最后精炼为 80 多条。该办法的出台，也为深圳碳排放权交易打下了扎实的法律基础。此后，市发改委等部门还出台了一系列具有操作性的规范指引。

从立法到规章制度，再到操作细则，深圳碳市场形成了较为完备的制度体系，将深圳绿色发展推向更深次。

2021 年 9 月 1 日，《深圳经济特区生态环境保护条例》将碳达峰、碳中和纳入深圳生态文明建设整体布局。同时，提出完善碳排放权交易机制。

事实上，早在 2020 年上半年，国家还没有提出碳达峰、碳中和相关要求，《深圳经济特区生态环境保护条例》就已开始酝酿。

当时在公开征求意见阶段，我建议在修订条例时，应该单列"应对气候变化"专章。我觉得应对气候变化是未来的趋势，也是深圳必须重视的城市治理课题内容。

为了完善相关条例，在国家相关部门的支持协调下，我们联合国家气候战略中心、中国政法大学、武汉大学等环境法律领域教授专家，研究起草关于碳达峰、碳中和相关法规条文。我觉得，深圳法律法规的制定，不但要回应当下，更要展望未来。

2021 年 9 月 1 日，备受关注的《深圳经济特区生态环境保护条例》正式施行，其中设立"应对气候变化"专章，对碳达峰、碳中和、碳交易等重要领域进行规范。该项立法是对 1994 年颁布实施的《深圳经济特区环境保护条例》的一次全面升级，是深圳生态环境保护领域的综合性法规，进一步突出了对生态环境的保护与治理。同时，也对深圳完善碳排放权交易机制产生了深刻的影响。

> **肆** 深圳一直以改革的精神、创新的姿态推动国内碳市场、绿色低碳等领域快速发展，不断向全国输出"深圳智慧"。它的开放创新与市场化精神是其他城市无法比拟的。

突破

推进实现"双碳"，实现高质量发展

深圳作为我国改革开放的"试验田"与"窗口"，在生态文明建设、绿色创新发展方面步履不停。从前，深圳关注碳市场的人并不多，如今，越来越多人开始关注碳市场，关注低碳发展。深圳绿色低碳领域以及碳市场等发生了翻天覆地的变化。

经过多年运作，深圳初步建成了多层次的碳交易市场。深圳排放权交易所也在不断刷新的成交纪录，是深圳践行绿色低碳发展观的重要窗口。

深圳碳市场的价值不止于一笔笔成交数字，更大的价值是与绿色低碳的社会发展理念实现了同频共振。

过去 1 年来，碳达峰、碳中和成了热词，社会各界掀起了实现"双碳"目标的热潮。全国各地城市也陆续有了落地举措。

随着"双碳"目标工作不断深入，我觉得，如何帮助企业提供绿色低碳转型数据、工具以及系统解决方案，如何让企业知道排了多少碳、怎么减碳，同样至关重要。

如果能借助相关的制度政策、法律法规为企业主体提供解决实际问题的方案，对企业来说，或许帮助更大。2021 年 7 月，机缘巧合之下，我来到了盟浪可持续数字科技（深圳）有限责任公司担任首席咨询官，负责盟浪服务企业碳板块的业务，希望进一步为企业提供可持续发展定制解决方案，推进实现"双碳"。

深圳一直以改革的精神、创新的姿态推动国内碳市场、绿色低碳等领域快速发展，不断向全国输出"深圳智慧"。它的开放创新与市场化精神是其他城市无法比拟的。

我十分有信心，随着"双碳"目标的推进，深圳将秉承特区首创精神，在绿色低碳等领域实现高质量发展。站在新的起点，我也将一如既往地为深圳绿色低碳贡献一份绵薄之力。

口述者　　**胡在礼**

Hu Zaili

1962 年出生于重庆市。现任深圳市光明区马田街道
办事处一级调研员。1980 年应征入伍, 1985 年至
1999 年先后在宝安区政府多个部门工作; 1999 年
至 2022 年, 先后任（宝安区）光明新区（光明区）
光明街道党工委委员、武装部部长、党工委副书记、
纪工委书记（调研员）, 马田街道党工委副书记、
纪工委书记、人大工委主任、一级调研员等职务。
广东省作家协会会员、深圳市作家协会会员。

口述时间
2022 年 4 月 16 日

口述地点
深圳市光明区马田街道办事处

多年的基层工作让我深深感受到，群众的利益就是我们肩头的责任。在面对改革中的疑难杂症时，能够坚持实事求是的原则，以人民为中心，人民利益至上，力求让人民群众享受到更多政策扶持。尤其是在土地历史遗留问题的解决和社区组建股份有限公司问题上，能够立足基层实际，鼓励基层同志直面问题、大胆探索、敢于担当，一切基于为老百姓解决问题、为老百姓谋福利。这是深圳市各级政府以人民为中心的体现，更是光明一如既往发展前进的主要动力之一。"艰难困苦，玉汝于成。"我有幸参与并亲历光明农场自1999年以来的重大改革以及光明20多年的发展建设，也深为深圳市委市政府在光明各个阶段的改革发展所作出的果断决策感到振奋。

胡在礼:
亲历见证光明农场深化改革历程

壹 除了银行、税务所和法庭没权办，其他如小学、中学、医院、公安分局等，该有的光明农场都一手包办了。

从宝安来到光明，参与光明农场"政企分家"改革

我是重庆人，1980年11月，我应征入伍来到深圳龙华。退伍后，进入当时的宝安县政府办公室工作。1999年，我调来光明街道办，作为建设者之一，我有幸参与了光明农场最深层次的体制改革，也见证了它20多年的发展和变化。

光明农场初创于1958年，由华南农垦总局等5个单位组建，原名"广东省国营光明农场"，随后由于隶属关系和经济结构的改变，先后多次改名。我到光明工作时，光明农场的全称为"深圳市光明华侨畜牧场"。

1978年，在改革开放大潮之下，光明农场迎来经营上的突破，率先引进了晨光乳业等大型项目。次年，由于国际关系的变化，光明农场接收了一批越南归国侨民作为职工，同时为他们安家置业提供了条件。这些归国侨民，在此后的几十年中作为重要的建设者，参与和见证了光明农场不同阶段的改革。

1980年前后，光明农场依托毗邻香港的地理优势，大力发展养殖业，兴办了八大牛场，乳制品迅速赢得了香港市场的七成份额。除了乳制品，"亚洲最大的鸽场""内地第一个现代化养猪场"等称号也逐渐传开，光明乳鸽的品牌在大江南北迅速打响，在改革开

放的浪潮中，光明农场相较于广东省内其他农场，取得了明显的领先优势。

随着深圳经济特区的快速发展，深圳各区都迎来了经济崛起的机遇，而光明农场由于管理体制等原因，逐渐显露出经营弊端。

国营农场的特点是场办社会。除了银行、税务所和法庭没权办，其他如小学、中学、医院、公安分局等，该有的光明农场都一手包办了。"企业（场）办社会"的模式很大程度上加大了企业的负担，影响了企业的发展。

为此，光明农场开始探索新的改革之路。1999年，深圳市政府印发《关于理顺光明华侨畜牧场体制 彻底实行政企分开的实施方案》，初步解决了光明农场（时为光明华侨畜牧场）政企不分的问题，经营部分作为市属国有一类企业，划归深圳市商贸控股公司管理；社区部分成立光明街道党工委、办事处，成为宝安区人民政府派出机构，下辖9个社区。正是因为这次体制改革，我从宝安区调到光明街道办事处工作，成为光明街道办事处的第一批干部。

然而，一些政府职能仍然留在光明农场，比如土地管理、公安、市政等。在此过程中，我们不断与光明农场磨合协调，寻找问题，并向深圳市委市政府和宝安区委区政府报告。为了解决这些问题，2002年6月，深圳市进一步深化改革，撤销"光明华侨畜牧场"建制，将"深圳市光明华侨农场（集团）公司"更名为"深圳市光明集团有限公司"，下放给宝安区作为区属企业。光明街道办和光明农场实现了最终分离。所有属于社会管理的职能，都划归街道办事处管理，彻底结束了"政企合一"的历史，也解放了光明华侨畜牧场的生产力。

贰 我们用实事求是解决问题的精神，让同富裕这项民心工程在光明落到了实处。

实施同富裕工程，帮扶贫困改善民生

过去光明农场基础设施较为破旧落后，城市化水平很低，道路狭窄且没有路灯，一到晚上就是漆黑一片。而旁边的公明街道和石岩街道则灯火通明。

这样的状况持续了一段时间，在 2000 年前后，光明农场的利润已经很薄了。光明街道办成立后，宝安区委区政府对光明进行了全面调研，发现光明街道的农场职工和原居民（侨民）生活水平普遍偏低，农场职工大多生活困难。宝安区委区政府将情况报告给市委市政府，并请示将光明农场纳入"同富裕工程"中。得到批准后，光明街道成立了同富裕工程领导小组，从两个方面实施同富裕工程。

首先是建设同富裕安居工程，2002 年，深圳市投放资金，为光明街道有刚需的贫困户规划了两期安居工程，总投资 4.3 亿元，共建设 1030 套安居房，彻底解决了无房户（贫困人口）的住房问题。

其次是建设同富裕工业园。光明同富裕工业园项目于 2002 年开工，政府划拨土地 60 万平方米，累计投入近 3 亿元，建设厂房、宿舍和园区配套道路等基础设施，厂房、宿舍建好后大力开展招商引资工作。光明农场下辖 7 个村，没有在农场就业的村民不能和农场职工一样享受工资待遇，这是贫困的根源问题。同富裕工程是深圳市委市政府、宝安区委区政府在光明实施的一项民心工程，这项工程到 2008 年实现了首次分配，18 岁以上分配对象每年分配 1300 元，18 岁以下分配对象每年分配 650 元。

光明街道在实施这一工程时，也面临许多困难。一方面，根据市政府的政策要求，同富裕资金应由三方筹集：市财政出一部分、区财政出一部分、所在行政村自筹一部分，但光明没有行政村，同富裕资金缺口大，以致同富裕工业园建设比较缓慢；另一方面，同富裕工业园产生收益后，如何分配也是难题。当时我们做分配方案时，针对同富裕工程在光明实施的这种特殊性，进行了深入的调研，并广泛在社区和集团公司职工中征求意见，但方案在受惠人群方面仍然有着许多争议。有些村民认为光明农场的职工既然有工资，就不应该接受政府帮扶，而集团职工则认为应该一视同仁（因为光明的同富裕工程是面对整个光明地区居民群众的）。最终我们在光明新区党工委、管委会的支持下，通过了一个以普惠为原则的分配方案。整个过程中，市委市政府和光明新区党工委、管委会乃至光明街道办事处都体现出实事求是解决问题的精神，让同富裕这项民心工程在光明落到了实处。

原光明农场职工土地诉求问题（土地历史遗留问题）得到彻底解决，老百姓的生活有了保障，这为光明的发展和建设世界一流科学城、建设深圳北部中心奠定了重要的基础。

以人民为中心，彻底解决土地诉求问题

我在光明街道工作了15个年头，深知稳定和发展是光明的首要任务。在当时，制约发展的核心问题是原光明农场职工的土地诉求问题。

1958年光明农场设立，为省属政企合一的国营农场，土地性质为国有。和深圳其他镇村不一样，光明农场没有行政村，没有集体经济，没有在光明农场（集团公司）就业的原村民（侨民）及其子女无法享受到光明农场（集团公司）土地开发建设带来的利益，尤其是深圳市实施农村城市化收地政策之后，光明的原村民（侨民）享受不了宝安区关于农村城市化收地的优惠政策。

为了解决这些问题，光明街道成立之初就想了很多办法：光明农场有7个自然村和18个侨民点，街道想参照宝安、龙岗的做法设立股份公司，但光明农场不具备村的建制。为此，我们采取灵活的政策，在每个侨民点和原居民村中选出三个威信较高、能力较强的人，在政府的指导下，由街道出资注册有限责任公司，一共成立了25家公司。

公司成立后，我们主动找光明农场协商，希望将空余的土地划出来，租给这25家公司开展种养（或转租种养）业，让他们从中获得利润后再对村民（侨民）进行分配。在这些公司发展过程中，我们一边进行制度完善，帮助公司发展，一边根据不同的情况对公司进行监管和指导。后来部分公司因经营不下去倒闭了，现在剩下18家。

这是光明农场体制改革后，我们为解决民生问题进行的探索，虽然在后续发展中存在着不少问题，但在当时的确也为解决原村民（侨民）的生活困难问题发挥了一定作用。

2002年，原光明农场建制撤销，但是，光明农场未就业的原村民（侨民）一直对原光明农场在建场时是否完善用地手续存疑，要求政府切实理清关系，维护原村民（侨民）的土地权益。尤其是深圳市高新产业园

区光明南片区收地时，引起了一场争议。

当时我挂点的东周社区作为光明南片区收地的核心区域，在收地过程中，当地的原村民（侨民）不愿意，他们认为赖以生存的土地被收走了，他们又没有工作没有收入。鉴于此，光明街道党工委、办事处对原光明农场的土地关系进行全面调研。我们找到当地意见最尖锐的几个村民，带着他们跑遍宝安区档案馆、深圳市档案馆、惠州市档案馆、广州市档案馆、佛山市档案馆等单位，查找了1958年成立光明农场时的文件资料，弄清楚当年成立农场时是否为有偿收地？原村民（侨民）要求土地补偿是否合理？最终找到收地前的农民土地使用证和当时领导的任命通知，而成立光明农场涉及的土地相关文件却缺失。

调研结束后，我们将调研情况报告给宝安区委区政府和市委市政府，并结合当地居民普遍贫困的实际，要求在土地征收时适当给原村民（侨民）补偿。但这个方案报到市里后，市有关部门认为光明农场是国有土地，收地时对原村民（侨民）补偿没有政策依据，于是将我们的申请驳回。

光明的原村民（侨民）并未认可这个结果。市委市政府非常重视，要求光明新区党工委、管委会再次进行调研，并在一个月内草拟一揽子解决光明土地诉求问题的方案报市委市政府。根据新区党工委、管委会的部署，光明街道党工委指定由我牵头，带着四十几个人的班底成立了5个小组：综合组、维稳组、宣传组、法治组、土地整备组。5个小组在新区分管领导的指导下，在各单位的配合支持下，经过一个月的全面调研，形成了《解决原光明农场职工土地诉求问题工作方案》。市领导非常重视，开了多次会议研讨、修正该方案，并到光明现场接待群众，听取群众意见。

2010年2月，在市政府常务会议上和市委常委会会议上，一致审议通过了《解决原光明农场职工土地诉求问题工作方案》。会议认为，光明农场发展滞后，广大职工群众普遍贫困，但为深圳的后续发展保留了大片完整的土地，应该本着实事求是的原则解决光明的土地诉求问题。会议同意参照宝安、龙岗城市化转地政策进行收地补偿，并返还每人90平方米的工商用地指标。这个方案助光明获得了18亿元的土地补偿和54万平方米社区发展用地。

在草拟方案和审议方案时，无论是光明新区党工委、管委会还是市委市政府都是深谋远虑的，为了一揽子彻底解决问题，方案根据光明农场接收安置职工主体的不同，将其分为三个部分来解决：一是光明街道下辖碧眼等 8 个社区承接的 11567 名农场场民（未在农场就业的原村民和侨民），通过"依托社区组建股份公司发展集体经济"予以解决；二是光明街道下辖白花社区，因是后来从宝安的观澜街道划过来的，所以该社区约 800 名原村民，单独另案处理；三是光明集团承接的 5783 名原农场职工和退休职工，按照启动光明集团土地确权工作，确权政策适当宽松，在国有企业体制内保障集团在册职工长远生计的原则加以解决。

市委市政府通过的这个方案，明确了光明三个群体土地诉求问题解决的路径，并对 8 个社区承接的 11567 名农场场民，要求必须通过依托社区组建股份有限公司来发展集体经济，实现土地价值最大化，促进集体经济发展。市委市政府明确提出，应成立现代股份有限公司，要实现完全市场化，通过这次土地返还政策和土地补偿，发展集体经济打牢社区基础，真正实现固本强基。

根据市委市政府的要求，光明街道再成立一个临时机构：集体经济筹建领导小组。街道党工委让我继续牵头组建社区股份有限公司。组建完全市场化的现代企业制度的股份有限公司，也是一种探索。为此，我们再次开展广泛调研，深入听取各个方面的群众意见。特别是在股权设置、边界人口划分、股权继承、超过股东登记人数以外的股东如何持股等问题，我们在市法制办、市法制研究所、市产权交易所、光明新区综合办（法制办）的大力支持下，进行了大胆的改革探索，2014 年 8 月我调离光明街道时，已基本完成 8 个社区的 8 家股份有限公司的组建。

就此，原光明农场职工土地诉求问题（土地历史遗留问题）得到彻底解决，长期以来以土地诉求为核心的社会稳定问题也迎刃而解，老百姓的生活有了保障。这为光明的发展和建设世界一流科学城、建设深圳北部中心奠定了重要的基础。

> **肆** 这是深圳市各级政府以人为本理念的体现，更是光明一如既往发展前进的主要动力之一。

一切服从于为老百姓解决问题

虽然我后来调离光明街道，但多年的基层工作让我深深感受到，人民群众的利益就是我们肩头的责任。无论是深圳市委市政府，还是宝安区委区政府和光明新区党工委、管委会以及光明街道办，在面对改革中的疑难杂症时，都能够坚持实事求是的原则，以人民为中心，人民利益至上，力求让人民群众享受到更多政策扶持。尤其是在土地诉求问题（土地历史遗留问题）的解决和组建社区股份有限公司的问题上，能够立足基层实际，鼓励基层同志直面问题、大胆探索、敢于担当，一切服从于为老百姓解决问题、为老百姓谋福利。这是深圳市各级政府以人为本理念的体现，更是光明一如既往发展前进的主要动力之一。

"艰难困苦，玉汝于成。"我有幸参与并亲历光明农场自 1999 年以来的重大变革以及 20 多年的发展建设，也深为深圳市委市政府在光明各个阶段的改革发展所作出的果断决策感到振奋。

口述者　　**唐昊**

Tang　Hao

1978 年出生于湖南省怀化市。1996 年，考入郑州
防空兵学院，2009 年从广东预备役高炮师机关调往
深圳，2016 年参加军转干部考录公务员转业安置，
担任香蜜湖街道执法员。2019 年至今担任香蜜湖街
道执法大队中队长。

口述时间
2022 年 2 月 15 日

口述地点
深圳市福田区侨香社区党群服务中心

从人们口中"最可爱的人"变成一名市民眼中的"城管"，我曾有过压力。但深圳是一座有大爱的城市。在这里，我见到了无数助人为乐的志愿者，还遇到了许多善解人意的市民，看到了一个包容有爱的城市，我为自己是一名基层执法人员感到自豪。

唐昊：
深耕基层执法
为香蜜湖片区华丽蝶变贡献力量

壹 我和深圳的缘分要从 30 多年前说起，这里的一切让幼小的我耳目一新。

深圳是书里的繁华大都市

我出生在湘西一个山清水秀的小镇里。我的父亲是全镇唯一一位飞行员。母亲是恢复高考后的第一代大学生，是小镇少有的知识分子。母亲从小教育我"眼界广者其成就必大，眼界狭者其作为亦小"。正因为如此，其他孩子的暑假可能是满山遍野地奔跑，而我自 7 岁起就被母亲带着四处旅游，深圳就是其中一站。

我记得香蜜湖湖畔有承载着我们这代人童年记忆的水上过山车，国贸大厦中间有小喷泉……站在深南路上的某个天桥往下看，车流滚滚，亮着一排排光彩夺目的车尾灯，这些景象对于一个从"山沟沟"里出来的孩子实在是太震撼了。到现在我都记得，小小的我站在那个天桥上，抹着头上的汗，听着蝉鸣抬头看，深圳的天空特别干净，一切都是崭新的。那个时候我才真正理解一年级课本刚学到的词——繁华都市。

此外，从小听着父亲讲述血与火淬炼的军营故事，耳濡目染，我对军人的身份也充满了崇敬和向往。18 岁，我考上郑州的军校。读军校第二年，母亲来到深圳青少年宫当培训老师，我来深圳的机会变得更多了。我最喜欢乘坐深圳的双层巴士，坐在顶层靠窗的位置观察深圳市中心的面貌，看鳞次栉比的高楼，看香蜜湖绿化带赏心悦目的花草。我发现，深南大道、香蜜湖路边的花坛形状千变万化，每一次来看都不一样，我觉得十分新奇。慢慢地，我渐渐习惯每个暑假来一趟深圳，感受这座城市的日新月异。

1999 年，我 21 岁，军校毕业直接进入部队，一待就是 17 年。17 年来，我跟随部队辗转了四五个地方，走出山清水秀的湖南，依次到过广东"港城"湛江、"花城"广州，最后一站还是来到了"鹏城"深圳，并在这里扎根下来。

我和香蜜湖不得不说的缘分

2009 年，我在驻深某预备役高炮营服役时，就住在香蜜湖附近。这里的住宅楼是旧仓库拆除后重建而成的，建筑虽然老旧但住在这里的居民却不普通，这里有深圳首批基建工程兵，还有一批集体转业的退役军人。他们留在深圳，建设深圳，成为改革开放的"试金石"。我和他们生活在同一片区，每天看着这些老班长、老前辈为了深圳的建设甘做"拓荒牛"，我感受到了激情。我觉得在这个地方工作肯定特别有干劲，特别有活力。

2016 年，深圳正在开展军转干部考录公务员转业安置，全市符合转业政策的干部都要参加考试，我也不例外，当时我报考的行政区就是福田。

我通过考试报到那天，人事部门告知我分配任香蜜湖街道执法员，我既觉得意外又十分惊喜，感觉这可能就是冥冥之中的一种安排吧。

小时候我以一名游客的身份来到深圳，来到香蜜湖，看到了当年世界之最的水上双环过山车和亚洲最高的摩天轮，这里记录了无数深圳人的欢声笑语。

长大后，作为香蜜湖居民，我和社区的老班长们见证社区发展成长。现在我脱下军装穿上制服，成为一名基层执法工作人员，香蜜湖也正迎来新的蝶变、新的开始，这也是我新的使命。

> **贰** 文明执法是非常重要的原则，我们一是劝导，二是依法依规立案查处。我们作为执法者，如果没有一个尺度、标准，对行政违法行为网开一面，整个社会的法治秩序和法治氛围就无法维持和营造。

真心付出，为法治城市街区建设而努力

2016 年 12 月 28 日，我正式穿上蓝色制服，成为一名基层行政执法工作人员。每天行走在香蜜湖街道进行巡查，我才深刻感受到打通城市管理的"神经末梢"不是一件容易的事情。在部队练兵打仗，我只要服从命令听从指挥，保家卫国，而基层执法则是一个从"对抗"到"和解"的过程。那时候基层执法人员每人每月大概要处理近60起案件，基本上都是轻微的行政违法现象。比如乱丢烟头、乱摆路边摊、偷倒建筑垃圾等。在执法过程中，我们难免会遇到市民不理解、不配合的情况。文明执法是非常重要的原则，我们一是劝导，二是依法依规立案查处。我们作为执法者，如果没有一个尺度、标准，对行政违法行为网开一面，整个社会的法治秩序和法治氛围就无法维持和营造。

2017年，我当上执法员没多久，接到一个拆违建的任务。当时香蜜湖街道有一个属于"历史遗留问题"的海鲜市场。市场内海鲜种类繁多，又靠近居民区，市民很喜欢到此买东西。但我们考察发现，海鲜市场内脏乱无序，且安全隐患十分突出，属于违法搭建，必须尽快拆除。

五六月份的深圳已是烈日炎炎，我们每天都要去海鲜市场劝导商贩搬离这里，每一次衣服都会被汗水浸湿。刚开始，商贩不理解，附近居民不同意。历经半个多月，商贩在我们的劝解下才渐渐全部搬离。我们在执行拆除任务的某一天，一名商贩突然主动给我们送来了西瓜，让我们吃点西瓜补充水分，避免中暑。拿着西瓜，看着商贩远去的背影，我站在太阳底下，好像也不热了。我的内心百感交集，感觉找到了作为执法人员的意义。只要我们真心付出，为法治城市街区建设付出努力，居民都会看得见，都会理解我们。

香蜜湖升级改造，为商户减免房租、联系场地

在香蜜湖街道，我倍感荣幸的是深度参与香蜜湖片区蝶变的过程。2018年，香蜜湖已不再是当年中国最大的水上游乐园、度假村，俨然变成商业美食城。那些给我留下美好回忆的游乐设施已经全变成餐馆、会所、建材市场等商业场所。为了扩大收益，整个香蜜湖片区尤其是北区，出现了大量违法搭建的临时建筑。这里原本是游乐场，建筑物都是20世纪80年代所建，房屋的结构已经严重老化，安全系数完全不达标。因为不是按照正规美食城标准修建，管道排污也不达标，香蜜湖下游水质已经受到污染。香蜜湖片区的安全隐患已经十分突出，需要依法综合整治拆除这些违法建筑。

2018 年 4 月 10 日，深圳市规划和国土资源委员会发布《深圳市香蜜湖片区城市设计国际咨询公告》，范围包括香蜜湖北、中、南三个片区，北至侨香路，南至滨河大道，西至香蜜湖路，东至香梅路、新洲路。香蜜湖改造片区总面积 4.9 平方公里，通过对片区的城市功能、公共空间、特色景观等内容进行系统性设计，为市民提供一个绿色生态、开放共享、具有文化活力的城市公共场所，为深圳市打造一个融汇国际交流会议中心、高端金融、文化创意、商业活力街区、公共开放空间等功能，兼具国际品质与地区特色的生态可持续城区。香蜜湖将会是深圳的"城市新客厅"。

　　整个香蜜湖 140 万平方米违法建筑都要被拆除，这意味着，片区内的商户都无法在此经商。重建升级不是一个"拆"字了之。我们本着人民利益至上的原则，从空间和时间上双重保障整个拆迁过程的顺利推进。空间上，我们从北区社会影响面较小的建筑开始动员商户搬离，再到南区。福田区抽调全区 100 余名干部职工组成 15 个专班，我作为中队长带领众人到香蜜湖各片区执行任务——挨家挨户反复沟通、挨个儿进行法律宣讲、约谈企业负责人。时间上，我们给商户留有 3 个月到半年甚至是 8 个月的经营时间，其间还会免租，尽量减少商户的收益损失。

　　我们多次搭建平台，协调香蜜湖度假村公司与北区有合法产权建筑商户的谈判工作；协助推进北区个别商户遗留物品的清理及其与香蜜湖度假村公司的结算工作；协助香蜜湖度假村公司加强联系、管理各商户及施工单位，持续调整优化拆除方案，做好安全监管工作，督促施工单位安全施工。此外，我们还到全市各区了解场地租赁信息，为商户提供搬迁方案，做到"一条龙"服务。

民心所向，逐步推进遗留建筑拆除工作

　　影响到生意，商户难免会有情绪，但我们总能遇到一些暖心的事情。我记得有次在北区进行拆除工作时，天降暴雨，但新金融中心建设工期迫在眉睫，我们只能冒着雨，抓紧时间指挥拆迁。当时，挖掘工具不知是否因在雨中浸泡时间太久，突然无法工作。正当我们一筹莫展时，其中一家汽修商户老板主动上前，委派一位师傅免费给我们修机器，让我们能够继续把违章建筑拆掉，而这其中也有他自己的商铺。当时，下着瓢泼大雨，师傅卖力地拧着螺丝，混着雨水和汗水的脸都顾不上擦拭。

后来，商户老板告诉我，他知道这些拆迁是为了香蜜湖的未来，虽然无法割舍，但大家其实是理解和支持香蜜湖升级改造工作的。

当前，香蜜湖三大片区重点项目高效推进，我们已经持续拆除北区摩天轮、过山车、大剧院、邻家小院、小白楼等原香蜜湖娱乐城标志性建筑约 8 万平方米，高效整备国土空间约 32 万平方米。其中，北区已完成项目一期土地产权变更，中区更新单元已完成计划审批，"品"字形公共建筑取得突破性进展，国际交流中心一期项目顺利完成土地挂牌出让和划拨。预计 5 年内，我们香蜜湖整个配套设施可望全部修建好。

叁 一个个法律条文、规章制度的出现，一方面不断促进了城市文明进步，规范了市民行为；另一方面衍生出的是我们行政执法的多样性。

行政执法呈现多样性特点，助力深圳法治社会建设

加入深圳基层执法队伍 6 年，让我感受最深的是我们基层执法队伍自信力越来越强，执法手段越来越智慧化，执法事项涉及范围也变得更加广泛。2017 年，深圳推行市容巡查勤务模式，组建一万人的市容巡查队伍，做到动态市容动态管控。2020 年，智慧执法系统建成并上线运行，实现了执法勤务、队伍管理、案件办理全流程监管，推进"数字城管"向"智慧城管"转型发展。2021 年，深圳施行街道综合行政执法改革，深圳 74 个街道办事处承担起本街道综合行政执法的主体责任，变"多头执法"为"一头执法"。

一个个法律条文、规章制度的出现，一方面不断促进了城市文明进步，规范了市民行为；另一方面衍生出的是我们行政执法的多样性。如今，我们根据辖区分布施行网格化管理，一个辖区两名执法员，再加上协管员、市容巡查员、内勤人员，整个辖区大到违建小到乱摆卖都由我们来管理。执法办案没有任何现成的模式可以套用，需要的是我们执法人员的随机应变和灵活机动，也需要市民的配合和理解。未来我将继续深耕行政执法工作，维护广大人民群众的利益，我相信在深圳这样一个开拓创新、包容文明的城市，执法队伍建设也会和市民生活更加深入融合，得到市民的支持，让深圳的法治天空更加美好。

口述者　　**林荣**

Lin Rong

1981 年出生于江西省九江市。广东宝城律师事务所副主任、高级合伙人，中国共产党深圳市宝安区第六届人民代表大会代表，湛江国际仲裁院仲裁员、深圳律协惩戒委主任助理、深圳律协南山区工委秘书长、深圳律协党政顾问委委员，深圳市宝安区西乡街道人民调解委员会首席调解员。

口述时间
2022 年 4 月 29 日

口述地点
深圳市福田区新媒体大厦

或许在许多人眼中，调解员是一个普通且平凡的岗位，但正是这份特殊的工作，将复杂交错的矛盾纠纷化解在摇篮里，让法律知识得到更广泛的普及，也让社会变得更加和谐稳定。当然，基层调解不仅仅需要专业的队伍，更需要挖掘民间智慧。老百姓的事让老百姓来化解，充分利用群众的智慧，发挥他们的能量，让他们共同参与基层法治建设。

林荣：
做一名法理情智慧结合的
人民调解员

壹   2003 年，西乡街道就拨款设立专项基金，成立人民调解委员会，聘请专职和兼职调解员，矛盾纠纷在哪里，调解员就往哪里走。

热衷法律，成为一名专职调解员

我是在农村长大的，童年的成长环境让我意识到法律的重要性，在我心中，那是维护公平最好的武器。高二时，我在旧书市场买了一本名为《如何打官司》的书，这本启蒙之书伴随着我度过了求学阶段，也让我日后义无反顾地走上了法律之路。

2004 年，我从黑龙江大学法律专业毕业，同年通过国家司法考试，来到深圳，进入西乡司法所（法律服务中心）成为一名法律工作者、人民调解员。彼时深圳在调解方面的工作，西乡算是走在前头的。早在2003 年，西乡就拨款设立专项基金，成立人民调解委员会，聘请专职和兼职调解员，矛盾纠纷在哪里，调解员就往哪里走。

刚毕业的我对这份工作充满了憧憬，迫不及待想用自己所学去维护正义，帮助他人。然而，基层工作千头万绪，纷繁复杂，西乡街道又是深圳市人口最集中的地区之一，各种矛盾纠纷时有发生。工业区、城区、农村在这里交错融合，劳动关系、征地拆迁和物业管理等各类新型矛盾纠纷不时出现。高峰期一年案件就高达 8000 多件，人民调解的任务十分繁重，作为调解员的我压力更是巨大。

我们在调解中发现，当来访市民看到只有一名调解员时，他们或多或少会产生一些抗拒心理，认为只有一个人调解可能会产生知识性偏差或者有失公平。同时，多数纠纷涉及部门多、领域广，呈现化解周期长、处理难度大、问题易激化的特点，这些矛盾纠纷的处理，仅靠单个部门或组织的力量已经难以应对。

2007 年，深圳市印发《关于构建社会矛盾纠纷"大调解"体系的实施意见》，提倡建设社会矛盾纠纷"大调解"体系，这是在党委、政府的主导下，整合人民调解、行政调解和司法调解三种矛盾纠纷解决形式的资源和力量而形成的各部门分工协作、社会力量广泛参与的新型社会矛盾纠纷解决体系。在此背景下，我们在街道探索联调机制，让各职能部门根据不同的案件派人参与调解。如此一来，他们便可以利用自己领域的专业知识进行调解，也让当事人更为信服。

贰 我们最开始设计"说事评理"时，就是想充分挖掘民间智慧，引导群众参与社会治理。

探索"说事评理"新型调解模式

然而，面对久调不决、事实不清和法律关系不明的案件，还有一些无理取闹的案件，我们发现这种"大调解"模式无法解决。于是我们参考英美法系的陪审制度，探索出一种新的调解模式："说事评理"。

"说事评理"在重大疑难复杂纠纷调处中，引入市民评理机制，组织市民评理团，由具有法律职业资格的调解员担任首席评理员和主调人，首席评理员"讲法"，当事人"说事"，市民评理员"评理"，情理法相结合，引导当事人达成调解协议，力争从根本上化解社会矛盾。

这个模式的启发来源于一个案件。2009 年，1 名靠违规载客谋生的残疾人因摩托车被收缴，在执法部门吃住睡 20 多天，西乡街道进行多次调解、劝说仍未成功，最后邀请了街道残联工作人员、1 名老乡参与调解，协助做当事人的思想工作，最后促成了纠纷的解决。

受此启发，西乡街道司法所向街道建议，为纠纷当事人提供"说事"平台并主动调处纠纷，发挥群众自治作用，由街坊邻居担任评理员，疏导当事双方对立的情绪，社区律师通过案例逐一解读法律常识，共同"评理", "说事评理" 便开始有了雏形。

这种模式最大的特点就是发挥群众作用，不再是让调解员来评理，而是请附近片区的居民群众来评。评理的市民可以依据过往的人生经验、道德感等方面来评判这件事的对错。如此， "陌生人" 之间的矛盾和调处变成 "熟人" 之间的说事和评理，纠纷双方也更为认可。

让 "说事评理" 成为化解矛盾纠纷的 "减压阀"

我们最开始设计 "说事评理" 时，就是想充分挖掘民间智慧，引导群众参与社会治理。除了辖区 "五老"、社区乡贤、"两代表一委员"、律师等社会各界贤达人士，我们还邀请有兴趣的普通群众加入评理员队伍，不限职业、年龄。我们希望在评理员队伍壮大的同时，人员构成也变得更加丰富。

对于每场调解，我们会随机抽取评理员，实行群众意思自治。街道调委会自接受当事人纠纷调解申请五日内，组织双方当事人各自从评理员数据库中选择同等数量的评理员组成评理团，并共同委托或随机抽取一名首席评理员组织评理活动。

首席评理员是由具有法律职业资格或经验丰富的专职调解员担任，评理团成员配合，专兼结合，在节省司法资源的同时，充分调动社会的多元资源，现代法律制度与传统乡村治理相结合，形成 "律师说法、贤达说理、邻里说情" 的综合调解模式。

为了保障公平公正，我们设置了严格的评理规则、评理程序。双方当事人各自推选一人围绕本方主张、争议事实以及证明主张得以成立的理由进行陈述，并针对纠纷相关情况进行举证和质证。之后由首席评理员归纳争议焦点，双方当事人围绕争议焦点展开辩论。评理团成员在公平、公开、公正的前提下，依据当事双方陈述的纠纷事实发表各自的意见，评出双方合理性，首席评理员在此基础上依法、依理、依情拟定解决方案，使当事人在明是非、懂法理的基础上自愿达成一致意见，自觉达成调解协议。

与程序复杂、耗时冗长的司法调解相比， "说事评理" 时间短、气氛和谐、效果明显，且 "评理" 的时间、地点、方式都可以根据当事人的情况灵活调整，既缓解了政府资源不足的压力，也最大限度节省了双方当事人的时间、精力成本。

建立"固成议事阁"，建设居民自治综合平台

在"说事评理"的基础上，我们继续探索更多科学调解的方法。2016年，我们在固成社区试点开展居民自治综合平台建设，设立"固成议事阁"。

"固成议事阁"以固成社区"文昌阁"历史文化名胜古迹为由取名"议事阁"，作为居民自治综合平台载体，选址场地约200平方米，设置议事室、纠纷化解室、儿童活动室及办公室等功能区。

"固成议事阁"的特别之处在于，它是结合现有社区律师资源，建立居民自治纠纷化解平台的律师调停机制。

西乡街道每个社区都配有一名法律顾问，34个社区就有34名法律顾问，"固成议事阁"成立后，他们成了专职的调停人员库成员。我们把这34名律师的姓名、联系方式、擅长业务范围等基本信息在"固成议事阁"进行公示，任何有矛盾纠纷的市民都可以从中选择居中调停的律师或代表自己的代理律师，类似深圳国际仲裁院。如果两人未达成一致或未能自行选择时，我们工作人员会代为指定。在调解过程中，居民还可以邀请辖区"两代表一委员"、社区"五老"、来深建设者代表等参与旁听并发表意见，促成纠纷化解。

通过调解，如果双方达成共识，这是最好的结果。若未能化解，将分别交由社区或街道调解委员会进行调解或开展"说事评理"，或直接引导其进行诉讼或仲裁。

除了调解人民纠纷之外，关系社区发展的重大事项和居民普遍关心的事项也在"议事阁"公布，由居民进行"公议"，集思广益形成共识。在"公议"过程中，可邀请社区"两委"班子成员、相关职能部门工作人员、律师、行业专家等参与指导或释疑，引导居民按照议事规则合法、合理表达意见和建议，形成共识，推动社区科学发展。

调解员就是将大事化小、小事化了

调解是一门艺术，更是对办案能力的锻炼和考量。并非所有的案子都只有两个当事人，稍不留意，矛盾纠纷就会演变成大的社会事件。2010年，我们就遇到过这样一个案子。那年，深圳市某物流公司因在华东地区大规模投资扩张产生管理滞后问题，导致出现拖欠商户货款和员工工资问题，深圳、广州、东莞、佛山等城市相继出现商户、员工聚集讨债、讨薪的现象。

面对这种状况不能等，要马上采取行动。为此，我们第一时间了解情况，并设立好整个善后法律服务及调解流程。我们首先在该物流公司的总部贴出指示牌，告知员工和商户登记地点。当时我们在西乡体育场设立了登记点，每个来登记的人都需要提供完整的材料。我们进行材料收集和现场答疑工作，前后共受理了3000多宗申请维权。经过仔细核查，我们筛选出来符合法律援助条件的案件大概有300多宗，这些被作为诉讼案件追偿。

在这300多宗诉讼案件里，我们组织了30多个律师，为受损商户和员工提供免费的法律援助。我代理20多个案件，负责提起诉讼的全部法律文书模板文本制作。虽然并不是所有的人都追回了资金，但是通过法律途径维权，他们也获得了剩余款项的分配权利。

在西乡街道和律师们的努力下，这个事件被平稳地化解了。虽然这其中涉及了大量员工和商户，但没有引起不良社会影响。该工作得到了省委、省政府、省委政法委的高度肯定，西乡街道的做法也被涉事地区相关部门借鉴。

肆 正是这份特殊的工作，将复杂交错的矛盾纠纷化解在了摇篮里，让法律知识得到更广泛的普及，也让社会变得更加和谐稳定。

用专业知识与赤诚之心，参与基层建设治理

作为一名人民调解员，需要把握情理法的智慧统一。

我们曾调解过许多工伤案例，在工伤案例中，根据《工伤保险条例》规定，职工在工作时间和工作岗位，突发疾病死亡或者在48小时之内经抢救无效死亡的，视同工伤。也就是说，根据法律，48小时之外死亡的就不算工伤。

在我接手的一个案子里，那位职工是在工作时间之外 52 小时去世的，超过了 4 个小时，如果从严格意义上讲他不算工伤，从法律的角度看，企业是不用赔一分钱的。但职工家属不认同，且根据那位职工的家庭条件和实际情况，我们也觉得确实不太容易接受。如果调解仍拘泥于"48小时"，我们担心后面可能会出现一些伦理性的问题，比如病人正在进行维持性治疗，家属为了达到工伤的 48 小时，就放弃治疗了。

所以针对这个案子，我们做了人道主义的调解，希望企业能适当赔偿一些。经过一番沟通，最后企业接受了我们的建议，在工伤跟非工伤中间找了一个平衡点进行赔偿，职工的家属也对这个方案很是认可。

或许在许多人眼中，调解员是一个普通且接触负面情绪很多的岗位，但正是这份特殊的工作，将复杂交错的矛盾纠纷化解在了摇篮里，让法律知识得到更广泛的普及，也让社会变得更加和谐稳定。当然，基层调解不仅仅需要专业的队伍，更需要挖掘民间智慧。老百姓的事让老百姓来化解，要充分利用群众的智慧，发挥他们的能量，让他们共同参与基层法治建设。

我是具有律师资格的调解员，从广东宝城律师事务所一名普通聘用律师，逐渐成长为高级合伙人，利用自己的专业知识捍卫公平，为更多的人争取应有的权益。回望过去十几年，我为西乡街道乃至深圳的法治建设发展贡献了绵薄之力，也算没有辜负这座美丽的城市和这个伟大的时代。

口述者　　　**邵盛**

Shao　Sheng

1987 年出生于甘肃省兰州市。2011 年 6 月毕业于
甘肃政法学院。现为深圳市光明区公明街道综治办
人民调解员。

口述时间
2022 年 4 月 14 日

口述地点
深圳市光明区公明街道办事处

人民调解员工作带给我的不仅是工作上的成就感，还有发自内心的归属感和对于城市的认同感。群众的每一个诉求，都需要有人真正关注到。在这个过程当中，我的工作就是为他们服务。人民调解员就是人民的勤务员，是平安建设中很重要的一分子，犹如一只只萤火虫，虽是点点微光，聚集起来也能照亮夜空。

邵盛：
让人民调解
成为法治城市基层治理的稳压器

> **壹** 2017 年的深圳罗湖和我所见过的所有景色都不同，这里
> 灯火通明，繁华热闹，让人着迷。

南下深圳，看见不同的景色

2017 年夏天，我来深圳的时候，还穿着长袖加外套。在我的家乡甘肃兰州，年平均气温 10.3℃，夏无酷暑，冬无严寒，这是 7 月的正常穿着。8 月 27 日 17 时左右，夕阳西下，一到深圳站下车，我就被迎面而来的湿热空气抱了满怀。这是我第一次来到深圳，立刻被余晖中繁华的南方都市吸引了目光，我几乎立刻就产生了留下的念头。

我是家中最小的儿子，有一个姐姐、两个哥哥，都是"70 后"。2011 年 6 月，我从甘肃政法学院毕业，从兰州南下去福建厦门金方正律师事务所实习，后由于实习期间表现优秀，毕业后直接入职成为一名律师助理。3 年半的法律行业从业经历，为我后续的基层法治工作奠定了基础。2013 年下半年，我返回兰州跟朋友一同创业，投身甘肃贫困山区支教。2016 年母亲去世，我颇受打击，情绪一直不佳，来广东是来散心的。

我是山里孩子，大学之前几乎没出过兰州市。2010 年第一次前往厦门实习时我坐了两天两夜的绿皮火车，2017 年的深圳罗湖和我所见过的所有景色都不同，这里灯火通明，繁华热闹，让人着迷。当晚我就用酒店的电脑开始投简历。当时，光明区（时称光明新区）正在

招聘人民调解员，这是光明区第一批专职人民调解员。经历一轮面试、一轮笔试之后，我成功竞聘上岗。我首先给大姐打了一个电话，她是家里的第一个高中生，向来很开明，我需要她帮我说服父亲让我留在深圳。最终，父亲妥协了，他是个沉默寡言的男人，不太擅长表达自己的情感，但我一直记得他在电话里说："既然要留在深圳，就照顾好自己。"这一留，就已是四年多。

> **贰** 作为光明首批专职人民调解员，我带着曾经参与法律援助和法院调解的经验，凭着一腔热情开始了工作。

成为首批专职调解员，见证城市另一面

光明区前身称光明新区，成立于 2007 年 5 月，是深圳市设立的第一个功能新区。2018 年 2 月，国务院同意设立深圳市光明区，下辖光明、公明、新湖、凤凰、玉塘、马田 6 个街道，辖区总面积 156.1 平方千米。根据第七次全国人口普查数据，截至 2020 年 11 月 1 日零时，光明区常住人口为 1095289 人。

2017 年 8 月的光明新区和现在的光明区有着不小差距，彼时深圳地铁 9 号线和 6 号线还未开通，从福田区市中心区域前往光明公明办事处需要乘坐 K578 路公交，花费 1 个多小时。第一次到公明办事处的时候，我心里充满了失落，心想："这该不是被骗了吧，差距也太大了。"

光明人口密度很大，老龄化严重。2017 年的时候，60 岁以上老人总数占新区户籍人口总数的 11.5%，已进入国际公认的老龄化社会，老龄化比例是全市最高；同时光明也是工业大区，几乎遍地是工厂，外来务工者极多，2018 年光明三大产业比重分别为 0.2%、63.9%、35.9%。由于光明的产业结构特性，劳资纠纷矛盾较为集中，但当时的我想法非常简单，作为光明首批专职人民调解员，我带着曾经参与法律援助和法院调解的经验，凭着一腔热情开始了工作。在这其中，我也看到了大都市深圳温情的另一面。

叁 从2017年的调解需要7到8个小时,到2021年的30分钟,良好的运作机制发挥了巨大的作用。

到群众中去,解决群众诉求服务难点问题

很快,我就发现了调解员工作的难点。人民调解员是多元化纠纷解决、矛盾化解的第一道防线,也是法治城市基层治理的重要角色。例如针对辖区内的经济纠纷、劳动纠纷、邻里关系纠纷等,人民调解员需要防止事件升级,不能由民事纠纷向恶性刑事案件转化。"大事化小,小事化无"就是调解员的日常工作。

用心、用力、用情做好人民的勤务员,就是人民调解员的工作重点,2017年底到2018年初,我经常从下午调解案件到凌晨。由于缺乏对相关企业的摸底调查及相应梳理机制,一场劳动纠纷往往需要调解7到8个小时。除此之外,工业园区多,购买社会保险比例相对较低,因此非因工死亡产生的纠纷也相对较多。2017年,我走访公明办事处工业园,发现工厂企业主不为工人购买社会保险的问题较为突出。行走在各个工业园,游说企业负责人为工人们购买社会保险就成为那时候我的工作日常,吃闭门羹是再正常不过的事情,有一回我到一家工厂3次才得以进大门。事实上,如果不购买社会保险,工人们每月到手工资可以多发两百元左右,但很多人却不清楚这多出来的两百元会在关键时刻带来多大的问题。

2020年上半年,一起非因工死亡案件让我记忆犹新。一名47岁的外来务工男子在出租屋内去世,前一晚他才和妻子打过视频电话,第二天无故旷工,工友找上门才发现人已猝死。他是家里的顶梁柱,在老家有留守妻子和一个即将高考的独生女。那是她们第一次来深圳。我深感抱憾,每每想到她们,我都忍不住潸然泪下。

那对母女从见到我们开始,就只是沉默。当时的调解室在4楼,那位母亲对于调解的实际内容一直提不起兴趣,不停地向窗外张望。我感到十分不安,就向妇联和危机干预中心求助。在心理咨询师到场后,她们在调解室交流了两个多小时,我才终于听到一阵撕心裂肺的哭声,紧绷的心弦才松了下来。

最终，企业主赔偿了 6 个月的丧葬补助，加上全厂员工捐款，她们所获得的赔偿约 7 万元。根据《中华人民共和国劳动保险条例》第十四条，工人与职员因病或非因工负伤死亡时，由劳动保险基金项下付给丧葬补助费，其数额为该企业全部工人与职员平均工资两个月。另由劳动保险基金项下，按其供养直系亲属人数，付给供养直系亲属救济费，其数额为死者本人工资六个月到十二个月。

此类案例我们经常在下工业园区为企业主做培训时讲到，一开始企业主们比较排斥，但随着我们工作的深入开展，成效逐渐显现。数据显示，截至 2019 年底，光明区参加基本养老保险 43.22 万人，比上年增长 7.1%；参加医疗保险人数 65.94 万人，比上年增长 4.3%；参加生育保险人数 52.29 万人，比上年增长 1.8%；参加工伤保险人数 52.32 万人，比上年增长 1.8%；参加失业保险人数 52.27 万人，比上年增长 1.8%。

探索服务新路径，扩大基层法治服务外延

2019 年 1 月，《光明区人民调解员管理办法》出台，创新设置了助理人民调解员、初级人民调解员、中级人民调解员、高级人民调解员、首席人民调解员五个级别。采取自下而上的评定方法，先由基层人民调解员根据评定条件要求申报，司法所审核上报，最后由区级人民调解工作指导委员会审核评定，并颁发聘书。这样的分级管理方式，大大提升了人民调解员的积极性与荣誉感。

此外，为不断提高人民调解员综合素质，推动全区人民调解水平不断提升，《光明区人民调解员管理办法》中对人民调解员岗前培训和年度培训提出具体要求。包括须经过培训后持证上岗，每年接受不少于 7 个工作日的集中培训等。对经费保障、培训形式、内容等也有明确规定。"分级＋培训"的工作举措，大大提升了人民调解员的积极性与荣誉感，全区人民调解水平稳步上升。

事实上，人民调解员非常注重工作经验的积累，在最初参与工作时，我关注民法之类的法条较多，因为对接的都是民事纠纷。但随着工作经验的增加，我发现人民调解员更需要的是调节各方情绪，进行多方联动的能力。由于没有执法权，不具备强制性，在实际工作中人民调解员的工作常常会遇到不配合的状况。

最典型的当数为外来务工人员讨薪。在调解员工作当中，会遇到拖延支付外来务工人员劳动报酬的情况。根据《中华人民共和国刑法修正案（八）》相关规定，拒不支付劳动报酬罪严重的要处三年以上七年以下有期徒刑，并处罚金。但实际执行过程中，人民调解员不具备执法权，该怎么办呢？

有经验的人民调解员往往会向劳动管理办公室及各级应急管理部门求助，工作效率自然大大提高。让我印象最深刻的是 2021 年处理的一起污水改造工程劳动纠纷案，涉及外来务工人员 37 人，被拖欠薪资约 120 万元。当时，社区网格员了解情况后立刻向街道反馈，从知悉情况到调解完毕仅花费了 30 分钟。从 2017 年的调解需要 7 到 8 个小时，到 2021 年的 30 分钟，良好的运作机制发挥了巨大的作用。

肆 近年来，群众诉求服务"光明模式"在全市、全省乃至全国打出了名号，成为深圳市基层治理的一张亮丽名片。

"光明模式"见证城市法治进步，做基层治理的标杆

2019 年，光明区依托"1+6+32+N"法律服务实体平台，安排 62 名律师和律师助理为辖区企业和居民提供公共法律服务，共计 42 个调解室的在线司法确认系统布局，这是深圳第一批社区调解员；同时，光明区完成 234 个公共法律服务室建设，由以往的一个人民调解员服务一个对象，变成一个由人民调解员、法律顾问等人员组成的团队服务一个对象。

2019 年，光明区 225 名专职、兼职调解员共受理矛盾纠纷 6603 宗，化解 6381 宗，调解成功率 96.6%，防止矛盾激化率达 100%。光明区连续两年被评为全国信访工作"三无"区。

全区多部门联动的群众诉求服务新模式很快得到认可，2020 年 12 月 17 日，深圳市群众诉求服务"光明模式"推广现场会在光明区召开，总结推广光明区在基层矛盾系统化解方面的经验做法，部署打造新时代"枫桥经验"的深圳范例。此后，深圳市信访局在全市推广群众诉求服务"光明模式"，通过搭建群众诉求服务四级平台、建设智慧指挥系统、

组建基层平安志愿者队伍，并依托"基层发令、部门执行"机制，调动多元力量参与社会治理，打通最后500米群众诉求服务圈，将大量基层矛盾化解在基层。

2021年，群众诉求服务"光明模式"得到中央政法委、国家信访局、省委省政府、市委市政府肯定，被列入2021年广东省政府工作报告、深圳市政府工作报告和深圳市重点民生事项清单，被认为是新时代"枫桥经验"。2022年5月1日，以群众诉求服务"光明模式"为模板的《深圳经济特区矛盾纠纷多元化解条例》正式施行。

我有幸从一个初出茅庐的新人，一步步成长为一名成熟的人民调解员，工作的内容也延伸到普法宣传、法律咨询、心理关爱、帮扶救助、投诉建议等各个方面。在此过程中我见证着光明区的面貌改变，也成了深圳基层法治进步的亲历者。

口述者　**何贤波**

He Xianbo

1970 年生于湖北省随州市。电子科技大学工业外贸
专业研究生，2001 年成为广东华商律师事务所律师，
后成为华商林李黎（前海）联营律师事务所合伙人，
曾担任中国证监会第十二届主板发行审核委员会委
员、多家上市公司独立董事。2017 年担任深圳创客
法律中心主任。

口述时间
2022 年 5 月 10 日

口述地点
深圳市福田区新媒体大厦

这座城市有个"共识"：来了就是深圳人。来自五湖四海的人聚集在一个地区，大家都愿意遵循新的规则，推行新的规则也更顺畅，这些特点为深圳民商法的发展提供了有利环境。

在改革开放的浪潮中，深圳高速发展了数十年。曾有人问，深圳发展的时代红利会逐渐减弱吗？我坚定地给出了答案：不会，深圳未来会给我们带来更多机遇。

倘若有时光机可以回到 1995 年，我依旧会毫不犹豫地选择踏上开往深圳的那列火车。

何贤波：
投身创客法律服务
助力更多创业企业做大做强

> **壹** 1995 年，我怀揣着一腔热情来到深圳。

从理工科到人文社科，果断转行

我并不是传统意义上的"法学生"。1993 年，我本科毕业于华北工学院的化学工业专业，两年后，我结束了在电子科技大学工业外贸专业的硕士研究生学习。

1995 年，乘着改革开放的东风，深圳正热火朝天地进行建设，随处可见机遇，我产生了到深圳打拼的想法。毕业后，我收拾行李登上了南下深圳的火车。

刚下火车，入眼的是往返忙碌、脚步匆匆的人们，一座又一座即将崛起的高楼以及"时间就是金钱，效率就是生命"的标语。来到深圳后，我的第一份工作是在龙岗布吉的粤宝电子工业总公司从事进出口业务。

20 世纪 90 年代，中国更快融入世界经济秩序，对外开放程度不断提高，复关谈判和加入 WTO 谈判在同步进行，发展对外贸易的环境愈发友好。1992 年，建立现代企业制度成为国有企业的改革方向，同年，中国证监会成立，中国证券市场开始被逐步纳入全国统一监管框架。随着证券市场加速发展，部分企业存在上市不规范的问题，而知晓相关流程的律师却少之又少。想到这方面有人才缺口，我萌生了跨行从事证券律师的念头。

经过一番自我审视，我坚信证券法律行业会有我施展拳脚的一方天地。1998 年，我决定报名考取法律职业资格证，迈出转行法律行业的第一步。工作之余，我抓紧利用空闲时间学习欠缺的法律知识。幸运的是，恰逢那年国家大力扶持培养涉外律师，给非法律专业的考生安排了考前培训。考试的内容正好是我熟悉的英语和国际贸易案例，1999年，我顺利拿到了法律职业资格证。

第二年，我便开始搜罗实习机会。俗话说，隔行如隔山，我几乎没有法律行业的人脉。于是我每天就在各报纸的招聘栏目上看有没有招聘律师助理的信息。找了几天，一则招聘保险律师的广告吸引了我的目光，我马上联系了负责人。入职以后我才发现，这实际是一份卖保险的工作。因为招不到人，公司才用了"保险律师"的名头招聘销售人员。抱着学习的心态，我在那家公司干了一个月，倒也收获了一些有用的知识。

2001年，我正式入职广东华商律师事务所，大步迈入法律行业。从事法律行业以来，我发挥文理兼顾的特长，主要办理证券、公司、国际贸易及其他涉外民事商事等方面的诉讼和非诉讼法律事务，并参与多宗股份有限公司设立，国内A股、B股上市发行，海外上市及收购，兼并等非诉讼事务。

> **贰** 随着时代的发展，律师行业也要不断与时俱进，发掘法律服务新亮点。

扎根前海，参与创办创客法律服务中心

改革开放以来，内地和港澳之间的交流越发频繁，经济往来呈现跨区域、跨法域的特点，因此，内地法律体系与经济发展模式不相匹配的问题愈发突出。当时不少企业在香港签合同，但实际执行是在内地，也有不少企业在国内签合同，执行地却是在海外。在这种情况下，企业对跨境律师服务团队的需求激增。

2014年，在前海深港现代服务业合作区成立4周年之际，我所在的广东华商律师事务所和香港林李黎律师事务所在前海合作成立了中国首家粤港澳联营律所——华商林李黎（前海）联营律师事务所。联营律所成立以来，我们致力于鼓励海外和港澳律师在内地执业，同时培养"走出去"的法律人才。

前海创新开放的营商环境为创客的创业道路扫清许多障碍。前海深港现

代服务业合作区成立以来，坚持"依托香港、服务内地、面向世界"，成为与香港关联度最高、合作最紧密的区域之一，投资兴业便利的利好政策吸引了一批又一批深港两地创客入驻，与此同时，大批香港服务机构进入内地。

在"创客之都"深圳，并不是每个创客都能顺利地将自己的创意变为现实。工作期间，我察觉到许多创业者在劳动人事关系、商业秘密保密、知识产权保护、融资并购、发行上市等问题上都缺乏经验。由于缺乏风险管理能力，企业在出现问题时很容易陷入经营困境，影响进一步发展。

随着资本市场的变化，未来创投机构会越来越多，大家会把投资往前端移，扶持有潜力的创业企业，律师行业也要不断与时俱进，发掘法律服务新亮点。人才可以"走出去"，我们是否也可以发挥律师的力量帮助企业"走出去、走更远"？当得知深圳市司法局提出创办"深圳创客法律中心"的消息时，我二话不说便参与了相关筹备工作。

2017年12月1日，中国首家针对创客群体提供全生命周期、一站式法律服务的平台——"深圳创客法律中心"在前海诞生，我出任深圳创客法律中心主任。围绕创业企业发展的需求，我们发挥联营律师事务所的优势，组建了一支法律专家队伍，引进香港的先进经验，为创客提供融资、财税、知识产权保护、政府资助申报、常年法律顾问等服务内容以及企业运营管理辅导、上市辅导、商业模式辅导，协助他们开展商务谈判，帮助创客理清商业逻辑。

成立两年，深圳创客法律中心就已服务百余家创业企业。2019年，针对创客痛点，我总结工作中的经验，参与编写《深圳创客法务指引》，将前海经验推广到全深圳，帮助更多的深圳创客。

叁 我们要走到时代的前列，闯出一条路。

十年光景，投身企业咨询公益

从事法律行业这些年来，我始终相信法律是能创造价值的。企业前期的基础规划都是出自律师之手，我能帮助他们提高效率、扩大影响，引来更多的资金，及时抓住发展时机。2014年入驻前海后，我不由自主地思考自己如何能为深圳发展做些事，影响更多人。

1995 年，我来到深圳的同一年，夏佐全作为天使投资人向比亚迪投资 30 万元，成为公司第三大股东，并参与管理与经营。往后多年，在帮助比亚迪做强、做大的同时，夏佐全打造出了一个中国 VC/PE "投资 + 投后" 的标准样本。

　　夏佐全的经历让我深受鼓舞。从事证券律师工作的这些年，我积累了足够的经验和资源，具备组织社会资金的能力，我为何不发挥资源优势来帮助有能力的年轻人、有潜力的企业做得更好？在深圳创客法律服务中心，我找到了方向。我决定再次迈出跨行的步伐，立足前海、放眼深圳，投身企业咨询公益，发掘并无偿帮助有发展潜力的企业创业。

　　深圳正在建设中国特色社会主义先行示范区，我们要走到前列，闯出一条路来。国家要建设法治社会，资本市场、上市公司也要讲诚信、讲法治。我将"诚信"作为扶持企业的核心理念，贯穿于商业模式的始终。

　　我首先想到，要改变以往图便宜、图方便的商业模式，则要改变人与人、企业与人之间的竞争关系，首先要打造人与人、人与企业之间的信任关系。人与人之间如何产生信任？于是我和团队开始介入 B 端业务，企图建立一个免费的又能让大家信任的平台，在平台服务中建立信任关系，慢慢产生一个服务信任链条，潜移默化地让"诚信"的理念内化为企业的行动意识。如此一来，企业从创办之初就意识到自己是一个规范的、讲诚信的企业，并将讲"诚信"的理念贯穿到企业的制度安排、公司章程、项目协议和商业模式上，为企业的良性发展打下基础。

　　曾经有一家传统劳务外包企业的负责人找到我，诉说他们服务的一家劳务外包企业不愿意为员工交"五险一金"的难题。我告诉他，这就是不规范、不讲诚信的体现。规范意味短期内会增加成本，但对长期而言，则是企业行稳致远的关键。他回去后，参考 Software-as-a-Service（软件即服务）模式搭建了信息运作平台，帮助企业在遵守劳动法的同时提高效率降低成本从而获得更高的利润。在新理念的引领下，这家劳务外包企业蓬勃发展，从零投资到估值 30 亿元，目前即将上市。

　　在扶持企业发展的探索中，我意识到企业目前最缺乏的是正确的引导。于是我们利用各方公益资源，帮助企业以最低的成本实现规范运营，让企业意识到规范、诚信的发展是有前途的，这是我作为引导者能给他们提供的最大帮助。

　　从事企业创业辅导咨询将近十个年头，我实现了从律师向企业创业辅导员的身份转变，见证一家又一家小企业茁壮成长，收获了满满的成就感。这些收获也将为我继续向前的公益咨询路提供源源不断的动力，我希望能用十年的努力，扶持若干家小企业做大做强。

肆 　　曾有人问我，深圳发展的时代红利会减弱吗？我的回答是：深圳的未来会更好。

不破不立，发展红利仍将继续

自学生时代起，我就喜爱文学和历史，来深圳以后，我试着用写诗的方式来记录生活。闲时翻翻记录册，竟也写到了5000多首。字里行间的深圳，矮小的平房被拔地而起的摩天大楼取而代之，泥巴路变成了平整宽阔的沥青大道。

"比风景更吸引人的是营商环境。"改革开放以来，深圳坚持以法治化思维推进营商环境建设，在营商环境的打造上与国际化接轨，打造世界一流的法制化、国际化、便利化营商环境。良好的营商环境吸引众多企业和投资者，商业活动多了，也就培育了创新的土壤。

来自五湖四海的人聚集在深圳，大家都愿意遵循新的规则，推行新的规则也更顺畅，这些特点都为深圳民商法的发展提供了有利环境。

抓住改革开放的浪潮，深圳高速发展了数十年。曾有人问我，深圳发展的时代红利会逐渐减弱吗？我坚定地给出了答案：不会，深圳未来会给我们带来更多机遇。

从布吉到前海，从前海到坪山；从外贸到法律，从法律到企业辅导……我的个人价值在深圳得到了实现。从无到有，从中小企业到上市公司，我们陪伴了一个个企业的成长。

倘若有时光机可以退回到1995年，我依旧会毫不犹豫地选择踏上开往深圳的那列火车。或许出发前还不知道自己能做什么，但是我始终相信，深圳会给每一个心有壮志的人机会。我们要做的就是在一次次尝试中，找到适合自己的那条路，坚定不移地走下去。

口述者 **黄德华**

Huang Dehua

1974 年出生于江西省上饶市。1997 年毕业于南昌大学历史系，随后考入南昌大学研究生院法学专业。2000 年至 2011 年曾任广东国欣律师事务所律师、副主任；2011 年创建了广东扬权律师事务所，担任主任、合伙人；2014 年成立了深圳市罗湖区律师公益联合会并担任会长一职；2017 年成为广东微众律师事务所创始人、党支部书记。

口述时间
2021 年 11 月 26 日

口述地点
广东微众律师事务所

深圳因改革而生，因开放而强。2000 年，我研究生毕业后，从江西来到深圳经济特区，被深圳"闯、创、干"的精神和作风深深吸引了。来深圳奋斗 21 年，作为一名有情怀的法律人，我也在反思我的职业，反思我所在的深圳这座城市的律师行业的发展，以及我为之做出努力和贡献。

为实现"让天下人请得起律师"的梦想，我探索了"法律＋互联网＋金融"新模式，引领律师业的服务创新，成立广东省第一家律师公益联合会——深圳市罗湖区律师公益联合会；发起棚改公益倡议书，带领深圳市 200 名律师公益参与罗湖棚改，参与罗湖棚改的相关文件的起草，用法律知识、法律人才和法律智慧为罗湖棚改保驾护航；2016 年受罗湖区住房和建设局委托，参与住建部物业管理改革课题，在推动深圳法治建设的同时，也推动了城市的文明建设。

黄德华：
以公益理念引领律师业服务创新

壹 "来了就是深圳人。"这是很多第一次来深圳的人印象最深的一句标语，它是这座城市的符号，也是这座城市的精神图腾。

初来深圳，尝改革开放的果实

我来自江西省余干县，1997 年毕业于南昌大学历史系，后来对法律饶有兴致的我，选择攻读南昌大学研究生院的法学专业。2000 年研究生毕业后，我怀着对深圳的憧憬和向往，以及"不安分"的心，毅然决然地选择当时正处于改革开放前沿的深圳经济特区。

"来了就是深圳人。"这是很多第一次来深圳的人印象最深的一句标语，它是这座城市的符号，也是这座城市的精神图腾。可是，一到深圳，就面临"生存三要素"：住哪里？吃什么？能干什么？当时大部分人两手空空就敢只身闯深圳，我也是其中之一。

在深圳初期的生活非常艰苦，我寄宿过朋友家，也睡过桥洞、公园，这是我初来深圳时较为深刻的经历，也是我来深圳的第一感觉。其次，深圳是个平等、和谐、奋斗的城市。初来深圳时，我还很紧张，担心不会说客家话或者深圳本地话而被本地人排外。后来我发现这种担心是多余的，深圳大部分人来自五湖四海，大家来到深圳打拼，互帮互助，让我也很快融入这座城市。所有人都处于同一起跑线，都有同样的标准，在这里我也真正感受到"天高任鸟飞，海阔凭鱼跃"的精神，感受到年轻且充满激情的脉搏在跳动，让我不觉感叹，这是打拼的沃土，是梦想启航的地方。

在深圳市的律师事务所做律师是我的第一份工作，犹记得当时接待我的主任跟我说的第一句话是"欢迎"，第二句话是"吃饭各凭本事"。于是我怀着激动的心情，仅用了一天时间就完成了合同协议签订以及档案调动手续，顺利入职，"深圳速度"体现得淋漓尽致。

紧接着，为了在深圳养活自己，我每天上午到处去找案子、谈法务合作，包括法律援助，也把这作为拓展自己业务的一种方式；下午就拿着简历去人才市场找更多兼职工作。那时，我经常遇到一种窘迫的境况，因为没钱买盒饭吃，会盯着人家的饭盒吞口水。但我当时坚信，只要我努力，相信生活会慢慢变好，未来对于我们这些勤劳的奋斗者来说是辉煌的。

在人才市场找兼职的过程中，我结识了不少企业负责招聘的行政经理，通过慢慢地积累和摸索，渐渐地有了更多机会，如法务合作及其他案子，收入逐年增长，并且在深圳慢慢站稳了脚跟。所以来深圳的第一年，就让我深切感受到改革开放的初步果实，只要勤奋、努力、敢闯敢拼，就会有收获。

> **贰** 我长时间做法律援助的经历，为后续成立深圳市罗湖区律师公益联合会做了充足的铺垫和准备。

服务创新，成立律师公益联合会

习近平总书记强调：永葆"闯"的精神、"创"的劲头、"干"的作风，努力续写更多"春天的故事"，努力创造让世界刮目相看的新的更大奇迹！这是对深圳等经济特区精神品质的深刻总结，更是对经济特区在新征程上创造新的历史伟业的殷切期待。

我在深圳的经历也正好印证了深圳人"闯"的精神、"创"的劲头、"干"的作风。2014 年，我经过长期的观察和实践，认为深圳市普惠法律服务体系建设还存在比较大的短板，传统的律师进社区只是在固定时间、固定地点提供固定法律服务，但社区法律纠纷具有突发性。

对此，我们要把业务和律师进社区结合起来，实行律师通过网络进小区，提供不限时的普法和法律咨询。我每周都会在网络平台进行法律直播，把互联网和法律调解结合起来，在直播中为网友答疑解惑，开展在线法律调解，把社会基层治理和法律服务有机结合起来，创新法律服务模式。

我长时间做法律援助的经历，为后续成立深圳市罗湖区律师公益联合会做了充足的铺垫和准备。2014年，在罗湖区司法局、罗湖区住房和建设局的指导下，我们成立了罗湖区律师公益联合会和物业管理专家讲师团。

作为深圳改革开放潮流中的受益者，我也想组织力量帮助更多需要帮助的人，回馈社会，这也是我发起、成立深圳市罗湖区律师公益联合会的初心。深圳市罗湖区律师公益联合会是广东省第一家律师公益联合会，最开始由118名律师组成，致力于推动罗湖律师服务社会，为创新社会治理、建设诚信社会体系，共建法治罗湖、公益罗湖等作出积极贡献。现如今，公益联合会已有会员678名，因积极参与罗湖棚改、罗湖物业管理改革以及深圳市物业管理条例等立法工作，获得市、区相关领导的高度肯定，成为深圳市重要公益法律力量。

> 叁 我作为深圳的一个市民，同时也是一名法律工作者，亲身经历了深圳物业管理改革，并深度参与其中，推动了这项创新事业的发展。

从无到有，推动罗湖区物业管理改革

深圳奇迹离不开"闯"，从改革开放的窗口到中国特色社会主义先行示范区，新时代赋予了深圳新的历史使命，也同样赋予了深圳律师维护法律秩序的更大责任。我作为深圳的一个市民，同时也是一名法律工作者，亲身经历了深圳物业管理改革，并深度参与其中，推动了这项创新事业的发展。

2004年，我在罗湖区购置了一套房产之后，就和物业管理产生密切联系了。通过平时的观察，我关注到小区内存在物管收费不透明、业委会形同虚设、缺乏法律地位、物业管理公司服务意识薄弱、停车位权责不清以及公用设施挪作他用等问题，也会"多管闲事"，站在全体业主的角度来思考、解决问题。因此在小区竞选业委会委员的时候，我不但成功竞选，而且还当上了业委会主任。按老家的话来说，我"一不小心"成了"村长"。

和我一样，罗湖区乃至其他区的业主也同样遇到了小区管理中的这些问题。事实上，有着全国物业管理行业"领头羊"之称的深圳，也最早遇到物管纠纷、小区停车难、高空抛物、养犬扰民等问题。为了破解这些物业管理难题，我和律师同仁、相关专家和政府工作人员群策群力，提出一系列创新举措，并率先在罗湖区进行实践，包括引入物业管理服务到社区、开展老旧住宅区综合整治、实施管道燃气改造等，将物业矛盾调解处理纳入社会建设的整体构想，罗湖区物业管理也因此从"专项治理"步入"规范建设"的重要阶段。

罗湖区启动了物业管理改革的试点后，我基于自己担任业委会主任、律师以及政府物业管理顾问的经验，于2015年，将多年的观察、理论依据和大量物业管理实践的积累汇总，撰写了一本管理法律专著《和谐社区——从罗湖实践看物业纠纷化解之路》，探讨如何实现政府、业主、物业管理公司三者法律关系的平衡以及三者如何化解物业纠纷，创建和谐社区。

同时，我和同行共同成立罗湖区律师公益联合会，背后最直接的动机就是配合罗湖区的物业管理改革，为政府打通服务平台。从我们的律师队伍中选出一批公正正派的律师来服务于物业法律援助工作，弥补行政监管部门专业人员不足的缺口，对配合政府的规范物业管理工作起到一个积极的作用。

物业管理的发展波澜壮阔，法律保障尤为重要。法律服务一直为物业管理的发展保驾护航，罗湖区在这方面也不断探索创新。此后，我参与了2019年8月发布的《深圳经济特区物业管理条例》修订，同年9月我受深圳市住房和建设局委托，起草《深圳市业主自行管理方案（示范文本）》。

肆 今天，人们对"律师公益社团""物业管理改革"等名词耳熟能详，这都源于深圳法律人的不断探索。

打开格局，助力罗湖棚改顺利进行

2016年，罗湖棚改项目"二线插花地"涉及木棉岭、布心和玉龙片区，这些片区位于地质断裂带，均为广东省"斜坡类地质灾害高易发区"，存在重大公共安全隐患。深圳市委市政府下定决心，彻底消除罗湖"二线插花地"片区公共安全隐患，对木棉岭、布心和玉龙片区实施棚户区改造，而我有幸参与了深圳第一个棚户区改造项目。

罗湖区律师公益联合会在罗湖区司法局的领导下，配合政府工作，每个律师事务所提供十几位律师，为他们提供法律宣讲和支持，跟着项目组的工作人员同吃同住同工作，24 小时提供法律支持。在罗湖区律师公益联合会的旗帜上有两枚最闪亮的军功章，一个是罗湖物业管理改革，另一个是罗湖棚改。

为推动物业管理法治化，我们在全国率先探索"互联网＋物业公益法律服务"模式，组建物业管理专家讲师团进行普法，建立 24 小时"不落幕"的物业服务纠纷法律调解平台，搭建物业管理公益法律网络平台，开设线上"微讲堂"，打通依法治理"最后一百米"。

通过公益在线物业调解，不受时间、地点、场所的限制，让业主不但找得到律师，用得起律师，还能在物业调解实践中形成法治思维。我印象较为深刻的一次经历是，2020 年 10 月，有一业主将房屋出租，租客图省事把空调装在邻居的阳台上，邻居无法忍受空调噪声和废气污染，通过在线调解平台先提出要求和相关证据，房东随即进行回应和反驳，大家很快就达成一致，24 小时内就解决了这一纠纷。

截至 2021 年 3 月，我们的物业管理在线调解室通过"互联网＋普法"，已成功调解 132 起物业纠纷，将打通依法治区"最后一百米"落到了实处。此外，我们平台还开设了 800 多个业主微课堂，让业主和物业服务企业足不出户就可以学习和掌握物业管理条例。自 2019 年 10 月至今，罗湖物业微课堂共举办了 86 场物业管理条例线上培训，培训人次达 35.6 万。

回头再来看我和深圳的故事，我再次深刻感受到深圳经济特区从建立起，血液里就流淌着"闯"的基因。没有先例可循，特区就创造先例；没有经验可资借鉴，特区就先行先试、大胆探索。

今天，人们对"律师公益社团""物业管理改革"等名词耳熟能详，这都源于深圳法律人的不断探索。深圳从来不缺人才，不缺年轻人，也不缺"敢为天下先"的创新精神。

因此我认为，目前法律行业需要变革、需要创新，深圳的律师行业应紧抓深圳的人才与创新优势，努力让深圳成为全国乃至全球的规则中心和仲裁中心。

口述者 　　**廖明霞**

Liao Mingxia

1968 年出生于浙江省龙泉市。深圳市西南政法大学
校友会名誉会长，北京德恒（深圳）律师事务所高
级合伙人。

口述时间
2021 年 12 月 7 日

口述地点
北京德恒（深圳）律师事务所

作为一名曾经的警察，我坚持法律的正义；作为一名执业律师，我坚守专业的价值；作为一名法律公益人，我坚信"众"的力量。

从深圳法治发展的速度中，可以看出政府为之付出的心血。1992 年，全国人大常委会授予深圳经济特区立法权。深圳充分珍惜立法权和法律人才，用行动对法治表白。那年，深圳首次在全国公开招聘法律专才一百人，如今他们多数人早已成为深圳法治建设的中坚力量。作为改革开放前沿城市，深圳一直高度重视法治建设，率先提出建设"法治中国示范城市"的战略目标，把"法治化"作为全面深化改革的"突破口"，推动城市法治水平不断提升，增创城市未来竞争新优势。都说深圳是全国法治的优等生，而我十分荣幸成为其中的一员，为深圳法治建设添砖加瓦。

廖明霞：
用行动对深圳法治表白
与深圳法治共进步

> **壹** 我从小富有正义感，愿借自己的力量撬动真相，望微光
> 透进使人温暖。

南下深圳，赴一场春天的约定

我成长于秀山丽水的浙南，从小成绩优异，富有正义感，愿借自己的力量撬动真相，望微光透进使人温暖。小时候，我的理想是成为一名新闻记者，用笔来推动社会进步。然而，高中时，因为周边一个案件的发生，我萌生了读法律的念头。1985年我高中毕业参加高考，以高分被有"法学黄埔"之称的西南政法学院录取。

当四年的本科教育即将收尾时，我深感唯有继续学习，方能走得更远，便报考了本校研究生。我坚信知识就是力量。硕士期间，我师从中国著名民事诉讼法学家常怡教授，能在校园里一直与高师同行，实在受益匪浅。

20世纪90年代初，深圳以开放、包容的姿态吸引着各地的人才，"孔雀东南飞"成为当时的一种现象。东方风来满眼春，距离毕业还有半年，我也踏上开往南方的列车。1990年，深圳率先在全国试点建立公务员制度，我参加了最早的公务员招考并被深圳市公安局录取。报到后我被分配到市公安局法制部门从事案件审批工作。

初生牛犊不怕虎，坚守法律底线

1992年，经国务院批准，撤销宝安县，设立宝安区、龙岗区两个县级区。增设两个区后，派出所数量随之增加，警务人员紧缺，市局抽调百名民警充实基层。我与处里的几名同事被抽到宝安的基层派出

所锻炼一年。

所在派出所在当时的镇中心，那时广深高速还没有通车，作为交通要冲，有很多"拉客仔"，经常产生矛盾纠纷，飞车抢夺事件也时有发生，为此我们采取了各种适合的整治措施。其间，我曾凭着坚实的法律功底、对公平与正义的追求以及初生牛犊不怕虎的干劲，抵住了来自方方面面的压力圆满办结了一宗涉黑案件，甚至还因此接到过威胁电话。

一年的下基层锻炼也使我的内心更坚强，我愈加清楚自己对法律的执着信念，以及对原则的坚守。

> **贰** 接报警回执制度至今还在被沿用，其不仅加强了民警的责任心，更方便了人民群众。

设立接报警回执制度，为老百姓做实在事

锻炼结束后，我回到市局，开始从事全局的执法监督工作。我与同事经常到各分局执法检查，当时市公安局南山分局的领导希望我到分局支援法制工作。从工作繁重的派出所回到市局机关，我也觉得再下基层更能发挥自己的能力，而且通过案件审批、执法检查、个案监督、集中培训等途径也可以实实在在地提高基层的执法水平。于是，我又从市局来到南山分局，在南山分局的法制部门负责相关工作。在公安基层，法制部门面向整个分局，其业务水平与工作作风对整个单位的执法水平影响很大，这也是一个对综合能力要求较高的岗位。

时值 20 世纪 90 年代中期，我国法律制度还不完善，执法理念等还比较落后。一些如今早已深入人心的执法理念，在当时却要花精力去推动。我们就以修改后的《中华人民共和国刑事诉讼法》《公安机关办理刑事案件程序规定》为契机，规范办案程序。比如，刑诉法首次规定了律师可以在侦查阶段为犯罪嫌疑人提供法律帮助，我们首先通过转变观念，提高执法意识，其次通过培训、检查监督以及制定具体流程等做法，为律师会见创造条件，从而保障了犯罪嫌疑人的合法权利。

我们最早在省内设立了至今仍在沿用的接报警回执制度，并将其列入执法考核。报案人持有带编号的回执，便于案件的后续查询与跟踪，

也使得主管部门能够准确了解真实的报案情况。当时《深圳特区报》对这一做法进行报道后，我们收到了热心群众的信件与电话，大家都说我们为老百姓做了一件实事。接报警回执制度至今还在被沿用，其不仅加强了民警的责任心，更方便了人民群众。

经过大家共同的努力，全分局执法水平有了很大的提高，获得了省公安厅执法检查先进单位的荣誉称号。我个人也荣获市、区两级"三八红旗手"、"南粤百名优秀女政法干部"、市局一等奖等荣誉。

润物细无声，基层执法理念的提高对规范执法和提高执法水平又起到推进作用。在公安法制工作中，我由衷地体会到专业的价值和法律人所起的推动法治进步的积极作用。

> **叁** 如今深圳已拥有一千余家律师事务所，超两万名执业律师，在推进经济快速发展和社会全面进步方面发挥了重要的作用。

出国深造，以新姿态迎接新时代

世纪之交，国家机关机构改革实行人员分流。2001 年夏，深圳市出台了相关规定鼓励公务员分流，同年 12 月 11 日，中国加入世界贸易组织（WTO）。此举将我们每个人带进了国际舞台，显然加入 WTO 后需要大量懂法律、懂英语、懂国际规则的人才，需要清理、修订和完善有关的法律法规，建立健全符合国际规则的涉外法律体系。

此时，我硕士研究生毕业已近十年，中国加入 WTO 的大背景则使我产生了重返校园进一步"充电"的想法，把个人的理想与时代的需要结合起来。我意识到国家需要"新"人才，我得补充"新"知识，我决定去国外留学，学习国际商法，扩宽专业视野，成为一名涉外法律人才。

在美国留学期间，我对国际投融资法律、WTO 规则及争端解决机制、国际商业交易、私募基金与风险投资等进行了系统的学习。重回校园，我特别珍惜这个学习机会，过起了简单的"两点一线"的学生生活，常常在图书馆学习至深夜，不断吸收着新的知识，尽管不轻松，但我甘之如饴。

毕业后，我在美国的律所工作了一段时间，帮助各国企业应对美国商务部的反倾销、反补贴调查，经常要去美国商务部查阅各种资料。当时，中国产品频繁被发起反倾销调查，我所在的律所帮助多家中国企业应诉或参加年度复审，维护中国企业合法权益。

这段学习经历对我日后的工作产生了深远影响，我不仅学习了理论知识，海外的实践经验也为后来的回国工作打下了良好基础。2007年，我回到深圳，重新踏上这片熟悉的土地。

为深圳企业"走出去"和外企"引进来"提供法律服务

早前还未出国时，我和一批辞职"下海"的人员筹办北京德恒律师事务所深圳分所（以下简称"德恒深圳"），后我因出国留学就退出了筹备工作。2008年1月，我和德恒深圳再续前缘，成为其中的一分子。

在深圳企业"走出去"和外企"引进来"中，律师发挥着重要的作用。企业到境外投资，需要了解当地的法律规定，避免法律风险，同样外商到中国投资，需要了解与遵守我国的法律规定，这就需要涉外律师提供跨境法律服务。在跨境法律服务中，我们常常与境外律师一起，共同为客户提供法律服务。德恒在纽约、硅谷、巴黎、迪拜等地都有分所，依托德恒的国际化平台，我们还与世界上很多国家的优秀律师建立合作关系，拓展国际化业务，为客户提供高质量的法律服务。

近年来，我们为众多的国企、上市公司、知名民企"走出去"，为外企"引进来"在中国投资提供法律服务。涉外律师除了需要外语作为工作语言，还要克服诸多困难，比如法律制度的不同、文化的差异、时差的交错、项目的时间紧，这相当考验整个团队的协同合作能力和律师个人的专业能力。

2018年初，我们中标深圳当前最大的政策性债转股回购项目——深投控收购东方资产所持某集团公司股权项目，在没有先例可循的情况下，历时近两年顺利完成项目交割。标的公司系早期经国务院批准实施政策性债转股的企业之一，也是深圳知名的老国企。本项目涉及标的公司及其下属五十余家企业法律尽调工作，历史遗留问题繁杂、工作量大、难度高，交易架构复杂，区别于一般的股权转让交易，且该项目涉及政策性债转股、国企改制、金融资产管理公司资产处理、国有产权交易、上市公司、房地产（包括多个城市更新项目）、劳动人事等多个领域的复杂法律关系，对律师专业能力、协调能力有很高要求。该项目的成功交割，为之后的国有企业向金融资产管理公司回购政策性债转股提供了成功的示范案例。

从 2012 年 1 月起，我开始了连续八年的管理合伙人工作，那一年正是德恒深圳成立十周年。八年时间过去，在大家的努力下，德恒深圳从八十余人发展为三百多人的规模，建立、完善了诸多内部制度，承办了一批有影响的重大案件和项目，获得众多奖项，在华南法律服务市场享有卓越的声誉，已成为粤港澳大湾区法律服务的行业标杆之一。

从德恒深圳也可一窥深圳律师业的发展。1983 年 7 月 15 日，深圳市蛇口律师事务所正式挂牌成立，成为新中国第一家律师事务所。它打破了律师工作机构的传统命名模式，是新中国首个以"律师事务所"这一符合国际惯例的名称挂牌开业的机构。当时整个深圳只有三名律师，如今深圳已拥有一千余家律师事务所，超两万名执业律师，在推进经济快速发展和社会全面进步方面发挥了重要的作用。律师队伍是法制进程的风向标，折射出改革开放以来深圳法治建设的高速发展。

肆 都说深圳是全国法治的优等生，而我十分荣幸成为其中的一员，为深圳法治建设添砖加瓦。

提升公民法律素质，创立"歌乐山大讲堂"

经济特区给予我机会，让我创造出不一样的精彩人生，我要以桃报之，为深圳营造更好的法治环境添砖加瓦。

2013 年，我与西南政法大学校友组织创办公益法律大讲堂"歌乐山大讲堂"，并长期担任主持。这个讲堂成为深圳市司法局、普法办"深圳市公民法律素质提升"资助计划项目，创办八年来已举办六十多期，邀请了众多法学名家与卓越的实务工作者开讲，社会影响广泛。

讲堂主题从礼法传统到法治中国，从外国法治理念到中国法治实务，从司法改革到富国强军，通过多维度、多层次地开展学术讲座，取得很好的社会效果。比如第四十一期的"海峡两岸法学泰斗高峰对话——王泽鉴、梁慧星纵谈两岸民法典"，一千多名法律职业人士济济一堂，成为深圳一道靓丽的法治风景线。

2020 年，"歌乐山大讲堂"举办了第五十六期特别活动，以"五院四系校友'我为法治城市示范建言'"为主题开设论坛。来自我国法学传统知名院校"五院四系"的九位校友代表受邀参与研讨，分享各自心中法治城市示范的未来"画像"，为深圳建设法治城市示范贡献法律智慧。论坛同步在线直播，吸引了逾二十万人次的网友观看。深圳的进步发展离不开法治建设，我们参与其中，为推动深圳发展尽绵薄之力。

向深圳法治表白，与深圳法治共进步

作为一名曾经的警察，我坚持法律的正义；作为一名执业律师，我坚守专业的价值；作为一名法律公益人，我坚信"众"的力量。

在深圳多年的从业经历，对于公平正义，我深有感触。律师要为不公发声、为社会立言。"使命感"和"信念感"是我法律生涯从不敢落下的两大法宝。

"来了就是深圳人"不仅是一句口号，我常和年轻人说，来深圳一定不会后悔。从深圳法治发展的速度中，可以看出政府为之付出的心血。1992 年，全国人大常委会授予深圳经济特区立法权。深圳充分珍惜立法权和法律人才，用行动对法治表白。那年，深圳首次在全国公开招聘法律专才一百人，如今他们多数人早已成为深圳法治建设的中坚力量。作为改革开放前沿城市，深圳一直高度重视法治建设，率先提出建设"法治中国示范城市"的战略目标，把"法治化"作为全面深化改革的"突破口"，推动城市法治水平不断提升，增创城市未来竞争新优势。都说深圳是全国法治的优等生，而我十分荣幸成为其中的一员，为深圳法治建设添砖加瓦。

口述者　　**肖迎红**

Xiao Yinghong

1975 年出生于湖南省株洲市。湘潭大学法律系毕业，现任广东广和（龙华）律师事务所党支部书记、主任。2019 年创办了深圳市龙华区女律师关爱妇女儿童协会并担任会长。

口述时间
2022 年 2 月 28 日

口述地点
广东广和（龙华）律师事务所

作为女律师，我们心怀家国，以女性特有的善良和热情投身社会公益，为维护社会和谐稳定不知疲倦；我们乐于奉献，积极参与行业治理，为深圳律师行业的健康发展发光发热；我们刚柔并济，努力平衡事业和家庭，承担起为人母、为人妻、为人女的家庭责任。

肖迎红：
投身法律志愿服务
凝聚鹏城律政"她力量"

> **壹** 这次谈话引起了我的深思，也唤醒了我的梦想。于是，我走出了自己的舒适区，转行做了律师，去迎接更大的挑战。

工作遇"贵人"，迎来职业生涯转折点

我是湖南攸县人，就是那个盛产"攸县香干"的攸县。1975 年我出生于湖南的一个小山村，那儿民风淳朴，但是相对闭塞，从小父母就教育我要好好读书，以后到大地方去见见世面。我也不负父母期待，立志努力学习，1993 年，我以优异的成绩考入湘潭大学，进入法律系学习。

1997 年毕业之后，我被分配到攸县司法局工作。但抱着对外面世界的向往，2001 年 8 月，我毅然辞去了小县城的工作，南下到深圳。

位于深圳市罗湖区笋岗的深圳人才市场是当时很多来深建设者的初印象，也是他们在深圳站稳脚跟的第一站。那时求职都是以线下的形式，跑人才市场。各处招聘点人流涌动，我手里紧攥着简历，在人堆里寻找工作机会。

8 月的深圳正值炎夏，太阳又大又晒，但南方盛夏的天气好似"川剧变脸"，刚刚还是骄阳似火，不一会儿就倾盆大雨，我经常在经历暴晒后，又被一场雨淋成"落汤鸡"。当时的形象非常狼狈，我的心里不止一次打过退堂鼓：在深圳找工作太难了，不如回去吧。

从人才市场返回我住的地方，公交车经过了深南大道，坐在车上，我看着沿途的深南大道，道路宽敞整洁，红色的簕杜鹃和满目的绿意扑面而来，在蓝天白云的映衬下，深圳这座城市到处生机蓬勃。我被眼前

的一幕感染，当时便下定决心：这个城市太可爱、太漂亮了，我一定要努力留下来！

在大太阳下跑了一个多月，才找到我在深圳的第一份工作，在一家私人企业公司做法务工作。有了工作，我也慢慢站稳了脚跟，随后在深圳成家立业。

深圳是一座年轻有活力的城市，我也在不断地成长。我在企业一边上班一边学习，通过了国家司法考试，迈入了律师行业的门槛。但我并没有马上进入律师行业，还是继续留在企业做着相对轻松的法务工作。

于是，我职业生涯的转折点出现了。我所在企业的董事长是香港人，他是一位爱国、有社会责任感、令人尊敬的企业家。他找我谈过一次话："中国未来的发展，需要越来越多的法律人才。国家培养一名学法律的大学生不容易，你只为我一家企业服务，太可惜了。你应当出去做律师，为城市发展贡献你的力量。"这次谈话引起了我的深思，也唤醒了我的梦想。于是，我走出了自己的舒适区，转行做了律师，去迎接更大的挑战。

贰 良好的服务体验是专业度的一个重要呈现。

良法是善治的前提

深圳的土壤滋养着我，我也竭尽全力地回馈于她。从企业出来后，我从一名执业律师到合伙人律师，现在是一家律所的负责人。截至目前，我工作25年，一直从事的是法律服务工作，是深圳法治建设的见证者、参与者。

良法是善治的前提。2016年，我应宝安区看守所的邀请，给关押在看守所里的犯罪嫌疑人举办法律知识讲座。当时我讲课的时候是面对着镜头，而他们则通过电视收看。讲座结束，我穿过层层铁门出来的时候，正好有一名嫌疑人从我身边经过，他举起戴着手铐的手，朝我竖起大拇指，对我说："肖律师，你讲得太好了！我以前确实犯了错，但我以后会正确面对并改正的。"

我当时心想：孺子可教也，这个人心态很阳光！后来，有一年正月初二的时候，我收到一个陌生来电，电话中的那个人告诉我："肖律师，我出来了！"我正莫名其妙的时候，他又接着说："我就是当年在看守所听过你讲座的，现在我刑满释放了，出来后就打了第一通电话给你。你放心，我之后会找一份正当工作，不会再去干违法犯罪的事了。"接到他的电话后，我的内心是非常开心的，因为我再一次深深体会到了我工作的成就和自豪。

良好的服务体验是专业度的一个重要呈现。对于这些涉嫌刑事犯罪，处于人生低谷的人，未来会怎么样？接下来的法律程序会怎么走？他们是迷茫的，是看不到希望的，有些人甚至会自暴自弃，从此一蹶不振。

因此，他们更需要法治的阳光，更需要专业的帮助，对他们进行法律宣讲，会让他们以理性、平和的心态来对待接下来的法律程序，更会让他们在逆境中仍然保持向上、向善的态度。如果把进看守所当成一场修行的话，那么通过法律宣讲，能让他们早日修成正果。

叁 作为法律志愿者，更要突出我们的专业性。"让法律为每一个人服务"，也是深圳法律志愿者们的美好愿景。

社会发展离不开法治护航

律师当中从来不乏有公益心、有社会责任担当的。2014年，我们几家律所联合成立了龙华区观澜法律志愿者协会，我担任了副会长一职。协会设立了"法律服务U站"，由志愿律师在U站值班接待来访群众，化解矛盾纠纷。

社会发展离不开法治护航。在我的执业生涯中，我记忆深刻的并不是那些大案、要案，而是一些跟老百姓息息相关的小案件。我曾作为20多位企业劳动者的法律援助律师，代理一起集体劳资纠纷案件。

与老一代进城务工人员不同，他们的工作内容更为多样化，对于法律的诉求也更加多元。这对法律援助工作提出了更高的要求，我们也要与时俱进，不断改进，提高法律服务能力和水平，才能更好地为他们服务。当时他们一开始并不是太信任我，他们有期待，更有观望。

基于过往服务于大企业的从业经历，我通过充分的准备及沟通，给他们耐心讲解个中缘由，如不理性维权的法律后果，分析他们诉求中能作支撑的法律依据，让他们对这个案件最终的处理结果有了理性的认识和客观的预判。这个过程也展现了我的专业能力和职业素养，最终取得了他们充分的信任。

开庭那天，我们9时走进仲裁庭，一直到18时才结束，一直在做调解工作。9个小时，在仲裁员的主持下和企业的代理律师一起做调解，终于促成劳资双方签署调解协议，员工作出一定让步，公司同意分期付款。后来这些员工很快找到了新工作，公司经过一段低迷期后也慢慢恢复运转，按约定的时间付了款。一起纠纷以这样的方式了结，既保障了务工人员的合法权益，又促进了社会和谐，让我非常有成就感。

法律是正义与善良之树，也是用来保护每一位正直、善良公民的利剑。市民只有知法，才能更好地守法和运用法律武器保护自己及他人的合法权益不受侵害。

在办案过程中，我们经常会遇到一些与人民群众的切身利益息息相关的案件，但法庭对普通市民来说是陌生的，于是我们决定揭开法庭神秘的面纱，将社会治理中面临的典型矛盾和纠纷，通过模拟法庭的方式还原，将法庭搬到广场上、群众中，引导群众用法治思维解决问题。开完庭后，听取现场群众的意见并展开热烈讨论。模拟法庭的形式让我们深切感受到，法律的公平正义精神与人民群众朴素的公平正义观念在本质上是一致的。通过观摩庭审，也能增强公民的法律意识，引导人民群众以法治的思维看待问题、解决纠纷，起到润物无声的普法效果。此举被媒体誉为"教科书式的普法"，该项目被龙华区委政法委评为"社会治理十大创新项目"。

公益慈善是深圳的城市基因，公益也是深圳法律人的基因。作为法律志愿者，更要突出我们的专业性。"让法律为每一个人服务"也是深圳法律志愿者们的美好愿景。

> **肆** 我们经历了律师生涯的淬炼，因此更加理性、勇敢、敢担当、有力量。

组成鹏城律政"她力量"

近年来，深圳女律师队伍迅速发展，整体素质不断提升。作为女律师，我们心怀家国，以女性特有的善良和热情投身社会公益，为维护社会和谐稳定不知疲倦；我们乐于奉献，积极参与行业治理，为深圳律师行业的健康发展发光发热；我们刚柔并济，努力平衡事业和家庭，承担起为人母、为人妻、为人女的家庭责任。

2019年，我们创办了深圳市龙华区女律师关爱妇女儿童协会。我被推选为首任会长，承办"守护·她权益"法律公益项目，把有公益心的女律师集中在一个平台上，为反家暴、保护儿童等提供有温度、有力量的法律支持。

除了律师身份，我也是一位母亲。在经历了律师生涯的淬炼后，我也成长得更加理性、勇敢、敢担当、有力量。因此，我觉得女律师与妇女儿童这两个群体之间，有着天然的联系，我们协会的一名女律师曾经代理了2名儿童遭侵害的刑事案件，不仅提供法律支持，还为这个不幸的家庭提供了多方位的帮扶，比如嫁接社会资源，让受害者家庭接受心理辅导等。这个案件影响非常大，后来被最高人民法院评为未成年人保护指导案例。

不仅如此，为了预防类似案件再次发生，提高家长、儿童的警惕性，我们能做的、该做的还有很多。我们专门举办了一场关于儿童性侵预防与处理的讲坛，面向中小学生和家长，邀请了校长、心理学家、律师、检察官、妇联干部等，围绕事先如何预防、事中事后如何处理类似性侵、威胁案件，家长、学校、司法部门、社会应该怎么做展开讨论。其中，一位小时候受过侵害，后来经过有效的干预终于走出阴影，现在在深圳工作的职场白领也来到现场，讲述了自身的经历。

我们还向学校、向家长捐赠了关于儿童性教育的书籍，希望通过这样的方式，呼吁全社会行动起来、参与进来，编织一张巨大的保护网，保护儿童免受侵害。

将有公益心的女律师召集在一个平台上，为妇女儿童提供有温度、有力量的法律服务，这是一件特别有意义的事情，不仅成为深圳律师队伍中一道亮丽的风景线，展现了律师行业巾帼风采，更体现了特区女性独有的坚强而温暖的力量，形成了一支势不可当的鹏城律政"她力量"。

伍　百姓福祉，离不开法治保障。

在抗疫第一线，插上"战疫有法"的旗帜

2020 年疫情防控期间，深圳第一时间按下了"法治键"，坚持依法抗疫，率先编发执法工作指引、法律知识问答和各类告知书，多个律师服务团把"战疫有法"的旗帜插在了抗疫第一线。

我们带领着律师团队开辟《疫情普法》专栏，通过线上推文的形式为龙华区的企业、居民普及疫情防控的法律法规，引导群众响应国家的疫情防控部署；加班加点编写法律汇编及指引，进行线上法律宣讲；组成律师志愿服务团，奔赴各街道社区，解答咨询、调处纠纷，为抗疫提供法律支持；为民营企业提供法治体检，助力企业复工复产。

百姓福祉，离不开法治保障。2022 年 3 月，我们作为深圳一分子，义不容辞投身防疫工作。从物资捐赠到直播公益普法公开课，从答疑解惑到现场支援，我没做过惊天动地的大事，列出来的每一件事看起来都很"小"，但正因为有千千万万的法律人在做着这些不起眼的小事，龙华区的法治环境才越来越好，深圳法治先行示范城市的名片才越来越亮。

深圳在短短 40 多年中一跃成为世界一流大城市，这是世界城市发展史上的奇迹。创新和法治是创造深圳奇迹的法宝。法治化是最好的营商环境，法治是民生幸福的守护神。未来，深圳要继续用好这个法宝，擦亮法治名片。

口述者　　**艾勇**

Ai Yong

1978 年出生于江西省南昌市。历任中原信达知识产权有限公司主管、广东国晖律师事务所律师、广东卓建律师事务所高级合伙人；曾任深圳市律师协会知识产权委员会副主任，现为安盾网创始人、董事长。

口述时间
2022 年 5 月 25 日

口述地点
深圳湾创业投资大厦

深圳不仅是开放包容的城市，更是创新创业者向往的热土。来深圳发展的 20 余年里，我一直抱有感恩之心，感谢深圳为我们提供良好的创新创业环境，让我们能够在发展过程中看到机会，收获成长。未来，我将继续以高效务实的精神，在保护知识产权的道路上，不遗余力地为企业提供更为完善的知识产权保护运用解决方案，助推企业快速发展，践行知识产权强国战略，为建设高标准、高质量、高水平的知识产权强国贡献自己的绵薄之力。

艾勇：
专注知识产权保护
让"天下无假"梦想照进现实

> **壹** 刚开始工作的我，对此感到莫名的兴奋，心中燃起一团火，
> 坚定信念——一定要在知识产权领域闯出一番天地！

南下深圳，寻求突破职业瓶颈

我出生于江西南昌，来深圳之前，我虽已是一名"依法辩曲直、仗义论是非"的律师，有着稳定的工作，但一直对深圳这座敢为天下先的城市心生向往。

2001年8月，我索性放弃了江西的工作，背负行囊南下来到深圳，寻求新的发展机会。刚踏上深圳这片热土，我明显感觉到这里的气候环境与江西特别不同，天气炎热且潮湿。深圳的城市面貌也让我眼前一亮，远处高楼林立，在工程起重机的劳作之下，一幢幢建筑大楼正拔地而起，来来往往的行人大多行色匆匆，到处一片热火朝天的景象，这让我对这座城市顿生好感，准备撸起袖子大干一场。

事业之缘，扎根知识产权领域

天不遂人愿，理想很丰满，现实很骨感。我的求职过程十分曲折，两三个月里，我找了很多家律师事务所去面试，但收获微乎其微。一次机缘巧合下，我进入了知识产权领域，并希望在这个领域干一辈子。

当时正值中原信达知识产权代理有限责任公司在深圳创办分公司。我曾面试过的律师事务所的面试官恰好是中原信达负责人的朋友，因而我被推荐到中原信达，负责人跟我聊完后说非常赏识我，向我伸出了"橄榄枝"。

2001 年，中国刚刚加入世界贸易组织（WTO）。同年，我正式就职于中原信达深圳分公司。全球前 500 强品牌中 LV、香奈儿等都是中原信达的服务对象。中原信达核心的业务就是帮助这些国外奢侈品牌打击假货。刚开始工作的我，对此感到莫名的兴奋，心中燃起一团火，坚定信念——一定要在知识产权领域闯出一番天地！

在中原信达任职期间，我经常需要跟海外权利人、知名律师机构打交道，由我代理的案件遍布全国，其中包括广西、福建、江西等地区。经过一次次的案件考验，我对知识产权工作各个环节作了全面梳理，也清晰地意识到知识产权保护的重要性。

2005 年，由于公司的战略调整，中原信达撤离了深圳，我也离开了原公司，加入广东国晖律师事务所，担任知识产权律师，这一干又是四年，积累了不少宝贵的办案经验。

贰 我开始寻求新的模型，并初步提出"规模化""智能化""IT化"的概念，这便是安盾网的商业雏形。

创业之初，探索服务新模型

2009 年，我从广东国晖律师事务所离职，转到广东卓建律师事务所成为高级合伙人。那个时候起，我开始组建自己的律师团队，从一开始的三个人扩张到后来二三十人。

在这期间，我服务了《喜羊羊与灰太狼》项目，也赚到了人生中第一桶金。作为国内原创动漫，《喜羊羊与灰太狼》这个 IP 可谓是家喻户晓。但遗憾的是，IP 火了，版权方却没享受到"红利"。许多正版商品还未上市，市面上的盗版产品却如雨后春笋般肆意"生长"，给维权工作带来极大的压力。

当时，我带领的知识产权律师团队虽然都很专业，但面对铺天盖地的假冒、山寨产品，我们经常需要出差，在全国范围内进行"地毯式"搜索，可谓是风餐露宿、含辛茹苦。

尽管我们一连打赢了多场侵权官司，积累了许多办案经验，我也因此"一战成名"。然而，这种"人海战术"能否被一种更为高效的模式替代，传统律师地域边界的瓶颈如何突破？于是，我便开始寻求新的模型，并初步提出"规模化""智能化""IT化"的概念，这便是安盾网的商业雏形。

多年的办案经历，让我结识了诸多知识产权专业律师。之后，我又加入了深圳市律师协会，担任知识产权委员会副主任，多次受邀到全国各地与同行律师研讨知识产权保护问题，这为"安盾菁英法务团"奠定了坚实的基础。

在服务《喜羊羊与灰太狼》项目时，由于当时原创动力公司刚开始进行商业化变现，前期并没有多少收益。因此，我们就开创了一种新的合作模式——后付费模式（先打假、后付费），维权成功获得赔偿款之后，再将所得的部分赔偿款用于支付律师费。这个合作模式一提出，就得到了原创动力公司的认可。这种合作模式，也是安盾网一直沿用的"客户零成本"模式。

叁　2015年9月25日，安盾网在比克大厦正式"开网"，这一天，也被我们称为"安盾日"。

安盾天网，利用"互联网+"打造保护"天网"

2015年，国务院提出推进"互联网+"行动的指导意见，指出要建立"互联网+"知识产权保护联盟，强化知识产权战略，加大对新业态、新模式等创新成果的保护力度，增强全社会对知识产权的保护意识。作为一名有着15年知识产权办案经验的律师，我认为，知识产权若想得到快速且有效的保护，不仅需要法律知识，更需要科学技术手段。

因此，我提出用"互联网+法律"的创新模式来解决中国当下知识产权领域普遍存在的问题。通过运用"互联网+"，整合专业优质资源，将全国的优秀律师、专业知识产权服务机构及调查机构等资源进行集中，建立一个生态平台。

于是，我从广东卓建律师事务所辞职，创办了安盾网，并注销了律师证，从一名专业的律师转变成一名创业公司的"掌舵者"。

2015 年 9 月 25 日，安盾网在比克大厦正式"开网"，这一天，也被我们称为"安盾日"。当时，我想安盾网往后的发展肯定涉及高新技术，所以创业地点首选科技企业的沃壤——南山区。我们的创业场所在科技园比克大厦 2307 室，一间面积只有 200 多平方米的小办公室。事实证明，我的想法是正确的，我们在比克大厦只工作了一年。随着规模的扩大，2016 年 9 月 6 日，公司就搬到了深圳湾创业投资大厦，并在北京、上海、广州、武汉、厦门、杭州、成都等地设立分公司。

创新手段，高效保护知识产权

创办安盾网后，我们也创新了许多模式来保护知识产权。

那时候，国内对知识产权保护并没有达到创新者、原创者们所预期的高效。举个例子，当时深圳有一名衣帽架设计师，他的设计获得了法国红点奖，原以为可以获得很好的经济回报，但实际上因为线上线下充斥着各种山寨假货，导致他的正品卖不出去，连工人工资都发不出。

这个事件带给我的震撼非常大，我们作为专业机构，该如何解决快速取证、快速治理这些痛点问题，帮助权利人高效维权？

首先，安盾网致力于打造"滴滴式"的知识产权保护运用平台，提出"互联网 +"的创新模式，利用大数据、人工智能等高新技术手段，快速发现侵权行为，然后迅速锁定溯源。我们通过搭建遍布全国的律师网络，将碎片化的维权服务机构联合起来，共同治理打击侵权假冒产品，多、快、准、狠！让创新得到有效的保护！

其次，提出"服务供给侧结构性改革"，利用互联网大数据，及时收集信息，打造全流程可视化案件管理平台，缩短信息差，并通过平台对侵权行为智能监控、精准溯源、实时取证，让侵权造假者无所遁形。

另外，我们还沿用了早期使用的"先受理，后付费"的商业模式，即"客户零成本"模式，前期不收取调查费、律师费、诉讼费等，让客户没有后顾之忧，帮助权利人迅速打假反侵权。

实践也证明，我们的这些尝试都是有效的，都取得了较好的成果。

法务专业，上千起诉讼无一败诉

在我看来，一个有长远眼光的企业领导者必须要有重视知识产权保护的思维意识。我再举个例子——源德盛自拍杆案例，也是最高人民法院知识产权维护的指导性案例。它是深圳成功应用专利获得企业高速发展的一个经典案例，该专利被评为第二十届中国专利金奖。

2016 年，源德盛还是一个不到 30 人的小工厂，当时研发了一款一体式的自拍杆。随着智能手机的快速普及，自拍杆很快变成了爆品。高质量的产品为源德盛公司带来收益的同时，也引发了前所未有的侵权浪潮。源德盛公司的自拍杆仅仅面世一个多月，市面上的仿品便铺天盖地。自此，源德盛订单出现下滑，库存压力日渐增长。

万幸的是，源德盛具有较强的知识产权保护意识，该企业在看到市场上有大量的山寨侵权产品之后，就找到安盾网寻求帮助。

面对侵权范围如此广泛的情况，我们采取了一站式侵权治理行动，发动全国上百个专业法务团队和调查团队，打通线上和线下维权方案，在全国范围内保持打击专利侵权的高压态势，警醒了部分侵权生产者、销售商，以席卷之势迅速净化了市场。我们累计提出了上千次诉讼，这个数量是史无前例的。

随后，我们便遇到更大的挑战——所有被告方抱团联合起来，甚至成立专项基金用作对该专利提起无效宣告，共被提起无效宣告 29 次。这也是专利法有史以来被提起无效宣告次数最多的一个案例。

经过五六年跟侵权方的博弈和斗争，我们助力源德盛稳住了自拍杆行业的霸主地位。如今，源德盛已经是全球自拍杆的龙头企业，完成从配套制造型企业向品牌研发型企业的转型，不仅为华为、OPPO、VIVO、小米、三星等各大品牌生产自拍杆，而且推出了远点拍、Dispho 等自有品牌。

专利是一个企业的核心竞争力，更是企业发展不可或缺的无形资产。如今，源德盛被深圳市政府列为创新型企业，已经成立了自己的研究院和实验室。经历这次事件后，他们每研发出一款新产品都会申请专利，以便产品投入市场时能够获得法律的保护，抢占市场先机。

深圳的知识产权创新成果密度一直位于全国前列，我也期待深圳能够保持发展势头，在各方面敢于突破，敢于创新。

产业报国，用实际行动，诠释品牌价值观

这些年来，安盾网以"保护知识产权，助力全球创新"为使命，秉承专注、责任、利他的价值观，致力于知识产权保护。

首先是专注。从事知识产权工作二十多年来，我也受到过各种各样的诱惑，但依旧坚守初心、保持战略定力，一直专注于知识产权领域，不开展非知识产权的业务。

其次是责任。服务好每一个客户，服务好每一个行业。安盾网的每个客户基本都是行业的代表者、创新者，我们要让所服务的客户成为其行业知识产权保护运用的代表性企业，共同为行业的有序发展作出贡献。

最后是利他。现在的时代是一个数字化的时代，数字化时代的核心就是信任。先信任、再协作，只有这样才能共同创造价值。事实证明，通过利他的价值观，很多的客户给予我们更多的信任和机会，同时也吸引了更多的新客户。反过来，我们也为合作伙伴提供更好、更多的业务服务，产生良性循环。

引领行业，参与相关条例草拟工作

现代企业的竞争，是知识产权的竞争，是科技的竞争，也是创新的竞争。在高速发展的时代，中国若想成为高标准、高质量、高水平的知识产权强国，就必须将知识产权的价值拔高至国家战略高度。

深圳作为国际大都市，紧跟国家步伐，开展知识产权保护的立法工作。2018 年，我有幸参与《深圳经济特区知识产权保护条例（草案）》的草拟工作，并提出建议。

我一直认为深圳最应该打造的名片就是法治和知识产权。因此，我们要积极推动行业相关立法，提高知识产权保护水平和运用水平。我跟行业专家们一同探讨，提出如惩罚性赔偿、多元化治理、行政执法联动等意见。

此外，我还提出"知识产权行业没有边界"的观点。知识产权行业不仅仅涉及法律领域，其业务更是渗透到商业领域如 IP 授权、专利应用等，以及科学技术领域如大数据运用、人工智能技术等。这就需要更多非法学类专业人士也加入知识产权保护事业中。

现如今，国家已经把"十四五"规划和知识产权强国战略蓝图描绘得很清晰，并且提出构建"严保护、大保护、快保护、同保护"工作格局，长此以往，形成全社会知识产权保护认知高度，营造全社会尊重知识产权、懂得运用知识产权的良好营商环境指日可待。

前景展望，知识产权行业有望成万亿级市场

最新数据显示，2021 年，深圳市专利授权量为 27.92 万件，连续 4 年位居全国榜首；累计发行规模近 85 亿元的 37 单知识产权证券化产品全国领先。在我看来，整个知识产权行业是一个巨大的赛道、万亿级的市场，目前行业市场规模也仅达到千亿级，仍有巨大潜力和发展空间。

2021 年，安盾网已经获得 A 轮、B 轮数亿融资，这说明知识产权的价值和安盾网自身发展所创造的价值已经获得了资本市场的认可。这也证明了无论处于多么复杂的环境，只有掌握核心竞争力，提高创新能力，才能在国内国外获得一席之地。

深圳的知识产权创新成果密度一直位于全国前列，我也期待深圳能够保持发展势头，在各方面敢于突破，敢于创新。

首先政府要敢于投入，进一步完善知识产权司法保护政策，改善营商环境。其次行业要大胆探索，突破科技屏障，利用技术手段，建立知识产权的行业大数据。另外，营造包容的创新创业环境，企业要敢于创新，不惧失败，要发掘社会痛点，并将解决方案固化成知识产权成果。同时，社会也要宽容失败，给予创新创业者更多的包容和支持。

深圳不仅是开放包容的城市，更是创新创业者向往的热土。在深圳发展的 20 余年里，我一直抱有感恩之心，感谢深圳为我们提供良好的创新创业环境，让我们能够在发展过程中看到机会，收获成长。

一个企业的价值取决于它对社会所做的贡献。目光远大者，方能展万千宏图！未来，我将继续以高效务实的精神，在保护知识产权的道路上不遗余力地为企业提供更为完善的知识产权保护运用解决方案，助推企业快速发展、践行知识产权强国战略，为建设高标准、高质量、高水平的知识产权强国贡献自己的绵薄之力。

后记

继《深圳口述史》第一季、第二季、第三季出版后，在市政协及社会各界共同努力下，《深圳口述史》第四季也要出版发行了。本季分为科技篇（上、下）和法治篇，记录了99位科技创新领域和法治建设领域来深建设者追梦、圆梦的故事。这些口述故事反映出深圳经济特区发展的历程，折射出深圳经济特区改革开放创新发展和法治建设的光辉成就，再现了不同领域、不同群体、不同职业的深圳人在改革开放大潮中创业创新、探索奋斗的火热生活。

本书采访、编纂、出版过程中，深圳市政协高度重视，市政协党组书记、主席林洁提出要创新思路，挖掘历史，着重征编对深圳经济社会发展有借鉴作用的文史资料，让深圳、全国乃至世界了解改革开放，真正做到为国家、为深圳经济社会发展服务。市政协文化文史委狠抓落实，多措并举，推动项目有条不紊地开展。深圳市史志办公室核对史料、史实，对文稿内容提出了宝贵的修改意见。《深圳晚报》采编团队精益求精，以极其严肃和专业的态度对待每一位口述者，整理访谈录音文字近300万字，写作并刊发连载专栏；与此同时，在喜马拉雅音频平台推出"语音版"口述史，让更多人聆听"深圳声音"，感受"深圳精神"。深圳晚报社创意策划中心和创意设计中心组织图书编排，并进行装帧设计。深圳出版社团队根据相关法律法规及国家标准审核稿件，严格把关，确保图书的高品质。

在此，一一表示感谢。

编者
2022 年 12 月